U0137813

"十四五"时期国家重点图书出版专项规划

院士风采录丛书

The Members of
CAS & CAE

做人与做事

Being Upright Person and Doing Right Thing

方正怡　方鸿辉　著

上海教育出版社
SHANGHAI EDUCATIONAL
PUBLISHING HOUSE

目　录

目　录

Contents

大写的人
（代 序）

　　学生时代谈到科学家（尤其是大科学家），总不免产生一些误解，因为曾读到过牛顿将手表投入锅里煮、陈景润走路都在思考以致撞上电线杆等"怪事"……以为科学家就是一群性格怪僻、行为怪诞的"怪人"。一提到科学家，眼前也总会浮现出白发怒张、额头有深深皱纹的爱因斯坦沉思的形象。

　　科学家真是这样的吗？自从 20 世纪 90 年代初开始着手策划并编辑《中国科学院院士自述》起，笔者终于有机会近距离地观察起科学大家。这些年，随着不断地与我国的两院院士等大科学家频繁接触，相继编辑出版了《中国工程院院士自述》《严济慈文选》《中国科学院院士画册》《百年科技回顾与展望》《中国科学技术前沿》《新世纪的嘱托》《转基因动物与医药产业》《院士怎样读书》《科学人生》

思考中的爱因斯坦（资料图片）

《科学的道路》《探索脑科学的英才》《肝胆相照》《博学笃志 切问近思》《莺啼梦晓》《瀛海探径》《吴孟超》以及"科苑撷英"丛书等，并且于1999年起受《上海画报》主编委托，花整整15年在画报上开设了"名人自述"专栏，每期介绍一位两院院士的科学人生。为此走访了不少院士，聆听他们的人生故事，摄录了他们的风采。这一系列工作，让我们跟科学家，尤其是跟不少两院院士交上了朋友，也分享了他们的喜、怒、哀、乐，洞悉了院士坎坷的成才之路，以及怎样做人与做事的人格与风采。

院士并非都是天才少年

两院院士是中国科学技术界最高的学术称号，他们的学术成就代表了当今中国科学与技术的水准。对于这样一个出类拔萃的人才群体，人们往往想当然地认为他们都是由天才少年成长起来的，也有人以为他们都出自书香门第，或祖传家学或由名师带教而成

核物理学家钱三强（资料图片）

工程热物理学家钱锺韩（中国科学院提供）

建筑学家戴复东（戴复东提供）

气象学家黄荣辉（中国科学院提供）

大气动力学家曾庆存（中国科学院提供）

的。院士是否都一定有很优越的学习环境呢？答案显然是否定的。

院士中不乏有像蒋锡夔那样出身于有名望的民族资产阶级家庭的；也有像钱三强（钱玄同之子）、钱锺韩（钱锺书之堂弟）那样出身于书香门第的；当然还有像戴复东（戴安澜将军之子）那样出身于高级将领家庭的。但是，院士中的绝大多数人出身于普通百姓家庭，相当多的院士还出身于贫苦的农家，像从放牛娃成长为院士的黄荣辉、贫农儿子曾庆存等。他们之所以能成为院士，除了受到良好的教育并抓住了稍纵即逝的机遇，最本质的成因就是他们自身的努力与汗水。剖析大多数院士坎坷的人生与成才的经历，几乎同我们常人没有什么两样，而且他们中绝大多数人也并不是什么"尖子生""小天才""理科班学员"或"创新班学生"……不少院士在青少年时代倒是典型的调皮捣蛋鬼，但一旦有"悟"，他们便分外努力，这倒是不少院士的共性。我们不妨听一听杨奇逊院士的话：

现在许多父母望子成"龙"，但由于过分的从"严"要求而忽略了启发孩子求学向上的自觉性，结果往往适得其反。于是开始埋怨孩子，后果则是进一步打击了他们的自信心。我小时候的一段故事也许可以给这些家庭某些启迪。

我在小学一直是班上的"弱小民族"，常常被人欺侮，老师也不喜欢我，常常指着我的鼻子骂"你笨得像头驴"。到了初中，我更是贪玩，上课不听讲，学习成绩很差，直至初二上学期，我拿到的成绩报告单上竟然达到了九门课不及格！

当我战战兢兢地把这份成绩报告单交给妈妈时，我准备着"过关"（也就是挨一顿骂，或是一顿打），出乎意外的是，妈妈一句话也没说，但是我看见了她眼里的泪花。

这一天晚上，我一夜没睡着，我听得见我妈妈也一直没睡着，她不时地翻身，这牵动了我的心。这一夜我想了许多许多，暗下决心，一定要为妈妈读好书。

我开始变了，妈妈的笑容，老师的赞许，更加加速了我的进步。

现在我还在想，如果那天晚上妈妈狠狠地骂我一番或打我一顿，我也许会觉得很平衡，第二天还会高高兴兴的……

多么鲜活，多么中肯，多么具有人情味！这对治疗当前的育人之"疾"，恐怕也是一帖很好的药方。

杨奇逊在作报告（中国工程院提供）

个性鲜明 实事求是

科学的本质是求真、求实，旨在探索自然与社会之"未知"，寻找客观世界之"规律"。其实"真"与"实"是难求的，需要科学家从小养成一种实事求是、锲而不舍的素养。院士们执著造就的这种人格素养，往往也被虔诚地平移到了求生存与为人处事的方方面面，这就不免常常碰壁，带来极大的痛苦甚至难以愈合的创伤。

2002年国家自然科学奖一等奖获得者——蒋锡夔院士就是一

化学家蒋锡夔（2002年，方鸿辉摄）

位很执著，又很有个性的有机化学大家。他曾说：

1955年底回国，去北京化学所工作后不久，我便懂得要说："我的家庭出身很坏。"但我始终不接受下述观点，即"出身坏者的思想品质也一定会坏"。记得1964年我奉命去上海嘉定外冈社会主义学院学习近一年，被要求天天彻底否定父母亲和自己，把他们和自己都说成是坏人。我因为不能全部接受这种可悲的观点而好几次与"指导员"展开了激烈的争辩，当时我承认自己确实受到资产阶级家庭的有害影响，应该通过学习而改进，但我始终认为我的父母和自己都是很正派的好人，我们未做过违背自己良心的事。因此，当最后几百位学员被要求每人交上一份好多页的学员总结时，我拒绝交上这样一份符合他们要求的总结。

为什么我会这么做？因为我尊重事实，敬爱我善良的父母。

而在"批林批孔"时期，因蒋锡夔曾得罪过"四人帮"在上海的爪牙，便成为中国科学院有机化学研究所高级研究员中唯一被批斗的重点对象。工宣队想搞一个"内外爆炸"，要求蒋锡夔课题组对他彻底予以批判。尽管施了"高压"，整个课题组却没有一个人愿说蒋锡夔一句坏话。同时，工宣队大头目找蒋锡夔个别谈话三小时，要他彻底检讨自己，承认做基础研究的错误，但倔强的蒋锡夔寸步不让，不但不认错，反而理直气壮地告知："我做基础研究是祖国的需要，是要为祖国争光！"

在"文化大革命"时期，一名"臭老九"敢于这样顶撞，那该有多大的勇气！要不是蒋锡夔有这么执著的毅力和倔强的个性，有冒死也敢顶逆流的风格，又怎能率领他的团队在"物理有机化学前沿领域两个重要方面——有机分子簇集和自由基化学的研究"上摘到 2002 年国家自然科学奖一等奖的桂冠？要知道，这个奖项已连续空缺好多年了！事后，蒋锡夔感慨地说："回顾这几十年来，在科学思想方法方面，我深信小平同志反复强调的'实事求是'和'实践是检验真理的唯一标准'的原则。"这成了蒋锡夔做人与做事的基本操守和深厚底蕴。

刘新垣在指导博士生实验研究（刘新垣提供）

　　说到执著与个性，刘新垣院士是又一个典型的鲜活形象。这位院士中率先"下海"的勇士——上海华新生物高技术有限公司的总裁，是一位极有个性的科学大家。1988年，由于有关方面的调整等原因，他的γ-干扰素攻关等大部分项目被取消了，一个研究组没有课题经费不就完蛋了吗？当时急得刘新垣"心绞痛"。结果由于所做的研究取得了很好的成果（1990年获中国科学院十大科技新闻之一，还获中国科学院科技进步奖一等奖等荣誉），才恢复了γ-干扰素的攻关资格。事后，刘新垣心有余悸地说："如果当时不能及时做出成果，我这一辈子还不知会落得什么样的下场。"另一件令刘新垣说来就"心痛"的事是：他把华新公司当成亲生儿子，为它的发展花费很大的心血，当华新事业红红火火的时候，公司内部很有心计的人却提出要为他塑一尊铜像，然后把他"请"出公司。这下，刘新垣的"心绞痛"又发作了，不得不住进医院。

　　好痛心啊！但我刚正不屈，请求领导帮助，给科委、副市长写了信，还给徐匡迪市长写了信。我若不坚强点，也许要跳黄浦江。多难不屈，奋争不止，我挺过来了！

　　在当年围歼SARS的战役中，γ-干扰素功不可没啊！但又有谁知道作为领衔研发的刘院士身上所发生的"心绞痛"的故事？

　　鲜花与掌声背后的院士们的苦恼，人们往往不了解。由此也可理解，不论是蒋锡夔，还是刘新垣，院士们为坚持实事求是的精神所处的境遇尚且如此，更何况常人！

事业执著　情感丰富

　　常人往往会误解院士，认为院士们事业执著无可否认，而缺乏"人情"或不近情理，兴许是通病。

然而，事实是对偏见最好的诠释。

在审读院士自述的文稿时，我常常能读到催人泪下的情感故事。略举两例，读者兴许能有所体会。

著名的计算机专家李三立院士一心扑入"724机"研制时，无暇顾及妻子的胃痛，拖了几年，科研成功了，专著出版了，但妻子的胃部溃疡恶变成了胃癌。

计算机专家李三立（中国科学院提供）

爱妻去世20多年后，李三立内心仍时时处于深深的自责与内疚之中：

每当我想起我已故的善良而美丽的妻子时，总是心潮汹涌、感慨万分。随着年龄的增长，这种感情愈加深沉。我们这一代知识分子，在自己的事业奋斗过程中，大多都可以听到与人生伴侣同甘共苦和互相勉励的激动人心的乐章，这个乐章可能是以欢乐，也可能是以悲哀为结局的。但是，这是一种呼声，呼唤我们去克服困难，去奋斗，去前进！

还有很动人的恐怕是"神光Ⅱ"和"神光Ⅲ"的总师范滇元院士的情感故事了。

前几年，赶在SARS疫情期间，我才有机会"抓住"范滇元。那天，在他家里听他聊"神光Ⅱ"大型激光装置研制的故事：

范滇元在"神光"实验室（2004年，方鸿辉摄）

1997年，按原定合同，已近"神光II"正式交付使用的期限了，几千万元的研究经费已将用尽，但"神光II"还没有达标。用户天天跟在屁股后面催：啥时好用？全体研制人员心急如焚。可是，屋漏偏逢连夜雨，在此关键时刻，我国激光核聚变项目的创始人王淦昌院士病倒了；共同为"神光II"拼搏的项目负责人邓锡铭院士患癌症住院。91岁的王淦昌每逢有人去探望，都要细细讯问"神光II"的进展。不久，邓锡铭也在对"神光II"的牵挂中离世。

最令范滇元激起感情波澜的是爱妻的去世。

研制人员加班加点是寻常事，那时我也无法常回家，住在嘉定单位宿舍。上小学的女儿只能寄托在妹妹家，妻子祝秀凤长期患病独居在家，我俩每日靠上午电话联系。1998年5月那天，是周四，下午我要到市区出席政协会议。周三晚上，我与妻子通电话："明天下午开完会回家。"不料周四上午实验又出了故障，我中午上车前，按惯例往家里挂电话，想告诉妻子，会后不回家了，因实验室离不开。可电话那头铃响无人接。下午开完会已是四点多，返嘉定途中再打电话，还是无人接。"也许去散步了？"到了嘉定，晚上七点多钟再打电话回家，还是无人接。我的心悬了起来，"出事了？"

心惊肉跳地急速回家，只见妻子已倒在床下，我用手轻抚其面颊，她微微睁眼，无力地说："叫救护车。"想不到这竟是妻子留给我的最后一句话。随后，就陷入深度昏迷。10天后，她就去世了，才50岁。医生诊断妻子是突发脑溢血，我回家前，她至少已在地上坚持了八九个小时，她听到我的电话铃响却无法接听啊！

两眼闪着泪花的范滇元院士回首往事，苦不堪言。

写到这里，不由得不追忆起令人崇敬的谢希德院士。

谢希德自幼体弱多病，中学毕业后得股关节结核，休学四年，并留下终身残疾。以后又经受了不少折磨与考验（包括患乳腺

物理学家谢希德（中国科学院提供）

生物化学家曹天钦（中国科学院提供）

癌），但对她打击最大的乃是丈夫曹天钦院士当年的患病住院。

当我由于股关节结核卧病在床时，是他的信给了我无限温暖和鼓励，使我能满怀信心，克服病痛。在我们成长的道路上，最关键的时刻是他作出了正确的抉择。回忆在1951年，当我俩相继在英国和美国获得博士学位后，由于当时美国政府阻止学理工科的中国留学生和学者返回新中国，他放弃了原来去美国工作一段时间再回国的念头，坚决要我去英国结婚后立即回国。……然而不幸的是从1987年8月底起，他却一病不起，而且病情每况愈下。这个无情的打击带给我的痛苦是任何文字或语言所不能表达的。有数年我显然听不到他的声音，只能从他默默的眼神中体会到他对我的鼓励。

曹天钦患病期间，谢希德担任着复旦大学校长、市政协主席、中国科学院学部主席团成员、上海市科协主席、上海市欧美同学会副会长等大量行政和社会工作，还承担着指导博士研究生的工作，其繁忙程度可想而知，但她风雨无阻、雷打不动，天天去曹天钦的病房，料理并协助医院做康复工作……

1996年，《中国科学院院士自述》一书出版后，上海《新民晚报·十日谈》曾连载18天，以后戛然而止，这是因为受了下述事件的影响：当时晚报"夜光杯"编辑部对谢老自述的文稿，重点摘录了她期望医学上能出现奇迹，使处于植物人状态的曹天钦康复的期盼。曹天钦院士于1995年1月谢世。书稿原文中已提供了这个信息，兴许是报摘文字所限，信息表达不完整，"十日谈"专栏又未指出文稿的出处，也未加释文，导致不少好心的读者误以为谢老还在为丈夫曹天钦的康复而奔波。因此，大量读者来信雪片似的飘进了谢老的信箱。有的读者表示自己下岗了，有充裕时间可协助护理曹天钦；有的读者表示可以提供进口药物；也有的表示愿提供经济上的帮助……弄得谢老一时不知所措。记得那天她确实有点火，打电话责问我："怎么搞的，把不完整的信息捅到晚报上去了？我天天收到这么一大堆信……真没办法！"当时我只能作些于事无补的解释，并表示希望她能授权让我替她复函。这件事与其说是增添了谢老的麻烦，不如说是勾起了她对丈夫无尽思念所带来的深深痛苦。事后，谢老并没有将信转我处理，而是自己一一函复了，这给谢老平添了很大的苦恼，只能乞求她老人家的原谅了。

为了不再重蹈信息缺损而误导读者的覆辙，1999 年 11 月，谢老在最后一次住进医院前，将发表于 2000 年 2 月号《上海画报·名人自述》专栏上的文稿作了一个小小的改动——删去了最后一句"我怀着这个信念，在人生旅途中继续向前。"而增补了：

不幸的是，我的这个希望在 1995 年 1 月 8 日终于破灭了，他离开了我们一家而默默地走了。天钦逝世后，由于朋友和同事们的鼓励，我怀着无限的哀思，在人生旅途中继续向前。1998 年夏宿疾复发，又动了一次大手术，目前仍在康复中。

谁知道上述文字竟成了谢老的绝笔。2000 年 3 月 4 日，谢老永远地离开了热爱她的人们。

院士的情感故事，又岂止这些。院士同我们常人一样，也有丰富的情感生活，他们确实是我们时代最可爱、最有情感的知识群体。

学养深厚 兴趣广泛

院士一般外语都很棒，懂几国文字是很普遍的，而院士们的人文学养也都很深厚。出身名门的院士也许是受到家庭氛围的影

水利工程学家潘家铮（中国科学院提供）

响和熏染，诸如钱三强、钱锺韩、潘家铮等，他们所写的文章如同出自文学家之手，他们所作的报告，逻辑性强而不失幽默和风趣。其实，院士们都知道，光有自然科学一翼，而没有人文学科的另一翼，要展翅高飞是不可能的。因此，他们在成长中都自觉地注意提高自己的人文学养。较典型的例子是数学家王梓坤院士。

"文化大革命"中，作为数学家的王梓坤却躲进 9 平方米朝北的小房间，不顾毛巾结冰、被子凝霜、手指冻烂，笔端却纵横驰骋，从自然科学到人文学科，从宏观到微观，论古道今，海阔天

王梓坤收藏了多种版本的《清明上河图》的复制本（侯艺兵摄）

空。三易其稿而写就的《科学发现纵横谈》，展露了他作为数学家的人文底蕴。这本发表于"科学的春天"的小册子，令我国无数学子爱不释手，因为他们从中领略到了"认识一种天才的研究方法，对于科学进步的作用并不比发现本身小"的哲理。但读者也许想不到这本书的作者不是文学家，不是哲学家，也不是历史学家，而是一位数学家。这本小册

杨叔子主张文理兼通（侯艺兵摄）

子在当年印了几十万册，仍供不应求，一时洛阳纸贵。

另一位科学与人文贯通的学者典型恐怕要数机械工程学家杨叔子院士了。他是首先在华中科技大学构造"讲座—交流—读书"三位一体工程的校长。他创导理工科学生每年必须拿人文学科2个学分，因为"传统经典里面有许多至理名言，不修身无法调动人的主观能动性；不讲德育，科学技术不会自动转化为精神文明"。他每年要在全国各地做几十场倡导科学与人文贯通的演讲，以传播"人文管灵魂，管塑造人格"的理念。他一再强调人文是开放性思维，是自然科学原创性得以突破的基础，因为"逻辑思维是正确的基础，形象思维是创新的源泉"。听他报告的人，都感到心灵有极大震撼。杨叔子大声呼吁："寻找人文精神要追溯原点，到中华民族的经典著作中找。我赞成青年人读《道德经》《论语》……"

从1998年起，杨叔子规定自己带的工科硕士生、博士生都必须背诵《道德经》；1999年又要求背诵6至7篇《论语》。学生

为难啊，反映"背不下来"。杨叔子则固执地表示背不下来不给学位，"我63岁开始背《道德经》，既当校长又搞科研，事情还那么多，我能背下来，你们为什么不行？"杨叔子很清楚：人文知识缺

袁隆平回母校时演奏（袁隆平提供）

闻玉梅是地道的京剧票友（闻玉梅提供）

秦伯益的藏书（候艺兵摄）

吴良镛的书艺（资料图片）

九旬院士张香桐在家中阅读（2002年，方正怡摄）

损的理工科硕士、博士是素养有"残疾"的人才。

多年前，神经生理学泰斗张香桐院士给我讲了一个故事：1987年，他应邀参加美国卫生研究院建院100周年纪念活动。会后到威斯康星访友，不料途中发生车祸，左腿及胸部四根肋骨骨折。在孙女家（美国）卧床疗养期间，可算是他一生中最清闲的日子，无所事事反令他感到很失落。一天，外国朋友去看望他，正巧遇上陈至立同志率团访美也去看望他。外国朋友看到墙上挂着张香桐用毛笔书写的《朱子家训》，请他释义。陈至立在场聆听后，希望张香桐能把《朱子家训》英译出来。出于对民族文化精粹的崇敬，张香桐推敲再三，在保留原作的文化内涵之前提下，尽可能体现"洋韵"。得益于丰厚人文学养积淀的张香桐，趁卧床养病之隙，用英语译出了《朱子家训》，得到了上海市领导和专家的首肯。回国后，译文被印成精美的小册子，当作市政府的对外礼品，馈赠外国友人，以光大中国传统文化。张香桐补充道："这是不务正业呵！"可这种"不务正业"也折射出一名院士的深厚学养，令人钦羡。

卧病在床尚且如此不图安逸，惜时如金，平时无病痛，更是老骥伏枥，兢兢业业。直至96岁高龄的张香老，依然健步走到自己的中国科学院脑研究所办公室，"科研—思考—文章"地耕作不息，后来是所里不让他到办公室了，才不得不待在家里办公。

至于说到院士的情趣和业余爱好，那更是丰富多彩。严东生院士的网球，袁隆平院士的小提琴，闻玉梅院士的京剧，秦伯益院士的藏书，吴良镛院士的书艺……能弹得一手漂亮钢琴的院士更是不胜枚举，而醉心于交响乐欣赏的也不在少数，难怪现在中国科学院开各类学术会议前，往往都会播放交响乐。

对此，顾健人院士的话很有代表性：

我的业余爱好是音乐。音乐与科学、音乐家与科学家之间颇有相似之处。音乐除了为你调节工作之余的身心疲劳，丰富你的想象力，带你神游九州之外，还有它深邃的内涵。不朽的音乐作品都反映出作曲家的灵魂，正如科学同样能反映出从事科学的人的理想、追求、品质和世界观。不朽的音乐家都是热爱人民、爱憎分明的。正义战胜邪恶，光明驱走黑暗是音乐永恒的主题……

酷爱交响乐的顾健人（方鸿辉摄）

音乐和音乐家的贡献对人们的影响是无法估量的，这就是对人民的热爱，给人们战胜困难的力量，追求真理的勇气和淡泊的意境。我正是受到这种影响的千万人中的一员，并终身受益匪浅。

敢想敢说　维护科学道德

院士是维护科学真理和科学道德的中坚力量，实事求是是他们为人的终身追求，敢于思考、善于创新是他们做事的基本素养。

严东生院士生前深铭不忘 1977 年 8 月，他有幸参加邓小平在人民大会堂召集的 30 人座谈会，其场景就是纪实片《邓小平》记述的那样。九个半天的会议中，大家将憋在心里达 10 年之久的话倾吐出来，其中有一个半天是严东生作了中心发言。内容涉及高等教育、研究生培养、出国深造、科技发展诸方面。也就是在这次座谈会上，邓小平当机立断，作出了 1977 年恢复全国高考、1978 年 3 月召开"全国科学大会"、1978 年起高教部和中国科学院开始向国外派遣访问学者和留学生等重要决定。严东生同许多科学家和教育家一样，怀着一颗赤子报国的拳拳之心，敢于思考民族

严东生在《中国科学院院士自述》首发式上（2006 年，方鸿辉摄）

生计，敢于吐露爱国心声，得到了祖国和人民的信任。耄耋之年的严东生依然在为国际大科学合作项目奔波尽力。他坦言：

回首几十年的科学生涯，从30年代的"科学报国"到90年代的"科教兴国"，其间尽管有不少起伏，但觉得有一条主线，即为国民经济发展，为国家的强盛服务，是我毕生的责任和动力。

这是严东生的心声，也是广大院士的心声。

邹承鲁院士是一位眼里容不得半粒沙子的极认真的科学家。数十年来，他同其他院士一起高擎科学道德的大旗，以自己的榜样力量，与违背科学的行为作无情的斗争。邹承鲁一生淡泊名利，学识渊博，远见卓识，敢于挺身而出维护科学的尊严，反对不正之风，是一位"刚直不阿的斗士"。早在1957年，34岁的邹承鲁就提出"应该由科学家管理科学院"。在那个年代敢作如此大胆的表述，需要有多么大的勇气啊！

1981年，当选中国科学院院士不久，58岁的邹承鲁便首次在科学界提出"科研道德"问题：

科学研究来不得半点虚假，可是有的人会弄虚作假，用以追

邹承鲁与李林院士夫妇在花园合影（中国科学院提供）

逐名利。个别人甚至不择手段剽窃他人成果，就更令人不能容忍。

自此，邹承鲁的声名开始从学术领域扩展到公众空间，他将严厉的道德目光投向科学界的学术腐败，以院士之凛凛正气自揭学术界的"家丑"，批判不良学风。什么"基因皇后"、什么"功能无限"的核酸……都在邹承鲁的质疑下露出"马脚"。

他曾直面一系列可笑的潜规则，大声疾呼：

最可恶的是仗势署名。我当这个实验室的主任，这个实验室所有的文章都得把我的名字写上，不管你同意不同意，并且写在最显著的位置，仗势霸道，这是一种欺人的方式。

难怪不少正直的科学家会说，在讨论中国社会学术界不良风气时，邹承鲁这些人的存在，就说明中国科学界优良的传统仍然在继续。这些院士正气凛然，捍卫科学尊严，维护科学道德，令人敬重。

……

说实在的，作为普通人，院士很平凡；作为科学家，院士不平凡。"多奉献少索取"成了他们为人处世的共性，并能在学术上支撑起民族的脊梁，这就够得上是大写的人——这是我与科学家交往中最深的感受。

文末提供了一份由我们整理的（经过中国科学院学部工作局专家审核）"中国院士亲属关系表"，旨在对人才学有兴趣的读者提供一些研究上的便利。

本文权充《院士做人与做事》之"序"。

方鸿辉

附录

中国院士亲属关系表

父子（女）院士		兄弟院士			夫妻院士		叔侄、翁婿院士	
严济慈	严陆光	傅 鹰	傅承义		钱三强	何泽慧	叶企孙	叶铭汉▲
李继侗	李德平	梁思成	梁思礼		张文裕	王承书	张孝骞	张淑仪（女）
唐仲璋	唐崇惕（女）	钱临照	钱令希		曹天钦	谢希德	柯 召	白以龙
李四光	李 林（女）	汪德昭	汪德熙		邹承鲁	李 林	黄鸣龙	吴承康
尹赞勋	尹文英（女）	吴征镒	吴征铠		徐光宪	高小霞	赵九章	张肇西
谢家荣	谢学锦	梁树权	梁植权		吴仲华	李敏华	吴常信	李 宁▲
吕叔湘*	吕 敏	冯 康	冯 端		谷超豪	胡和生		
陈建功	陈翰馥	王守武	王守觉		闵恩泽	陆婉珍		
庄巧生	庄文颖（女）	杨福愉	杨福家		杨立铭	夏培肃		
田昭武	田中群	潘 菽	潘梓年*		何炳林	陈茹玉		
张孝骞	张友尚	邓叔群	邓 拓*		范海福	李方华		
黄克智	黄永刚（外）	汪菊潜	汪菊渊▲		章 申	匡廷云		
张文佑	张肇西	王 迅	王 选		王阳元	杨芙清		
		黎 鳌▲	黎介寿▲	黎磊石▲	许国志	蒋丽金		
		柳百新	柳百成▲		周廷冲	黄翠芬▲		
		李德仁	李德毅▲	李德群▲	陈 竺	陈赛娟▲		
		柯 俊	柯 伟▲		王 圩	吴德馨		
		庄逢甘	庄逢辰		周秀骥	马 瑾		
		马余强	马余刚		柯 伟	李依依		
		张宗燧	张宗烨		周又和	郑晓静		
		殷之文	殷 震▲		林圣彩	李 蓬		
					刘元方	唐孝炎▲		
					苏定强	崔向群		
					裴 钢	马 兰		

注:* 为中国科学院哲学社会科学部学部委员；▲表示中国工程院院士，其余均为中国科学院院士。

科学发现无他，需要的是对人民的忠诚、不知疲倦的苦干和巧干。不谋私事谋国事，甘当孺子老黄牛。

（方鸿辉摄）

王梓坤

　　王梓坤　数学家。1929年4月30日生于湖南零陵，江西吉安人。1952年毕业于武汉大学数学系。1958年莫斯科大学数学力学系研究生毕业，获苏联副博士学位。1988年获澳大利亚麦克里大学名誉科学博士学位。1991年当选中国科学院学部委员（院士）。现任北京师范大学数学系教授、博士生导师。历任南开大学数学系教授，北京师范大学校长，汕头大学数学研究所所长。曾兼任中国高等师范教育学会理事长，中国科学技术协会第三届委员，科学方法论研究会主任，《中国科学》《科学通报》编委等。曾获全国科学大会奖、国家自然科学奖、国家教委科技进步奖、中青年有突出贡献专家等荣誉，1990年被评为"建国以来成绩突出的科普作家"。1984年与北京师范大学部分教授共同倡议在全国设立教师节，1985年全国人大通过决议，定于每年9月10日为"教师节"。

履尘留迹终难忘

——王梓坤的科学发现纵横谈

嗜书如命的学者

2005 年春,由中国科学院院士王梓坤著的《莺啼梦晓——科研方法与成才之路》一书被评为上海市第五届优秀科普读物荣誉奖。奖状很大,上下用厚厚的透明塑料封固。作为责任编辑,王梓坤授权我领受颁给他的那张大奖状,由于无法邮寄,只能在那年 9 月初赴京参加首届全国科技传媒论坛时把奖状捎去。会议期间请了半天假,先去三里河的中国科学院讨论一本书稿的事,然后赶到位于北太平庄的北京师范大学校园,去拜访王梓坤先生。

暮色中踏入由启功先生手书"乐育楼"铭牌的一栋 20 世纪 50 年代的老建筑。曾任北京师范大学校长的王梓坤院士就住在二楼一个普普通通的单元里。三间不大的房间都摆满了书,凡是墙壁都挤满了高高低低的书橱,王梓坤的嗜书如命可见一斑。

王梓坤高兴地收下我送去的奖状,关切地询问图书的社会反响及销售状况。

《莺啼梦晓——科研方法与成才之路》是 2002 年初出版的。全书分卷上与卷下。卷上的"科学发现纵横谈"是发表于"科学的春天"的同名小册子的修订稿,主要是改变了当年的一些提法并加了不少插图,有助于读者理解并增加一些可读性。"科学发现纵横谈"纵谈科学发现的一般过程,横谈科研人员应具备的德、识、才、学。阐述

王梓坤院士的风采（2008 年 1 月摄于书房，潘衍习摄）

中生动地引用了古今中外大家的学问之道、成败之鉴，令当年刚从肃杀的"文化大革命"严冬中熬过来的人们，欣欣然闻到了春的气息。一时洛阳纸贵，四五十万册的销量，激励了一代学子走上了科学探索的道路。"科学发现纵横谈"以清新独特的风格、简洁流畅的文笔、扎实丰富的内容，情理交融，回味无穷，能使读者陶醉于美的享受之中。难怪不少篇章会被选入中学语文课本。

王梓坤在书房（摄于 1988 年，王梓坤提供）

卷下的"履尘留迹"以人才培养为主题，探索优生优育、学文学理、师生情谊等教育思想，其中尤以"百年树人亦英雄"为教师吐气成云。2008 年 9 月，《莺啼梦晓——科研方法与成才之路》又出了第二版，至今依然畅销不衰。

我们的话题自然而然地涉及了即将来临的每年一度的教师节，因为王梓坤院士毕竟是中国教师节的倡导者。

中国教师节的倡导者

"我也不知道为什么，那天早上一起床就突然想到教师应该有自己的节日。"

1984 年 12 月 9 日，时任北京师范大学校长的王梓坤一早起来就灵感突发地想到要为教师设立一个节日。严冬的北京，清晨 5 点，天依然漆黑，王校长就习惯地到办公室做准备工作。那天他确实很亢奋，急着想把这个念头告诉旁人，但谁会这么早来上班呢？直到上午 8 点，他才拨通了《北京晚报》一位熟识的记者的电话，兴奋

王梓坤向记者介绍教师节庆祝大会的情况
（王梓坤提供）

地谈起他的想法。第二天的《北京晚报》刊出了一条题为"王梓坤校长建议开展尊师重教月活动"的短新闻。这就是倡议设立教师节的最早文字记载。事后，王梓坤把这个想法用文字表达了出来：

关于在全国开展"尊师重教"月的建议

王梓坤

我国是世界文明古国，尊重师长，重视教育，是我国人民的优良传统。

在振兴中华、加速四化的大业中，尊重知识，尊重人才是一切根

本中的根本。为此，必须重视教育。关于这方面，中央领导同志已有多次指示。为了贯彻中央的指示精神，我们谨建议：在全国范围内，开展"尊师重教"月的活动，该月的一天即定为"教师节"。敬请各级领导向所属范围（或在全国广播，或在电视讲话）作几次讲话，以进一步引起全国人民对教育工作的重视，提高教师的社会地位，并鼓励年轻人安心从事教育工作。日本在战后能迅速成为经济大国，最基本的经验就是重视教育，这可为我们所借鉴。开展"尊师重教"月，收效快，影响广泛而深远，同时又不需要国家投资。因此，我们谨提出上述建议，供中央领导参考。

一九八四年十二月

笔耕中的王梓坤（2008 年，钱莹洁摄）

12 月 15 日，为进一步推动此项倡议，王梓坤诚邀北京师范大学的著名教授钟敬文、启功、陶大镛、朱贤智、黄济、赵擎寰等开了一个讨论会。教授们一致赞同这份倡议书，联名向社会提出。于是，在 12 月 16 日，《北京日报》刊载了以"北京师范大学校长王梓坤倡议每年九月为尊师重教月,建议九月的一天为全国教师节"为题的简讯。这已是有关设立教师节倡议的第二次媒体报道了。

谁知道仅隔一个多月,在1985年1月21日的第六届全国人大常委会第九次会议上,居然通过了这项建议:每年9月10日定为"教师节"。

"我没想到这么快就设立了教师节,太兴奋了!我真的感到非常非常高兴,并立即着手准备第一个教师节的庆祝工作……"

已经过去20年了,王梓坤回忆起这一幕,依然很动情,并反复地说:"我感动万分,也非常高兴!"

1985年9月10日,第一个教师节的到来确实让北京师范大学的教师们异常兴奋。作为校长,王梓坤决定举行一个全校师生参加的万人大会,以隆重庆祝第一个中国教师节,向全社会传递"尊师重教"的理念。在大会进行到高潮的时候,令人激动的一幕发生了,风华正茂的大学生们打出了"教师万岁"的横幅。这四个字是教育系的

第一届教师节时,学生在北京师范大学操场的集会上打出"教师万岁"的横幅(王梓坤提供)

四位同学分别写成的，没有刻意安排，也没有预先布置，这是同学和老师们发自内心的声音，会场一下子沸腾了，所有的人都欢呼起来了。2002年北京师范大学百年校庆的时候，当年的这四位同学中的三位被请回了母校，其中一位远在新疆的同学还千里迢迢给王梓坤捎来了一些葡萄。王梓坤感慨地回忆："人家告诉我说那四位同学已经有三位来了，他们看到我当然感到很亲切，并回忆道当年是想给大家一个惊喜，所以他们四人在底下不声不响地做了这件事。这些同学真的对老师是很尊重的，他们的心情也代表了全体同学的心情……"

在北京师范大学教师节集会上，王梓坤校长向邓颖超献花（1986年，王梓坤提供）

王梓坤从不宣扬自己的功劳，一再表示，教师节的设立充分表明全社会是关心教育的："我个人的力量非常有限，两次发出倡议后，我的精力也主要扑到校务上，没有再多做什么。而与我同时发出倡议的许多老师，像黄济教授就是政协委员，还有其他关心教师的人们，他们有更多机会提到此事，促成此事。"

回想起当时的情景，王梓坤教授若有所思地说："当时'文化大革命'结束已经好几年了，社会舆论很尊重教师，邓小平、陈云等中央领导同志都很重视教育，认为'教师是阳光下最光荣的职业'，他们也很关心改善教师地位、待遇的问题。但是，当时也有不少地方领导的思想认识还不够，只知集中精力抓经济生产，教师的地位、待遇的实际改善步伐还不大。来北京师范大学这所全国师范排头兵大学担任校长后，我整天想的就是如何办好学校，如何提高教师的地位、待遇，这个念头一直在心里盘旋。也许就因为这，才有了那天早上的倡议吧！"

作为成绩卓著的数学家、我国概率论研究先驱之一，王梓坤能从心底里关心教师的社会地位，也着实展现了这位科学家的人文风采。作为从井冈山革命老区的农民家庭走出来的院士，王梓坤内心深处一直有着深深的教师情结。王梓坤从小就得到恩师的栽培，从懂事起就立志成才后从事教育。于是，在23岁从武汉大学毕业后，义无反顾地选择到南开大学当一名数学教师。教学科研成了他一生钟情的事业。以后尽管有当选天津市副市长等的机遇，他都辞而不就，于1984年5月来到中国的最高师范学府——北京师范大学，当起了校长。

王梓坤认为：尊师重教作为一项基本国策已提了这么多年，可至今仍有一些地区还拖欠教师工资，校舍倒塌的报道也时有所闻，尤其是农村地区的教育还有很多困难。因此，"教师节"这个全国教师的节日应纳入"科教兴国"大战略之中，全社会要继续深入为教师、为教育办实事，决不停留于"过节"的形式，要不断提高教学质量、改善办学条件、提高教师地位和生活，为国家培养出优秀人才。"这才是设立'教师节'的最终目的。"

非凡教师的人格魅力

王梓坤不仅对教师关怀备至，对学生也关怀有加。

1996年秋，我有幸邀请在汕头大学数学研究所任所长的王梓坤

博士论文答辩会后王梓坤（左五）与李占柄教授（左四）、李增沪教授（右四）以及学生们合影（2002年，王梓坤提供）

院士到深圳书市，为《中国科学院院士自述》的青少年版首发式做成才启示的科学人文报告。报告会的前一天晚上，去深圳机场接王梓坤教授，车过边防哨所时，心是悬着的。因为，下午5时临上飞机时，王梓坤突然想到没有办理入"特区"的通行证。可这时，东道主之一的深圳市委宣传部机关已下班，我这个从上海赶来的"客地人"又有什么能耐，只能对王梓坤院士说："您把所有相关的证件都带上吧！"期待与关卡的边防战士商议了。车入哨卡，一位战士礼貌地检查了王梓坤的院士证，幸好还有一本再有6天就要到期的护照，王梓坤被顺利放行。一过关卡，压在心头的石块总算落地。要知道，若是王梓坤进不了深圳，麻烦可就大了，别说第二天的报告会砸了，而年近七旬的王梓坤院士得原地返回汕头……一切都不敢想象。化险为夷后的车厢里，顿时活跃起来。王梓坤兴奋地聊起自己是怎么受聘去汕头大学创办数学研究所的，讲到怎样培育英才，也引出了教师关注优秀学生成才的故事：

1952年，王梓坤从武汉大学毕业后分配到南开大学当上了梦寐以求的数学教师。从教才一年，领导分配他去协助刘长凯先生在南开大学举办一个全国干部补习班。年轻的王老师教学自然格外努力，学生管理、习题辅导，井井有条。他发现这个五六十人的大班上，有一名女同学特别努力，既聪明又踏实，还有一个独特的大名——劳安。这些都令王梓坤久久难忘。1954年夏，这班同学补习结束，各自继续深造或走上工作岗位，那位聪慧的女学生劳安也从此杳无音信了。对于历年来教过的优秀学生，王梓坤总会留下深刻的印象，也总会不由自主地关注他们的成长，这兴许也是激发王梓坤日后研究名人成才的缘由吧！几十年后的一次偶然机会，在新闻广播中听到朱镕基总理携夫人劳安出访的报道，马上激活了王梓坤敏感的神经，总理夫人是否就是他一直惦念着的学生劳安？王梓坤兴冲冲地去资料室查找新华社记者拍摄的相片，一看，果然就是当年的劳安，只不过比年轻时稍胖了些。

王梓坤的兴奋劲别提有多高，但他还是把这份关注与祝福深深地藏在心里。

王梓坤在北京师范大学作《名人成功的启示》的报告（2009年，王梓坤提供）

　　王梓坤眉飞色舞地讲述这个故事后，再次强调：千万别传出去。并一再表明，"人们总是说学生敬仰老师，其实老师也一直关注着每一位学生的成长，尤其是优秀学生，师生情重么！"

　　现在，朱总理已不在位，重述十几年前的这段往事，倒折射了一位非凡教师的人格魅力。

　　王梓坤先生，伟大的教师。

王梓坤与他的博士生张新生（左）、陈雄（右）合影（1989 年，王梓坤提供）

难能可贵的科普工作者

　　王梓坤是一位数学家，他的主要研究领域是概率论。作为中国概率论的先导之一，他的科研是紧随着这门学科的发展而前进的。20世纪 60 年代初，他研究马尔科夫链的构造，彻底解决了生灭过程的构造与泛函分布问题；70 年代，他研究马尔科夫过程与位势论的关系，求出了布朗运动与对称稳定过程的时间与位置的分布，并研究了地震的统计预报问题，著有《布朗运动与位势》《概率与统计预报》等著作；80 年代，他研究多指标马尔科夫过程，在国际上最先引进多指标 Ornstein-Uhlenbeck 过程的定义，并研究了它的性质；90 年代初，除继续上述工作外，还从事超过程的研究，这是当时国际上最活跃的课题之一。上述各课题也都是当时国际上的重要方向。

始终紧随时代的发展，力求在科研重要前沿作出成果，并关注成果及方法的概率意义，是王梓坤数学研究的特色。除了理论研究，王梓坤还在概率论应用方面做了大量工作，诸如他曾领导南开大学统计预报组的学术研究，该预报组首创的"随机转移预报方法""利用国外大震以报国内大震的相关区方法"等，曾多次成功地预报过一些地震，受到国家地震局的重视，并获天津市科学技术进步奖二等奖；同时结合地震进行了地极移动的理论研究。他还曾与部队合作，完成

王梓坤在澳大利亚麦克里大学接受名誉科学博士学位时与该校名誉校长（右）和校长合影（1988 年，王梓坤提供）

了在计算机上模拟随机过程的研究，提出了理论方案，并编出了计算程序。当然，限于规定，此项工作只能在内部交流，未能公开发表。

王梓坤还是一位杰出的科学方法及科学思想的普及工作者，这在院士中恐怕是鲜见的。王梓坤始终认为，教师不仅要传授知识，而且要培养学生的能力——学习能力、科研能力、思考能力、动手能力以及做人做事做学问的生存能力。因此，他尤其注重学习方法和研究方法，特别是名家能人的经验和体会。

王梓坤校长向马耳他共和国总统阿迦诺·巴巴拉女士授予北京师范大学名誉教育学博士学位，这是我国第一次向外国元首授予名誉学位（1985 年，王梓坤提供）

"20 世纪 60 年代初，邓拓发表《燕山夜话》，我读后既叹其渊博，同时也想到似乎自己也可以写点什么。多年来，我有收集资料勤做笔记的习惯，但平日忙于数学的教学和研究，无暇整理。70 年代，由于众所周知的原因，各校停课，这正是我完成宿愿的时机。"于是，王梓坤躲进 9 平方米朝北阴暗的斗室，不顾毛巾结冰，被子凝霜，虽手指冻烂仍坚持科普写作，且三易其稿，写成了上文述及的"科学发现纵横谈"系列文章。1977 年承历史学家刘泽华教授赏识，建议他向

《南开大学学报》投稿，居然被慧眼识才的编辑看中，立即刊出，连载三期，引起较大反响。王梓坤在短时间内收到如潮涌般的上千封读者来信。刚刊出第一期，上海人民出版社曹香秋编辑就敏锐地感到一部有科学文化积累价值的名著即将问世，便急忙打长途电话给王梓坤，希望尽快读到全文，并传递了愿意出书的意向。曹香秋的举动令王梓坤感到惊异，更令他感动的是，微分几何学的泰斗——苏步青院士慨然应允作序，这便是 1978 年在"科学的春天"出版的单行本——《科学发现纵横谈》。苏步青在该书"序"中对此书作了确切的评价："《科学发现纵横谈》是一本漫谈科学发现的书，篇

王梓坤参观深圳大学图书馆（1996 年, 方鸿辉摄）

幅虽然不算大，但作者王梓坤同志纵览古今，横观中外，从自然科学发展的历史长河中，挑选出不少有意义的发现和事实，努力用辩证唯物主义和历史唯物主义的观点，加以分析总结，阐明有关科学发现的一些基本规律，并探求作为一名自然科学工作者，应该力求具备一些怎样的品质。这些内容，作者是在'四人帮'形而上学猖獗、唯心主义横行的情况下写成的，尤其难能可贵。"苏老还说："作者是一位数学家，能在研讨数学的同时，写成这样的作品，同样是难能可贵的。"

　　打开《科学发现纵横谈》，扑面而来的是辉煌的诗篇——屈原《天问》的摘录：

这浩茫的宇宙有没有一个开头?

那时浑浑沌沌,天地未分,可凭什么来研究?

穹窿的天盖高达九层,多么雄伟壮丽!

太阳和月亮高悬不坠,何以能照耀千秋?

大地为什么倾陷东南?

共工为什么怒触不周?

江河滚滚东去,大海却老喝不够?

哪里能冬暖夏凉?

何处长灵芝长寿?

是非颠倒,龙蛇混杂,谁主张君权神授?

呵!我日夜追求真理的阳光,

渔夫却笑我何不随波逐流!

屈原一口气提出了 172 个"为什么",涉及天文地理博物神话,

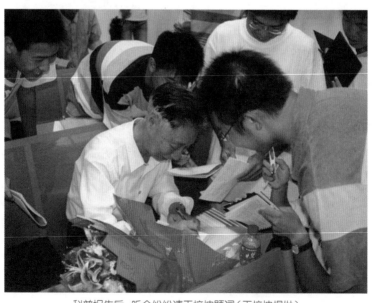

科普报告后,听众纷纷请王梓坤题词(王梓坤提供)

高远神妙，发人奇思。后人将这些自然与人文的奥秘——破译或正在破译，从而在天宇高洁、微云欲散的月明之夜，每当我们冷静思考各种宇宙现象时，便不能不惊叹自然结构的雄伟壮丽、严整精密。大到银河系总星系，小到原子核基本粒子和复杂微妙的生物界，都遵循各自的发展规律不断地运动着。在群星争耀的天空，人们找到了天体运行的轨道；在看不见、摸不着的微观世界，人们发现了原子的结构；在万象纷纭的生物界，人们又寻找到进化规律，并正在寻找人类和生物基因组的构架……

王梓坤教授毕竟是数学家，对自然科学有着通透的理解。因此，无论纵论历史还是横看风云，所引证的大都是自然科学史上的典型事例。但是，"以人为本"的理念又驱使王梓坤教授不得不对科学史上的成败得失作令人警醒的思考。当然，这一系列疑问，使王梓坤教授的思考进入了一个全新的境界——寻找人才成长的道路与科学研

王梓坤夫妇合影于书房（王梓坤提供）

究方法后面的规律。

读者为能在王梓坤教授的指引下畅游知识海洋而快慰，为能领略到王梓坤诗一般的语言和文采而感到舒适。因此，《科学发现纵横谈》相继荣获了"全国新长征优秀科普作品奖"（1980）、首届全国中学生"我所喜欢的十本书"之一（1981）。初版18年后的1996年，《科技日报》又将全书在报上连载，并获得广大科技工作者及学生的一致好评，这在我国科普出版史上实属罕见。

王梓坤院士并未因《科学发现纵横谈》的轰动而激流勇退，退出科普阵地而埋首书斋；也并未因这本书的连连再版而坐享其成，荒芜了科普园地的勤劳耕作。王梓坤深有感慨地说："科学发现无他，需要的是对人民的忠诚、不知疲倦的苦干和巧干。不谋私事谋国事，甘

全家福（2007年6月，摄于美国俄亥俄州的哥伦布市。前排右起：长孙王宇峰、小孙女王云扬；二排右起：王梓坤、谭得伶夫妇；三排右起：次媳马璇、次子王维真、长孙女王宇菁、长媳李仪、长子王维民。王梓坤提供）

当孺子老黄牛。这样，就能无坚不摧、无敌不克，正是'十年磨一剑，不敢试锋芒；再磨十年后，泰山不敢当。'"那么，"再磨十年"的作品是什么呢？这便是笔者有幸担任责任编辑的《莺啼梦晓——科研方法与成才之路》的卷下——"履尘留迹"。

王梓坤毕生从事教育事业，对如何培养青年成才的问题特别关心，积自己成才的体会与前人成功的经验，从科学的视角把成才之道归纳成十个字：理想、勤奋、毅力、方法、机遇。

王梓坤把理想比作是人们心灵上的太阳。认为一个人的精神面貌如何，首先要看他的理想如何。如果说人有灵魂，那么理想就是他的灵魂。

王梓坤并不否认人的天赋各有不同，但一个人的成就主要是靠辛勤劳动取得的，而不全靠天才。除了崇高的理想外，他把勤奋列为成才的要素，他举出鲁迅、巴尔扎克、达尔文、牛顿、爱迪生和爱因斯坦勤奋学习和工作的故事，来说明"天才出于勤奋"这一真理。

王梓坤认为毅力是成才的另一要素。他指出：毅力表现为不怕困难，敢于在一个方向上长期坚持，即所谓"锲而不舍"，这样才能"金石可镂"。有些人碰到困难后，怕白费精力，便中途放弃而转移方向。这样转来转去，虽然他一天也没有休息，却什么也搞不出来。由此可见，勤奋并不等于毅力；毅力来自对真理的热爱，来自对崇高理想的追求。一个人的理想越崇高，他的毅力也就越坚强。才气就是长期的坚持和积累，天才在于毅力。

王梓坤十分重视方法在成长过程中的作用："做科学研究和做其他任何一件事情都一样，光苦干不行，还要巧干，要想出高明的方法，高明的方法是极富兴趣的。认识一位天才的研究方法对于科学的进步，并不比发现本身更少用处。"并告诫年轻人："不断激励自己奋发图强的一个好办法，是找一位你最尊敬、最仰慕的人作为竞赛对手，学习他，研究他，赶上他，最后超过他。有了这么一位对手，你就自然不会满足，而是奋力追赶。"

王梓坤认为机遇也是成才的一个因素。因为人生活在客观世界中，有不少偶然机遇是难以预料的。人人都可碰上好机遇，问题在于

深圳书市报告会后王梓坤与笔者合影（1996 年，余鸿源摄）

会不会以及能不能充分利用它。否定机遇并不是唯物主义："平日不努力，有好的机遇也利用不上。机遇只照顾勤奋、勇敢而又有准备的人。投机取巧、不劳而获的侥幸心理是极有害的。另一方面，放弃一切好机遇，也不一定明智。主观努力加上好的机遇，正如优良的种子遇上肥沃的土壤必能结出丰硕的果实。"

王梓坤的这些见解确是万世流芳的至理名言，是科学与人文水乳交融的精粹。我们当前科学传播所急需的就是这样的科普精品。

王梓坤先生，伟大的科学传播者。

和你（指杨振宁）见面几次，心里总觉得缺点什么东西似的，细想起来心里总是有"友行千里心担忧"的感觉。因此，心里总是盼望着"但愿人长久，千里共同途"。

邓稼先

（中国科学院提供）

　　邓稼先　（1924—1986）核物理学家。1924年6月25日生于安徽怀宁，1945年毕业于国立西南联合大学。1950年获美国普渡大学博士学位。1980年当选中国科学院学部委员（院士）。曾任核工业部第九研究院副院长、院长，核工业部科技委副主任，国防科工委科技委副主任等职。1958年以来组织领导开展了爆轰物理、流体力学、状态方程、中子输运等基础理论研究，对原子弹的物理过程进行了大量模拟计算和分析，从而迈开了中国独立研究设计核武器的第一步。领导完成了中国第一颗原子弹的理论方案并参与指导核试验前的爆轰模拟试验。组织领导了氢弹设计原理、选定技术途径的研究，组织领导并亲自参与了1967年中国第一颗氢弹的研制与试验工作。20世纪70年代初以来，在组织领导与规划中国新的核武器工作中作出了重要贡献。

50 年之后，我可以跟邓稼先说："稼先，我懂你的'共同途'的意思了，我可以很有自信地跟你说，我以后的 50 年是合了你'共同途'的途，我相信你也会满意的。再见。"

杨振宁

（中国科学院提供）

　　杨振宁　物理学家。1922 年 10 月 1 日生于安徽合肥三河镇 (今属肥西县)。1942 年毕业于国立西南联合大学，1944 年获清华大学硕士学位，1945 年获留美奖学金赴美留学，1948 年获芝加哥大学哲学博士学位。后任芝加哥大学讲师、普林斯顿高等研究院研究员，1955 年起任普林斯顿高等研究院教授，1966 年起任纽约州立大学石溪分校爱因斯坦讲座教授兼理论物理研究所所长，1986 年起任香港中文大学博文讲座教授，1993 年起任香港中文大学数学科学研究所所长，1998 年起任清华大学教授。在粒子物理学、统计力学和凝聚态物理等领域作出里程碑性贡献。20 世纪 50 年代与 R.L. 米尔斯合作提出非阿贝尔规范场理论，1956 年与李政道合作提出弱相互作用中宇称不守恒定律，在粒子物理和统计物理方面做了大量开拓性工作，提出杨 - 巴克斯特方程，开辟量子可积系统和多体问题研究的新方向等。还推动了香港中文大学数学科学研究所、清华大学高等研究中心、南开大学理论物理研究室和中山大学高等学术研究中心的成立。2003 年底回北京定居，2017 年 2 月放弃外国国籍成为中国公民，中国科学院外籍院士也正式转为中国科学院院士。

千里"共同途"

——邓稼先与杨振宁的故事

（一）

1964年10月16日下午3时，中国第一颗原子弹在新疆罗布泊爆炸成功。1967年6月17日8时，中国第一颗氢弹在西部地区上空又爆炸成功！这"两弹"的成功爆炸，震惊了全世界。

1964年在美国，同样很关注中国第一颗原子弹成功爆炸的还有一位叫杨振宁的华裔科学家。为什么呢？除了他是华裔，还因为他料想自己的"发小"——邓稼先是参与其中的，为他打心底感到骄傲与深深的祝福。

20世纪30年代，在北京崇德中学求学的杨振宁与邓稼先就是好伙伴了，从在清华园打玻璃球到爬树逮知了，各种游戏无不见他俩顽皮的身影。毕竟他俩是小同乡，都是安徽人。

1922年10月1日杨振宁生于安徽合肥，1924年6月25日邓稼先生于安徽怀宁，他比杨振宁小了2岁。他俩从小又都生性好动，兴趣也相似。更重要的是邓稼先的

中国第一颗原子弹成功爆炸（1964年10月16日下午3时）

父亲邓以蛰与杨振宁的父亲杨武之都是清华大学的著名教授。因此，他俩从小都生活在清华园，两家同住清华西院宿舍，分别是 9 号与 11 号，确确实实是近邻。邓以蛰教美术史，杨武之教数学，两位学者都有强烈的民族责任感与正直进取的精神，可谓性格相融。邓稼先的母亲与杨振宁的母亲又都是贤妻良母式的家庭妇女，关系融洽又投缘。说邓、杨两家属世交，一点也不夸张。再说，抗战时杨振宁与邓稼先又都曾考入位于昆明的国立西南联大，求教于名师门下，只不过在中学时，杨振宁曾跳了一级，这样进入大学后，他要比邓稼先高了三级，就更像是一位大哥哥了。

凡熟识的人也都知道，清华大学数学系的杨武之教授与哲学系的邓以蛰教授都有一位淘气的宝贝儿子。

杨振宁（左）、邓稼先（中）和杨振平（右）合影于美国芝加哥大学校园（1949 年，杨振宁提供）

1945 年，杨振宁获留美奖学金去了美国，就读于芝加哥大学。

1947 年，邓稼先也考上了赴美公费研究生，但须自己联系学校。

因此，他的择校问题也就很自然地请杨振宁老兄费神了。杨振宁那时在读的芝加哥大学的学费较贵，他就帮邓稼先联系了离芝加哥市很近的以理工见长的普渡大学。这样，既保证学习质量，也为日后的相互往来提供了便利。于是，1948年邓稼先到美国普渡大学去攻读博士了。两年后，他获得了博士学位。1950年，邓稼先告别了继续留在美国做研究的杨振宁，回到了祖国。令邓稼先没有想到的是，他与杨振宁的再次会面，却是在21年后的北京。

邓稼先戴上博士帽留影（1950年，资料图片）

邓稼先回国后，被钱三强学部委员相中，调派到核武器研制的关键岗位。从此，隐姓埋名，埋首于我国的原子弹和氢弹的理论与技术研究和制造之中，并作出了不朽的功绩，后被国家追授"两弹一星元勋"的光荣称号。

杨振宁在聆听（资料图片）　　　邓稼先在回忆（资料图片）

而杨振宁 1948 年获芝加哥大学哲学博士学位后，历任芝加哥大学讲师、普林斯顿高等研究院研究员、教授，以及纽约州立大学石溪分校爱因斯坦讲座教授兼理论物理研究所所长，1986 年起任香港中文大学博文讲座教授。其间，杨振宁在粒子物理学、统计力学和凝聚态物理等领域作出了几项里程碑性的贡献。20 世纪 50 年代，他与 R.L. 米尔斯合作提出非阿贝尔规范场理论；1956 年与李政道合作提出弱相互作用中宇称不守恒定律；在粒子物理和统计物理方面也做了大量开拓性工作，提出杨 - 巴克斯特方程，开辟量子可积系统和多体问题研究的新方向等。他还推动了香港中文大学数学科学研究所、清华大学高等研究中心、南开大学理论物理研究室和中山大学高等学术研究中心的成立。在杨振宁获得诺贝尔物理学奖之后，首先想到的是"帮助改变中国人自觉不如人的心理"。我们不妨来倾听 1957 年杨振宁在获诺贝尔物理学奖时发表的感言："我深深察觉到一桩事实：在广义上说，我是中华文化和西方文化的产物，既是双方和

谐的产物，又是双方冲突的产物，我
愿意说：我既以我的中国传统为骄傲，
同样的，我又专心致力于现代科学。"
要知道是在那种特定的授奖场合，中
国正被西方所制裁和封锁的情况下，
杨振宁能说出"以我的中国传统而骄
傲"，实在不是一句简单的话。

诺贝尔物理学奖获得者丁肇中
教授在杨振宁 70 岁生日宴会上曾这
样说：提到 20 世纪的物理学的里程
碑，我们首先想到三件事：一是相对
论（爱因斯坦），二是量子力学（狄拉

诺贝尔物理学奖授予杨振宁
（1957 年，杨振宁提供）

克），三是规范场（杨振宁）。美国物理学家、诺贝尔奖获得者赛格
瑞推崇杨振宁是"全世界几十年来可以算作全才的三个理论物理学
家之一"。1994 年，美国富兰克林学会向杨振宁颁授"鲍尔奖"时指

杨振宁、邓稼先、许鹿希和新华社记者顾迈南（自右至左，顾迈南提供）

出：杨先生的规范场所建立的理论模型，"已经排列在牛顿、麦克斯韦和爱因斯坦的工作之列，并肯定会对未来几代人产生相类似的影响。"他的"发小"邓稼先也曾断言："如果不是诺贝尔奖规定每人只能在同一个领域获奖一次的话，杨振宁应当再获得一次诺贝尔奖。YANG-Mills场（杨 - 米尔斯理论），就是规范场，他在这方面造诣非常高。"

（二）

话说 1964 年中国第一颗原子弹成功爆炸后，当时美国报纸就刊登了中国研究人员的名单，尽管是英文音译，但是杨振宁一看就认定其中一人肯定就是邓稼先。毕竟是情同手足的"发小"。这些年来，杨振宁一直在追寻邓稼先的踪迹与消息，却杳无音讯。

于是，1971 年杨振宁首次回中国时，所定的一份要见的亲朋好友名单中，第一位便是邓稼先。

作为北京医科大学教授、邓稼先的夫人许鹿希说："1971 年是杨振宁先生留学美国后第一次回中国。杨先生与稼先聊了好多事，什么都聊了，就是没聊到稼先的工作。最后送杨先生回去时，过了栅栏，杨先生要上飞机舷梯了。突然，他回过头来问稼先：'稼先，我在美国听说，中国的原子弹有美

邓稼先与于敏（中国科学院提供）

国科学家帮忙,是不是真的?'"

因为杨振宁脑子里一直有一个谜,是不是有美国人帮了中国科学家的忙,直到登机前,忍不住还是问了。

邓稼先一时语塞,不知该怎么回答,急中生智地将话题扯开:"你先上飞机吧!"

送走客人,邓稼先迅速将这一切向周恩来总理办公室汇报。当天午夜12点,邓稼先家里的红色电话机的铃声就响了。

许鹿希回忆:"那天夜里很晚了,我估计大概快到12点了吧?红机子响了,电话那端是周总理办公室的人,'总理说了,让邓稼先如实地告诉杨振宁先生,中国的原子弹、氢弹没有一个外国人参加,全都是自己干的。'这句话让稼先听了非常激动。当时,他马上起床了,就在这张桌子上写起信来。写完了以后,第二天一早,我看大概也就六点多,信使就来了。"

邓稼先在给杨振宁的信中写道:

振宁

你这次回到祖国来,老师们和同学们见到你真是感到非常高兴。我这次从外地到北京来见你,也确实感到非常高兴。在你离京之后,我也就要回到工作岗位上去。

关于你要打听的事,我已向组织上了解,寒春确实没有参加过我国任何有关制造核武器的事,我特地写这封信告诉你。

你这次回来能见到总理,总理这样的高龄,能在百忙中用这么长的时间和你亲切地谈话,关怀地询问你各方面的情况,使我们在座的人都受到很大的教育,希望你能经常地想起这次亲切的接见。

你这次回来能看见祖国各方面的革命和建设的情况,这真是难得的机会。希望你能了解到祖国的解放是来之不易的,是无数先烈流血牺牲换来的。毛主席说:"成千上万的先烈,为着人民的利益,

美国物理学家寒春（Joan Hinton，资料图片）

在我们的前头英勇地牺牲了，让我们高举起他们的旗帜，踏着他们的血迹前进吧！"你谈到人生的意义应该明确，我想人生的意义就应该遵照毛主席所说的这句话去做。我的世界观改得也很差，许多私心杂念随时冒出来，像在工作中，顺利时就沾沾自喜，不顺利时就气馁，怕负责任，等等。但我愿意引用毛主席这句话，与振宁共勉。希望你在国外时能经常想到我们的祖国。

这次在北京见到你，时间虽然不长，但每天晚上回来后心情总是不很平静，从小在一起，各个时期的情景，总是涌上心头。这次送你走后，心里自然有些惜别之感。和你见面几次，心里总觉得缺点什么东西似的，细想起来心里总是有"友行千里心担忧"的感觉。因此心里总是盼望着"但愿人长久，千里共同途"。

夜深了，不多谈了。代向你父母问安。祝两位老人家身体健康。祝你一路顺风。

稼　先

8.13/71

这封信以最快的速度送达上海。杨振宁正在上海大厦参加上海市"革命委员会"为他举行的欢迎宴会。杨振宁当场拆开信封，看到是邓稼先熟识的笔迹，读到"寒春确实没有参加过我国任何有关制造核武器的事，我特地写这封信告诉你"。可见，中国的原子弹、氢弹没有一个外国人参加，全都是自己干的，杨振宁激动的双手颤抖了，泪水夺眶而出。他急忙跑到洗手间去擦干净泪水。

多年后，杨振宁是这样回忆的："此封短短的信给了我极大的震撼，一时热泪满眶，不得不去洗手间整容。事后回想，我为什么会有那么大的感情震荡，为了民族自豪？为了稼先而感到骄傲？我始终想不清楚……"

杨振宁很明白，中国研制核武器是极端机密的大事，既然已经断定好友邓稼先参与其中，就不要为难他了，以后有关这个敏感话题，只字不提。每次回国，凡与稼先有碰面的机会，也总是杨振宁口若悬河地讲，邓稼先只是细细地听。因为杨振宁了解全世界最前沿的研究进展，什么都是公开的；而邓稼先恰好相反，什么都是保密的。邓稼先不得不谨慎开口，生怕泄漏任何一点"天机"。所以，往往是邓稼先好奇地问，杨振宁则不厌其烦地答。

杨振宁百岁生日会时发言（资料图片）

50 年后的 2021 年 9 月 22 日，由清华大学、中国物理学会、香港中文大学主办的"杨振宁先生学术思想研讨会——贺杨先生百岁华诞"，在清华大学主楼接待厅举行。杨振宁亲临现场，感谢大家一起来庆祝他的农历 100 岁生日，很清晰地回忆了自己 1971 年第一次访问新中国时的感受。可见，他是多么珍视那段与"发小"邓稼先交往的人生岁月。杨振宁特别提及的依然是彼时自己曾向参与中国原子弹制造、同时是自己多年好友的邓稼先提出过的"是否有美国人参与原子弹设计"的疑惑。百岁科学泰斗杨振宁深有感慨地作了如下演讲：

我是 50 年前的 1971 年第一次访问新中国，那次访问是我人生中非常非常重要的访问，因为使得我对于新中国第一次有了一点认识，这个认识对于以后 50 年我的人生轨迹有着非常大的影响。

那一次访问，除了看到住在医院的父亲以外，我还见到了很多亲戚跟许多朋友，其中有我最重要的、也是我最亲近的朋友，就是邓稼先。

最近又看了他 1971 年给我写的一封信，这封信现在发表在一本新的书里（指 2021 年修订版的《晨曦集》）。这里头的故事是这样的：中国的原子弹爆炸之后，美国的报纸很快就有种种的消息，其中一项我注意到，说是涉及中国原子弹的重要人物，就有邓稼先。邓稼先是我中学、大学以及在美国时的知心朋友，我想他跟我关系不止是学术上的关系，也超过了兄弟的关系，所以对于这个消息我非常注意。

美国报纸上说，中国毛主席派了架飞机到陕北，去找美国的一个叫做寒春（寒春是一位核物理学家，1921 年 10 月 20 日出生于芝加哥，2010 年 6 月 8 日在北京去世）的物理学家到北京去帮助中国制造原子弹。寒春我非常熟悉，我跟她在芝加哥大学同一个实验室工作了 20 个月，而且她还要我教她中文，她没有告诉我为什么。一直到 1948 年 3 月，她告诉芝加哥大学系里所有的老师与学生，说她要到中国去跟她的男朋友结婚，在陕北。

因为这个缘故，我一直很想知道这个消息是不是正确，想知道中国的原子弹是不是中国人自己造出来的，有没有得到外国人的帮忙。

所以在 1971 年四个礼拜的访问之中，我就非常想问这个问题——寒春参加过中国原子弹（制造）这个故事是真的还是假的？可是，这是一个很敏感的问题，我又不敢问。

在北京待了好几个礼拜之后，最后我要到上海去，从上海再过几天要飞回美国。在离开北京的时候，在机场是邓稼先送我的。那个时候，北京的飞机场很简单，所以他一直陪我走到飞机的舷梯底下，我实在憋不住了，问他：寒春有没有参加中国原子弹的设计？他说他觉得没有。不过，他要去跟组织上去证实一下，然后再告诉我。那天他就去跟组织接触了，组织告诉他说没有外国人参加中国原子弹的制造，除了在最先的时候略微有一些苏联人的帮助，后来基本上是中国人自己做的。

他就写了一封信，这封信在第二天派专人送到上海。信送到的时候，我正在上海大厦，上海领导人请我吃饭，因为第二天我就要飞回美国。在吃饭的时候，信差送来了这封信。

这封信你如果仔细看，非常有意思，因为他除了讲中国的原子弹基本没有外国人参与，当然没有寒春参与，信的后面有几段解释得非常清楚。他在那几个礼拜里头跟我见过好多次，他有想要跟我说的话却说不出来，所以他在信的尾巴上描述了一下。他想要跟我讲，可是不知道怎么讲。在信的最后，他给了我一个期望，是将"但愿人长久，千里共婵娟"变成了"千里共同途"。我当时没有重视，也并没有看懂这句话。"千里共同途"，我想了想，知道这有一种很深的寓意。

最近这个信发表之后，仔细看了以后的今天，50 年之后，我可以

筹措资金，甚至将自己在美国的房子也卖掉，并以自己的才华与威望说动美国金融大亨詹姆斯·西蒙斯给清华大学捐款。甚至连自己在清华大学教学与科研工作的百万年薪也分文不取，全部捐给了学校搞科学研究。据统计，杨振宁累计捐助了约 20 亿美元给中国办学，这些资金帮助建立的一流物理实验室达到几十所，培养了一批又一批尖端科学人才。非常熟悉杨振宁的清华大学教授、中国科学院院士朱邦芬先生于 2017 年 9 月发文介绍回国后杨振宁先生所做的五项贡献，对杨振宁的"率真"作了这样的评价：

我于 2000 年 1 月调到清华大学高等研究中心任教授，之后在清华物理系任教至今，有幸与杨先生有很多的个人接触。据我观察，画了一个圆以后的杨先生，终点成为新的起点，心态反而变得更年轻了。60 寿辰时，杨先生第一次感到"生命是有限的""好像这种想法在我 60 岁以前从来没有在我的脑海里出现过"。1999 年 5 月，在纽约州立大学石溪分校荣休的晚宴上，他想起了李商隐的"夕阳无限好，只是近黄昏"，又用朱自清的"但得夕阳无限好，何须惆怅近黄昏"激励自己。然而，2003 年正式回到清华后，他写了一首《归根》的诗，里面的两句"耄耋新事业，东篱归根翁"表明，归根后的杨先生要开始新的事业。2013 年杨先生出版了一本新书 SelectedPapers II with Commentaries，在评注里，他将苏东坡的词句改编为"谁道人生无再少，天赐耄耋第二春"。显然，2003 年回归是个转折点，回归后，杨先生开始了新事业，也开始了人生的第二个春天。

我曾经写过一篇文章《我所熟悉的几位中国物理学大师》，文中我对每位大师都用一个词来形容。对杨先生，我思考再三，用了"率真"二字。杨先生的性格是多方面的，我为什么用"率真"二字来形容他呢？一方面是因为他的坦率和真诚，他在文章《父亲与我》里写道，"我知道，直到临终前，对于我的放弃故国，他（指杨振宁父亲）

在心底里的一角始终没有宽恕过我"。杨振宁和他父亲一直父子情深，杨武之从未对杨振宁加入美国籍说过什么，更没有写过什么，这句话只是杨振宁自己内心的感觉。我以为只有率真、坦诚的人才会把对自己形象有损且不为人知的内心独白揭示出来。另一方面，率真又指一个人童心未泯，直言不讳，多年的接触，我确实感到，杨先生的心理年龄低于他的生理年龄，更远低于他的档案年龄，他确实具有一颗"童心"。

杨振宁 2003 年归根，绝不是一些不了解真相的人所想象的，是回来"养老"和"享福"。"80 后"的杨先生开始新的事业和新的寻索，作出了许多新的贡献。从 80 岁至 95 岁的 15 年间，他所做的事情远比大多数科技工作者做的要多，更重要。

杨先生回归后的新贡献，可以归纳为五个方面。一，作为有远见卓识的科学领导人所起的引领作用；二，作为物理学家在物理学研究领域所做的具体科学研究；三，作为教育家在培养中国年轻一代杰出人才方面所作的贡献；四，作为科学史研究者，写下了一系列传世之作；五，其他方面的贡献。鉴于许多人并不清楚个中详情，今天借庆贺杨先生 95 华诞之际，我就杨振宁在这五个方面的具体贡献铺展开来，让更多人了解回归后的杨振宁……

2017 年 2 月杨振宁放弃了美国国籍成为中国公民，中国科学院外籍院士也正式转为中国科学院院士。

（三）

邓稼先为中国核武器的研究，耗尽了一生的精力。他的夫人许鹿希曾向记者说起过：中国的核试验尽管是很成功的，但也曾有过几次失败，而且事故很严重。在那种当口，凡到事故现场去，邓稼先总是冲在前头。有一次空投预试，氢弹从飞机上下来，降落伞没有打开，直接掉在地上，幸好没有爆炸，但是摔碎了。这是一次后果难以预测的严重事故，核弹非得找回来不可。因为没准确的下落点定位，出动了一百多名防化兵都没能找到。邓稼先就亲自去了，核弹居然被他找到了。当他双手捧起碎弹片时，自身却受到了极严重核辐射的伤害。

1985 年，邓稼先果然被查出患了直肠癌，病魔将他折磨得很憔悴也很虚弱。毕竟邓稼先长期从事核武器试验工作，骨髓曾多次遭受严重的核辐射损伤。一做化疗，白血球和血小板立刻大幅下跌，全身会大出血，身背的出血瘢有洗脸盆那么大，嘴里全是血，耳朵里也是血，非常痛苦，更难挽救。

第二年的 5 月 30 日下午，杨振宁去医院看望手术后的邓稼先。那次他们再也没有聊孩提时的欢乐，依然是邓稼先静静地听杨振宁聊世界科技前沿的进展，听得全身出了一阵虚汗，他是巴不得立即能回研究所。两周后的 6 月 13 日，是杨振宁要离开北京回美国的日

杨振宁探望病中的邓稼先（顾迈南提供）

子，他郑重地捧了一大束鲜花来向 50 多年友情的同伴告别，当两双书写物理学史巨匠的双手紧紧握在一起而舍不得分开时，周围的人都被深深地感动了，所有人的泪都只能往心里涌流，这可是真正的"告别"。

我们不妨来读一下刊载于 1996 年出版的《中国科学院院士自述》，书中由许鹿希教授根据当年录音整理的有关国务院领导到邓稼先病床前，给他颁发全国劳动模范奖章和证书时，邓稼先所发出的最后声音："核武器事业是成千上万人的努力才能取得成功的。我只不过做了一部分应该做的工作，只能作为一个代表而已。"

这就是一位真正的科学大家的精神境界和人格魅力。

在邓稼先去世前 12 天，也就是 1986 年 7 月 17 日，当时的李副总理代表国务院去邓稼先病床边为他授予全国劳动模范的证书和奖章。其实在两天前，万里代总理来探望邓稼先时，已告知了国务院的这个决定。此时，邓稼先的病情已很危重，经常疼得满身大汗；他的骨髓造血机能被破坏了，身体极为消瘦与虚弱；再

《中国科学院院士自述》书影

加上放疗性膀胱炎，日夜插着导尿管，行动也不方便。医院已发出了随时有生命危险的病情警告。但邓稼先全然不顾这一切，认为受奖是一件大事，说明中央领导对九院（现称"中国工程物理研究院"）的重视。在输完血后，他强忍病痛挣扎到桌旁，坐在橡皮气垫圈上写了一篇发言稿，这就留下了邓稼先最后的心声。

那天下午，邓稼先用了加倍的止痛药，并把导尿管夹住，忍着憋尿的痛苦，换了一身整齐的灰色中山服，静坐等候。下午3点多钟，李副总理和罗干（代表全国总工会）、蒋心雄（代表核工业部）、朱光亚（代表国防科工委）等四位同志来到病房。这就有了以下的对话。

李副总理向邓稼先表达：党和国家非常感谢你这几十年来在核工业、核武器方面所作出的贡献。这件事情的意义应该是很大的。因为我们国家的经济条件有限，不可能搞很多，但是搞了一点以后，这一点核力量应该说是成为一支保卫世界和平的力量和保卫我们祖国安全的力量。虽然只有一点，但是就是这一点起了很大的作用。我们今后还要继续发展高技术，其目的也是在于有一点。有一点和没有一点大不一样，在世界的舞台上就有我们的发言权，就会受到人家的重视。当然，我们国家的条件差，搞很多不行。因此，党中央、国务院和全国人民对于凡是在核战线上作过贡献的人（朱光亚插话："稼先同志是最早参加的人、是元勋。"）都是不会忘记的。我想今天借这个机会通知你一件事情：国务院研究了你的事迹以后，根据总工会和核工业部的提议，决定授予你全国劳动模范这样一个光荣称号。在第七个五年计划期间，你是第一个被授予全国劳动模范称号的。

邓稼先立即表示：谢谢，谢谢。我说两句话。15日万里代总理来医院看望我，今天李副总理又亲临医院授予我全国劳动模范称号，我感到万分激动。核武器事业是成千上万人的努力才能取得成功的。我只不过做了一部分应该做的工作，只能作为一个代表而已。但党和国家就给我这样高的荣誉，这足以说明党和国家对尖端武器事业的重视。回想解放前，我国连简单的物理仪器都造不出来，哪里有可能造尖端武器。只有在毛主席和共产党领导下解放了的新中国，才可能使科学事业蓬勃地开展起来。敬爱的周总理亲自领导并主持中央专门委员会，集中全国的精锐力量来搞尖端武器事业。陈毅副总理说，搞出原子弹来，外交上说话就有力量。邓小平同志说，你们大胆去搞，搞对了是你们的，搞错了是我们中央书记处的。聂荣臻元帅、张爱萍等领导同志亲临现场主持试验。这说明核武器事业完全是在党的领导下取得的。我今天虽然患病，但我要和疾病作顽强的斗争，争取早日恢复健康，早日做些力所能及的科研工作，和同志们一起在高技术方面尽量地做一些工作，以不辜负党对我的希望。谢谢大家。

邓稼先获奖后与妻子许鹿希合影（顾迈南提供）

邓稼先的夫人许鹿希痛苦地回忆："那天，稼先疼极了，疼极了。当时用了很大量的止痛药，一共坚持了半个小时。稼先留下了最后的笔记，也是他最后的一段声音……"

1986年7月29日，邓稼先去世了，享年62岁。

8月3日下午，国家为邓稼先召开隆重的追悼会。国防科委主任张爱萍将军专程赶回北京为邓稼先致悼词，对邓稼先光辉一生给予了高度评价，还专门为邓稼先创作了一首词："踏遍戈壁共草原，二十五年前,连克千重关,群力奋战自当先,捷音频年传。蔑视核讹诈,华夏创新篇,君视名利如粪土,许身国威壮河山,功勋泽人间。"

1996年7月29日,中国进行了最后一次核试验。当天,中国政府郑重地向世人宣告:中国开始暂停核试验。

可是,许多人并不知道,选择这一天,正是为了纪念邓稼先逝世10周年。

志存高远，心逐平和。除了有数学家的严谨与专注，还要有诗人的激情和遐想。

李大潜

（方鸿辉摄）

李大潜　数学家。1937年11月10日生于江苏南通。1957年毕业于复旦大学数学系并留校任教，1966年在职研究生毕业。1980年任教授，1995年当选中国科学院院士，1997年当选第三世界科学院院士，2005年当选法国科学院外籍院士，2007年当选为欧洲科学院院士，2008年当选葡萄牙科学院外籍院士。长期从事偏微分方程的理论及应用方面的研究，取得了多项具有国际先进水平的成果。其中对一般形式的二自变数拟线性双曲型方程组的自由边界问题和间断解的深入研究，对非线性波动方程经典解的整体存在性及生命跨度的完整结果，以及对一维拟线性双曲系统的精确能控性与能观性的系统成果，均得到国际上的高度评价。坚持数学理论和生产实际相结合，以电阻率测井方法与理论制作的微球形聚焦测井仪器，长期在大庆等众多油田成功使用。曾任复旦大学研究生院院长、中国数学会副理事长、国务院学位评定委员会数学学科评议组召集人、中国工业与应用数学学会理事长、上海市科协副主席等。现任中法应用数学研究所所长、国际工业与应用数学联合会执行委员、教育部高等学校数学与统计学教学指导委员会主任委员、高等学校数学研究与高等人才培养中心主任、《数学年刊》主编、中国工业与应用数学学会名誉理事长等。已发表论文230余篇，出版了多部专著及教材（其中六部英文专著分别在美、英、法等国出版）。曾获国家自然科学奖二等奖、何梁何利基金"科学与技术进步奖"、上海市科技功臣奖、华罗庚数学奖、苏步青应用数学奖等多项奖励。2008年被法国政府授予荣誉军团骑士勋章。

展双翅翱翔

——李大潜的诚恒学问

2008年12月的寒冬,上海马路两旁的法国梧桐叶子全掉了,可是复旦大学光华楼前的大草坪依然碧绿如茵。在一片金色的阳光下,只见一位充满学者风度的长者骑着一辆老式自行车沿着静谧的望道路向光华楼而来,他就是刚从国外访问归来的李大潜先生。

其实,10月初笔者已联系采访李大潜先生,但处事低调的李先生一再推辞,希望媒体多谅解做学问人时间的紧张,并坚持要采访也得先采访他的一些老师和学长。在获悉有关的这些采访已落实之后,我们终于获得了今天难得的机会。

我们的话题自然从他的成才路说起。

传承发展 天道酬勤

1937年11月10日,李大潜出生于江苏南通。其时全面抗战伊始,烽火连天。襁褓中的李大潜被父母抱着逃难到上海,暂住法租界的巴黎新村。两岁起,他就跟着母亲读书习字。4岁重返故里时,顺利入读当地的大王庙小学(现城中小学)。由于发蒙早,又先天聪慧,李大潜的知识基础比同龄孩子扎实,9岁便跳级升入南通商益中学(现启秀中学),3年后他又以总分第一的成绩考入当地最负盛名的南通中学,且先后得到不少名师的指点,在中学阶段已逐步培养了他对数学的浓厚兴趣。

李大潜侃侃而谈做人、做事、做学问（2011 年，方鸿辉摄）

然而，李大潜在中学生活中也碰到了至今令他难忘的事件：刚入中学的第一次算术测验给了他一次"下马威"。

"我自小争胜好强，测验时也总是逞能地抢交头卷。那次测验我故态复萌，题目来了以后，没有仔细想清楚，就抢着第一个交卷。由于对题目理解不深入，又不仔细检查，结果只得了18分。当时教我算术的老师非常严格，规定60分及格，决不迁就，达不到60分，少一分打一记手心，我才18分，该打多少记手心啊，而且用的是戒尺！我那时刚跳级升入初中，从来没有经历过这种阵势，当然就嚎啕大哭了。"这下，引来了还在读小学六年级的一些老同学的冷嘲热讽："李大潜，中学生，算术考了个18分！"

复旦大学数学系毕业时留影（1957年，李大潜提供）

李大潜的争胜好强之心被"18分事件"深深刺痛，在日后人生的道路上一直警策着自己：凡事不能粗枝大叶，更不能急于求成，而应细致沉潜，一丝不苟。"18分说明我并不是一位天生的数学家，我之所以能在数学上取得一些成绩，只不过是我对数学有着浓厚的兴趣，有幸得到恩师的栽培，自己又肯为数学付出较多努力而已。"这里所说的兴趣，很大程度得益于青少年时代的李大潜没有一味埋首于课堂上的教材，而是读了大量"闲书"，诸如当时能读到的苏联科普作家别莱利曼编写的《趣味几何学》《趣味代数学》等科普读物，帮助他打开了视野。李大潜至今清晰地记得，这些书里经常引用马克·吐温、儒勒·凡尔纳等名家小说的动人片断，这给喜爱文学的少年李大潜留下了深刻的印象。"在这些科普读物里，数学案例来自现实生活，觉得非常生动。比如，在荒无人烟的地方，用太阳和手表测出经度、纬度；再比如，河对面有一棵树，不过河却能测出树的高度……这些都是数学问题。我觉得数学特别活，使我产生兴趣，令我着迷。"

1953 年，15 岁的李大潜考入了复旦大学数学系，成为那一届学生中年龄最小的一位，用现在的话来说恐怕就叫"少年大学生"。李大潜的父亲当年送给儿子的礼物是一个自制的竹子笔筒，上面亲手刻写了"自强不息"四个大字。李大潜接过笔筒，也将此赠言作为自己的座右铭，奏响了人生道路的主旋律：在往后的岁月里，要不断地传承，更要不断地有所发现、有所创新；要自强必须勤奋，天道酬勤是恒理；"不息"是时间尺度，"自强"是空间画卷……李大潜深有感慨地说："进了复旦后，我有幸遇到恩师苏步青和谷超豪等老一辈数学名家，是他们栽培和提携了我，他们也一直对我说，做学问贵在坚

李大潜回母校作"科学梦与成才路"演讲（李大潜提供）

苏步青（右）、谷超豪（中）与李大潜在讨论（李大潜提供）

持。"这同父亲"自强不息"的教诲完全呼应。李大潜在复旦得到了扎实的数学训练和数学文化的熏陶。他在本科阶段就参加了苏步青、

李大潜与里翁斯院士合影（李大潜提供）

谷超豪组织的微分几何讨论班并得到两位先生的赏识，以后更成就了数学界"苏门三代"的佳话。

如果对复旦数学系"苏门三代"的说法望文生义，认为是"近亲繁殖"，那就大错特错了。其实，他们之间虽有明确的传承关系，但更注重的是与时俱进的个人创新。在师

道传承的坚实基础上,个人孕育的崭新发展更令学界关注。李大潜儒雅地表示:"我的两位恩师在学术上造诣精深,成就卓著,他们是确保'复旦薪火,代代相传,生生不息'的本源,也是复旦数学系实力的印证。他们不仅一直鼓励和支持学生们创新和超越,而且还不断开拓自己的研究领域,一直是带着'传承+发展'的眼光来做学问的。如果安于接受前人的衣钵,那么,'君子之泽,五世而斩',复旦数学的传统也不会绵延至今。"

是啊,苏步青院士作为中国微分几何学派的创始人,在国际数学界享有"东方第一几何学家"的美誉,直到晚年,在身处"文化大革命"的磨难岁月,还开创了计算几何的新学科。谷超豪院士曾是苏先生创立微分几何学派的中坚力量,他在苏先生的支持下赴苏联留学,不仅深入钻研了现代微分几何,还进一步转向了偏微分方程的研究方向,后来又在数学物理领域开创了学术上的辉煌。而李大潜则在偏微分方程方面得到谷先生的严格训练,并在拟线性双曲组的领域中接过了谷先生的接力棒,开始了自己的系统研究。后来,又在苏步青和谷超豪的鼓励与支持下,赴法国深造,在法国现代应用数学学派创始人里

李大潜被授予法国荣誉勋位骑士勋章后发表感言(2008年,方鸿辉摄)

世纪 60 年代，正当他一帆风顺地在复旦数学系任教并读在职研究生时，遭遇到他人生第一次真正的挑战——爆发了史无前例的"文化大革命"，科研与教育都被迫中断了，他也被先后下放到上海电机厂和上海汽轮机厂进行劳动锻炼，历时三年。

李大潜痛苦地回忆："那个阶段正是所谓知识越多越反动的年代，不仅没有什么理论研究可以做，甚至连自己将来去什么地方都不知道，唯一支撑我信念的就是苏老在我毕业时的赠言——贵在坚持。在顺利的情况下要坚持，在困难的情况下更要坚持。它令我在动乱中依然积习难改，自强不息，没有虚度这段时光。"尽管原本憧憬中的学术道路被完全改变了，但工厂里大量迫切需要解决的生产实际问题，又激发了他的钻研冲动。"当时看到厂里有一大批生产实际问题，仔细了解后，发现这些问题的背后实际上都有数学问题。为了能与工人师傅及技术人员沟通，我就利用这个机会自学了大学物理系的课程，一门一门钻研，包括电动力学、相对论、量子力学、弹性力学，等等。也就是在这个阶段，我认认真真地思考了数学怎么联系实际的问题。应该说，这成了我后来走上应用数学道路的一个非常重要的起点。"

学科的贯通和视野的高远，令李大潜展开了理论研究与应用研究的双翅。从 1974 年至 1986 年，他调集了自己多年的通透学识，为解决我国石油开发中至关重要的判断石油层位置和储量的问题，

20 世纪 70 年代初李大潜在潜江江汉油田解决电法测井数学问题（李大潜提供）

成功提出了"电阻率法测井的数学模型与方法"。他于 1980 年在石油工业出版社出版的《有限元素法在电法测井中的应用》一书现已成为中国测井界的一个经典，其基本内容载入中国石油院校测井专业的大学生教材。为此，他曾六次深入湖北江汉油田实地调研，帮助设计制造出填补国内技术空白的微球型聚焦测井仪并编制了相应的解释图版，在我国大庆、江汉、中原等十多家油田一直推广使用至今。李大潜很有信心地说："理论与应用是相辅相成的，这个课题不仅取得了良好的地质效果和经济效益，而且有力地推动了偏微分方程的理论研究，促使我们建立了等值面边值问题和边界条件均匀化的理论。"1998 年，他将此应用课题成果撰写成《等值面边值问题和电阻率测井》专著在

复旦光华楼前潇洒的李大潜（2008 年，方正怡摄）

英国出版。现在，他正和中国石油集团测井有限公司技术中心协作，继续深入开展有关测井的数学建模与数值模拟的研究工作。

在李大潜的心目中，数学的基础理论研究与应用问题研究同样重要，两者谁也不可偏废。从 20 世纪 60 年代初紧紧围绕"两弹一星"的研制而投入到与之密切相关的拟线性双曲型方程组的研究，到成功提出了电阻率法测井的数学模型与方法，李大潜在科研上能不

断有所建树，都得益于他张开了基础研究与应用研究的双翅。再说，科研要转化为生产力也是时代的要求。他若有所思地告诉笔者："从应用数学的发展趋势来说，正迅速地从传统的应用数学进入现代应用数学的阶段。现代应用数学的一个突出的标志是应用范围的空前扩展，从传统的力学、物理学等领域扩展到生物、化学、经济、金融、信息、材料、环境、能源等各个学科甚至社会领域。传统应用数学领域的数学模型大都已建立了，而且已经成了力学、物理等学科的重要内容，但很多新领域的规律至今仍不清楚，应用数学的建模面临实质性的困难，这也是现代应用数学仍须不断努力攻克的问题。"他还说："我一直认为，整个数学学科的分布，应该像两个同心圆，纯粹数学作为整个数学的核心和基础，占据着小圆的内部。大圆的外面，是数

第六版《十万个为什么》启动仪式前，两位分卷主编——李大潜与褚君浩在人民大会堂上海厅交流（2011年，方鸿辉摄）

学外部的广大世界，包括各种其他学科及各种应用领域和高新技术。而在大小圆之间则是应用数学活动的大地盘。其中有些靠近小圆，属于应用数学基础研究的部分，靠近大圆的部分，则是数学与其他学科的交叉领域，在这两者之间的同心圆环上，则分布着各种层次、各种风格的应用数学工作。数学学科发展的原动力，不仅来自它的内部，而且更重要的是来自它的外部，来自客观实际的需要。外部需求的驱动和内部矛盾的驱动对数学发展来说应该是比翼齐飞的双翼，是相互联系和促进的，都是必不可少的。"

展开科学与人文的双翅

数学是一门在非常广泛的意义下研究自然和社会现象中的数量关系和空间形式的科学。要在数学的蔚蓝天空下自由翱翔，除了展开基础研究与应用研究的双翅外，还得展开科学与人文的双翅。

李大潜深有感慨地说："在数学的殿堂里遨游了数十载，我深深体会到：数学不仅是一种研究自然与社会得心应手的工具、一种国际通用的语言、一门博大精深的科学，它更是一种文化。数学中的人文理念——数学的思想和精神，对我为人处事的熏陶，令我终生受益。"

复旦三代数学大师——苏步青、谷超豪与李大潜都是对中外传统文化

李大潜平时总爱骑自行车上下班
（2011年，方鸿辉摄）

情有独钟的学者。1982 年，三代学人同时到法国巴黎访问，在富有诗意的塞纳河边，他们以诗佐酒，赋诗抒怀，成了数学界一段风流佳话。

在"科学的春天"里，李大潜有幸获苏步青举荐赴法国进修。在即将由北京飞往巴黎时，苏步青也恰好在北京开会。苏老主动提出趁休会间隙带李大潜游北海公园，为他送行。这令李大潜激动万分。冬日的北海虽没有太多的诗情画意，但他们玩得很开心，登上了白塔，远眺了京城的美景，还兴致勃勃地拍了不少照片。李大潜虽是苏老的得意门生，但能享受如此待遇还是头一回，心情自然十分舒畅，当晚彻夜难眠，情不自禁地写就一首七律，第二天送苏老斧正。想不到，苏老也回了一首七律赠给李大潜：

四位院士在一起（左起：李大潜、谷超豪、苏步青、胡和生，李大潜提供）

偕李大潜游北海公园，赋此赠别

北海风高白塔寒，快晴初日到林端。

冻匀湖面圆圆镜，步稳行廊曲曲栏。

此日登临嗟我老，他年驰骋待君还。

银机顷刻飞千里，咫尺天涯意未阑。

如今，李大潜仍满怀深情地说："他年驰骋待君还，是苏老，也是复旦对我的期望和鞭策，希望我早日学成归国，为复旦、为国家作出积极的贡献。诗的最后两句更使这种期望和鼓励带有浓厚的依依惜别之情，至今令我难以忘怀。恩师的教诲，更坚定了我的信念：我的

李大潜在办公室（2011年，方正怡摄）

事业在复旦，在祖国。"

谁料到，苏老诗意未尽，李大潜在巴黎逗留期间，苏老又寄赠《怀远》诗一首。李大潜不辜负苏老嘱咐，当即和诗：

和老师《怀远》一首

客里光阴若逝川，梦魂常在浦江边。

奉诗最喜先生健，抄邮欢传大有年。

犹忆临行深嘱咐，岂甘落后应加鞭。

诚知学术渊无底，挖到深层自及泉。

李大潜之所以能在数学领域开凿出一眼又一眼的清泉，也得益于他科学与人文并重的求学之道。

李大潜自幼喜欢中文古诗，日后也一直注重人文学养的陶冶。尽管李大潜已是硕果累累的数学大家，但至今他自认最酷爱的依然

李大潜与林群院士合影于人民大会堂前（2011年，方鸿辉摄）

是历史和武侠小说，可以说他是一位地地道道的"武侠迷"。对于有些人觉得武侠小说不入流的讲法，李大潜自有一番理论。他觉得小说是人生的教科书和润滑剂，武侠小说对做学问也很有启示。他常说，做学问就像练武功，要从"手中有剑"到"心中有剑"，最后到"心中无剑"。不能为招式所累，死背数学公式和定理，要做到无招胜有招，才能挥洒自如，随心所欲。"心中无剑"是练武的最高境界，是物我两忘的境界，是创造性思维喷发的境界。虽然李大潜谦虚地说，自己在数学领域远未达到"心中无剑"的境界，但是他对"心中无剑，人剑合一"的体悟，倒恰如其分地折射出"数学大鹏"——李大潜展开科学与人文双翅的风姿。

在林林总总的武侠小说中，《笑傲江湖》最为李大潜所钟爱。他直言《笑傲江湖》中有不少超脱的东西，最适合知识分子阅读。他尤其欣赏令狐冲的豁达大度，不要权力，有超然是非名利之外的境界。武侠中讲究派别、排行座次，讲究忠于师门、不事二师。李大潜认为名门正派的存在并非偶然，自有它的道理，值得总结，但最好的武功往往不是属于名门正派，不要关起门来孤芳自赏。名牌大学也一样，不能老子天下第一，应接受新人才、新思想。名门不应自我封闭，更要注意内部的团结。李大潜幽默地说道："有本事到江湖上闯，窝里斗要不得！"

多有气派！

李大潜获巴黎大学授予名誉博士学位（2008年，李大潜提供）

学术人生　诚恒学问

做学问与练武功，其实都要达到最高境界。李大潜若有所思地说："要臻至武学最高境界，必须博采各家之长，兼收并蓄，否则令狐冲亦难以独步武林。而做学问也不能拘泥于一个门派。"让李大潜庆幸的是，无论是苏步青还是谷超豪，都有宽大的胸襟，都乐于让弟子师从不同的名师，并主动安排他去法国留学，使他有机会向国际应用数学大师里翁斯院士学习。由此，李大潜悟到：越是出自"名门"，越要看到自己的不足，越要到外面接受锻炼和教育。年少时得拜名师，现在自己又做导师，身份转换了，李大潜深感好学生"一将难求"。

他说，真正理想的弟子是基础好，脑子好，同时品格也好，这样不仅带起来比较顺手，而且真正可以教学相长，并委以重任，但这样的学生很难找。这恐怕就是我们通常说的：要先学会做人，然后才是做事，当然也包括做学问。他笑称，现在门下弟子不少，但特别好的并不太多，好在都很努力。

李大潜被授予法国科学院外籍院士，在授证仪式上讲话（2006年，李大潜提供）

在扑朔迷离的数学王国里，怎样将基础数学与应用数学巧妙地结合起来，怎样将科学与人文融合起来？为此，李大潜大力鼓励与支持开设数学建模、数学实验等课程，积极组织与推动大学生数学的建模竞赛，为数学的教学改革打开了一片柳暗花明的新境界。法国科学院院长里翁斯教授由衷地说："李大潜是一位享有世界声誉的中国数学研究集体的学术带头人。他做出了一系列真正属于国际第一流的贡献。"这些年来，李大潜接二连三地获得一些科学荣誉：2005年当选为法国科学院外籍院士，并获得何梁何利基金"科学与技术进步奖"、高等教育国家级教学成果奖一等奖及上海市特等奖；2007年当选为欧洲科学院院士，并先后获得华罗庚数学奖及"上海科技功臣"称号；2008年当选为葡萄牙科学院外籍院士，并被法国巴黎大学授予名誉博士称号；2009年被上海市科协系统评为新中国成立六十周年上海科学研究十名"杰出贡献人物"之一；2010年获得苏步青应用数学奖……作为数学家，李大潜先后担任了复旦大学研究生院院长，国务院学位评定委员会数学学科评议组召集人，高等学校数学研究

与高等人才培养中心主任，中国工业与应用数学学会理事长，上海市数学会理事长等学术职位……周围的人常常向他讨教"成功的秘诀"，他总是毫不迟疑地否认有什么"成功的秘诀"，但他会哲理独到地送四个字给勤奋努力的同学们：

第一个字是"**诚**"。这是做人的基本要求。大学也不是一片净土，同学们应该成为诚实的典范，老老实实做人，老老实实办事，老老实实做学问。

第二个字是"**恒**"。这是成功的基本保证。聪明和才能都要靠积累，没有恒心，见异思迁，一曝十寒，天资再高的人也不可能有所成就。

第三个字是"**学**"。这是学生的主

李大潜与本文作者方正怡合影于复旦光华楼前（2008年，方鸿辉摄）

业。要有明确的目的性，只有与祖国的强盛、人类的进步相联系，才能有持久的动力。学习恰似造高楼大厦，一定要打好基础。学习的最终目的是为了创造，不要把自己变成一部百科全书或大字典。学习是一辈子的事，在校期间就得养成学习的兴趣和习惯，不光要有数学家的严谨和专注，还要有诗人的激情和遐想。现在强调素养和创新能力，但素养和能力并非凭空产生，只有认真学习打好基础，方能增长能力，提高素养。

第四个字是"问"。这是聪明的方法。学问之道重在问，不会发问，进不了科学大门，要问在点子上，问出水平来，非得认真思考。问老师、问同伴、问书本、问自己，先思后问，多思勤问，必有长进。

"志存高远，心逐平和。除了数学家的严谨与专注，还要有诗人的激情和遐想。"李大潜就这样驰骋在数学的殿堂里。

李大潜在解答研究生的疑难（李大潜提供）

越往前走，艺术越是要科学化，同时科学也要艺术化。两人从山麓分手，又在山顶会合。

（中国科学院提供）

李政道

李政道　物理学家。1926年11月25日生于中国上海，祖籍江苏苏州。1943年以同等学力考入迁至贵州的浙江大学物理系，师从束星北、王淦昌等教授。1945年转学到迁至昆明的国立西南联合大学就读二年级，师从吴大猷、叶企孙等教授。1946年赴美进入芝加哥大学，师从费米教授。1950年获得博士学位后，从事流体力学的湍流、统计物理的相变以及凝聚态物理的极化子的研究。1953年起在哥伦比亚大学任教，主要从事粒子物理和场论领域的研究。重要的物理学贡献有：李模型、高能重离子物理、量子场论的非拓扑性孤立子和孤立子星以及破解粒子物理中的 $\theta-\tau$ 之谜。1957年，与杨振宁一起，因发现弱作用中宇称不守恒而获得诺贝尔物理学奖。近年来研究兴趣转向高温超导玻色子特性、中微子映射矩阵以及薛定谔方程解的新途径。自20世纪70年代初开始回国访问，为祖国的科学和教育事业作出了很多贡献：积极建议重视科技人才的培养，重视基础科学研究，促成中美高能物理的合作，建议和协助建造北京正负电子对撞机，建议成立自然科学基金，设立CUSPEA，建议建立博士后制度，成立中国高等科学技术中心和北京大学及浙江大学的近代物理中心等学术机构，设立私人教育基金。对艺术和中国的历史文化有浓厚兴趣，并以随笔、作画等文艺创作来倡导科学与艺术的结合。是美国科学院院士、中国科学院外籍院士、意大利科学院院士，同时也是北京大学、清华大学等国内十几所大学的名誉教授和美国普林斯顿大学、洛克菲勒大学、香港中文大学等十几所大学的名誉博士。

科学与艺术的会合

——李政道的艺术情

（一）

1926 年 11 月 25 日，李政道出生于上海一个多子女的大家庭，祖籍江苏苏州。天资聪慧的李政道从小就特别勤奋，酷爱读书，勤于思考。王淦昌院士曾深情地回忆："在浙大求学时，李政道的勤奋好学是出了名的，老师布置的功课他很快就做完了，他央求：'王老师，我觉得您布置的功课不够味，能不能再出些题目让我做？'"

李政道被授予诺贝尔物理学奖（中国科学院提供）

1946 年经吴大猷教授推荐，李政道获奖学金赴美深造。他的勤奋、刻苦、善学、多思，令创造性思维突飞猛进，短短几年，就与杨振宁一起推翻了被视为恒古经典的"宇称守恒律"——在弱相互作用下宇称不守恒。1957 年荣获诺贝尔物理学奖。那年，李政道才 31 岁。

李政道在讲课（中国科学院提供）

1972 年 9 月 19 日，在阔别祖国 26 年后，李政道踏上了魂牵梦萦的故土。难能可贵的是，那时正值"文化大革命"，李政道每逢见到国家领导人，总直言相谏：科学和教育乃立国之本，得赶快抓起来！

李政道不是光说，而是付诸实实在在的行动。在他的亲力亲为与推动下，中国科技大学的少年班办起来了，中国的博士后制度建立起来了，北京正负电子对撞机拔地而起了，中国高能物理研究有起色了，尤其是为培养高端物理学人才而连续 10 年（1979—1989）开展的中美联合招考物理研究生 CUSPEA（即 China-United States Physics Examination and Application 的词头缩略语）工作红红火火地开展起来了。"文化大革命" 10 年，人才断层，百废待兴，急需科学，更需人才。有关这段历史的背景情况，杨福家院士在《大师与英才成长》一文中写到："我国虽然 1930 年已经制定了'学位颁发条例'，但直到 1981 年新的《中华人民共和国学位条例》实施前，都没有授过物理学博士。1907 年，李复几成为首位在英国获得物理学博士的华人；1914 年，李耀邦成为第一位在美国取得物理学博士的华人。直到 1949 年，华人取得物理学博士的共有 165 位，其中 116 位在美国，26 位在英国，12 位在德国，9 位在法国，奥地利和加拿大各 1 位。这其中，就包括李政道、杨振宁、吴健雄、钱学森、钱三强、邓稼先等大师级的物理学家。随后的 1949 年到 1978 年期间，在苏联和东欧国家获得物理学博士的中国人屈指可数，20 世纪 60 年代后，也仅有数人在西欧国家取得物理学博士学位。这直接导致中国大学产生最严重的问题之一 —— 缺乏优秀教师。"

1979 年，李政道到北京来讲学，发现了我国有一些很优秀的学生，便采用美国哥伦比亚大学物理系博士生资格考试的题目，对这些学生进行了笔试和面试，为哥伦比亚大学录取了 5 名研究生。这些学生于当年秋季赴美就读，哥伦比亚大学为每一位学生每年出资

1万多美元，直到取得博士学位为止。这就是 CUSPEA 计划的发端。以后的 10 年间，中国有超过 7000 名学生参加 CUSPEA 资格考试，向美国 76 所大学申请博士研究生（美国和加拿大共有 97 所大学参与这一项目），最终有 915 名学生进入北美一流大学攻读物理学博士学位。其中 56% 的学生进入了全美排名前 30 位的大学就读，包括普林斯顿大学、哈佛大学、耶鲁大学、麻省理工学院、加州理工学院、斯坦福大学、哥伦比亚大学等名校。进入全球排名前 50 位的大学就读的学生比例更是高达 80%。

李政道创新了选择人才的方式方法：美国大学录取外国留学生一般都要求有 TOEFL 和 GRE 成绩，但当时在中国无法组织这类考试，他就用创新的办法——CUSPEA 考试，即不要求 TOEFL 和 GRE 成绩，而是先进行资格考试（这是一般学生进美国研究生院后两年内要通过的考试，否则成不了正式博士生），然后择优进行面试。面试教授由美国轮派，分别对应试同学的专业与外语进行面试。

由于 CUSPEA 的成功，其他学科也都跟上来了，例如生物化学学科就有了 CUSBEA（China-United States Biochemistry Examination and Application）——中美生物化学联合招生项目等。在日后召开的"21 世纪物理学与中国发展——CUSPEA 学者研讨会"上，李政道深有感慨地说：CUSPEA 实施 10 年，考试没有一个人走后门，CUSPEA 的同学都是非常了不起的，他们的成绩在美国的研究生院都是数一数二的，给美国大学留下了非常好的印象，为以后中国学生留学美国打下了很好的基础。"我深感 CUSPEA 有意义、有价值，从某些方面讲，它比我做宇称不守恒还有意义。"为此，在这 10 年中，李政道曾花费大量时间和精力亲自处理所有考生的各类问题，充分体现了一位世界级大师的拳拳报国之情，诚恳待人之心。

1998 年，李政道还倡立了"䇹政中国大学生见习进修基金"，这是他用自己和家人的所有积蓄创立的，以他夫人秦惠䇹以及自己的名字组合命名的一个资助项目，简称"䇹政项目"，旨在倡导并资助本科学生参与学术研究，为祖国培养更多的人才。李政道认为让大学生尽早地参与科学研究，是培养人才的一个重要方法，特别是在当前社会迫切需要创新人才的时候。他认为，精英教育要"一对一"，即一名导师一位学生，一位学生一个课题。截至 2014 年 1 月份"䇹政项目"已立项资助了 601 位学生参加学术研究，已有 442 位学生顺利结题，获得"䇹政学者"之称号。

当然，更凸显大师为人处世风格的是，李政道还别具一格地开创了一条将科学与艺术相结合、科学与人文相贯通的学问之道。

（二）

1999 年 11 月 3 日，笔者有幸聆听了李政道大师深刻而又不失幽默的讲演——《物理学的挑战》。讲坛的大屏幕上打出了演讲的提纲

李政道在美国会见历届"䇹政项目"资助的学子（二排左六、七是李政道、杨福家，杨福家提供）

和大量精美的图片。李政道以科学与
艺术的贯通来作为讲演的结束语，这是
听众万万没有料到的。

"今天，我们庆祝中国科学院建院
50周年，我想向大家展示几幅画。"打
在大屏幕上的第一幅画是李可染先生
特意为中国高等科学技术中心举办的
"相对论性重离子碰撞国际学术研讨
会"所作的标题为"核子重如牛，对撞
生新态"的国画。

李政道在演讲（中国科学院提供）

1999年，美国布鲁克海文国家实
验室建成了世界上最高能量的重离子加速器——相对论性重离子对
撞机（RHIC）。在高能量下，两个金核中的物质互相穿越，所携带的
相当部分能量却留下来了，人们希望以此激发真空。真空是一个没
有物质的状态，却充满了能量的涨落，其复杂的动力学状态被表现
出的静态所掩盖起来。两个迅速背向飞离的原子核间的区域，有很
短时间没有物质（与通常的真空相同），却被激发。这种激发的复杂
性同100多亿年前宇宙产生的最初一瞬间——大爆炸时，情况相似。
为称颂人类有可能通过RHIC来探索宇宙的起源和真空的复杂性，李
可染教授作了这幅画。

"你看，这两头牛画得非常之好。牛完全是静的，对角相峙，而
这相峙之态蕴含着巨大的能量。它们没有外向的动态，可是你能感
觉到它们内部有动态。如此才能产生'核子重如牛，对撞生新态'
啊！这幅画是李老最后几幅画之一。他曾跟我说，这以前他一生从
来没有画过一幅表现争斗和矛盾的画，他画的牛永远是和平的，不过
现在为了科学一定要跟自然界作斗争，'对撞生新态'的牛是需要的。

李可染创作的《核子重如牛，对撞生新态》，曾用作"相对论性重离子碰撞国际学术研讨会"招贴画的主题图（资料图片）

这是李老为科学家而画的，他画中的'争斗'是外向又很静的，但里面充满了力量，充满了新态。"以科学的内涵来诠释艺术精品，李政道的诠释令听众耳目一新。

李政道展示的第二幅画是米开朗琪罗在梵蒂冈教堂天顶上创作的《上帝创造人》的壁画。按西方宗教的信仰，人是神的形象造成

米开朗琪罗创作的《上帝创造人》（资料图片）

的,可是也可以反过来,神是人用自己的形象制造出来的。李政道仔细剖析了这幅画的特色:"你们看,人的手指与上帝的手指之间有一个空隙,这个空隙里面好像也充满了要创造的新粒子。"话音未落,听众们都会心地笑了。到底是科学家,有如此通透的创新理念。其实,自从米开朗琪罗画了这幅画以后,西方再也没有人画这类创世记的画了,毕竟这幅《上帝创造人》已达到了艺术的顶峰。

李政道应用类比的形象思维,又对称地展现了第三幅画,是常沙娜教授创作的"东方创世记"——《创天》。常沙娜教授的这幅画作,以双手托出宇宙的表现形式,展示了人以智慧创造世界。画面若虚若实,将其与米开朗琪罗的画对照,体现了阴阳反差。后者比较硬朗,前者比较柔和,这是中外艺术的不同,东西方思维的差异。李政道鞭辟入里的话语,听众为之叹服。

常沙娜创作的《创天》,曾用作"物质探索国际学术研讨会"招贴画的主题图(资料图片)

最后，李政道意境幽深地展示了刘巨德教授创作的《大鹏》，指出其表述的是宇宙开始的大爆炸。宇宙的过去与未来，始终是人类一直在苦苦求索的大课题。李政道有板有眼地诵读了庄子的《逍遥游》：

北冥有鱼，其名为鲲……化而为鸟，其名为鹏，鹏之背，不知其几千里也，怒而飞，其翼若垂天之云……背负青天而莫之夭阏者……

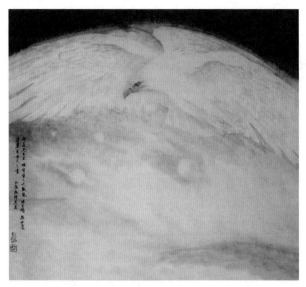

刘巨德创作的《大鹏》，曾用作"宇宙的过去与未来国际学术研讨会"招贴画的主题图（资料图片）

全场屏息静听。从《逍遥游》意境中脱出，李政道稍作停顿后指出：

这个"鹏"就代表大爆炸，这个鸟就象征整个宇宙，它跟宇宙一起产生出来。我把庄子的这一段的大意译成英文：

Boundless Freedom（the Big Bang）

Praise the bird that named Peng.

Whose body extended several thousand miles long.

When Peng flew, glorious to behold,

His wings were the clouds in the sky,

And all heaven rode on his back,

Nothing could contain him.

我把"鹏"译成Peng, Peng的音跟大爆炸的英文Big Bang的Bang的音有点像。最后我祝中国科学院的将来也具有这样的大爆炸——科学的将来!

全场对李政道的精彩演讲爆发出雷鸣般的掌声。

其实,听众对李政道掀起的科艺与人文相结合的"李旋风"早有所闻,早有所感,然而如此真切地聆听他的生动诠释倒是头一回。报告会散场后,人们依然沉浸在科学与艺术融合的意境之中。

(三)

自1987年以来,中国高等科学技术中心在李政道亲自领导下每年都会组织一两次较大规模的国际学术会议,邀请各个学科领域的学者作最新的学术报告,还组织了数十次规模不等的专题"工作月",请国内外前沿科技领域有相当学术造诣的学者(尤其是年轻学者)一起交流和工作。这种能有国内外学者参与的广泛交流并有机会持续相当一段时间的沟通,对国内学者及时了解相关领域的最新进展,取得了很好的效果。李政道深谋远虑地构画的这一系列学术活动,不但邀请了世界一流的中外科学家和中国青年学者参与,而且每次会议都诚邀知名画家根据会议的科学主题发挥艺术想象,以构画艺术精品力作。这些画家包括李可染、吴作人、黄胄、华君武、吴冠中、常沙娜、袁运甫等艺术大家,也包括才气横溢的刘巨德、鲁晓波、陈雅丹等中青年画家。

李政道的本意决非仅仅追求一种用绘画来诠释科学的特定领域

李可染创作的《晓阳辐射科学光》，曾用作"同步辐射光的应用国际学术研讨会"招贴画的主题图（资料图片）

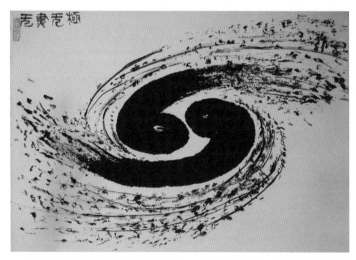

吴作人创作的《无尽无极》，曾用作"二维强关联电子系统国际学术研讨会"招贴画的主题图，也是北京正负电子对撞机标志图（资料图片）

的美感及其形态，更致力于探索在"一个更深奥的意境中进行科学和艺术间的对话"，将形象与逻辑完美融合。

如吴作人教授为1988年5月由中国高等科学技术中心举办的"二维强关联电子系统国际学术会议"，创作了《无尽无极》的主题画，以一幅充满视觉冲击力的"现代太极图"诠释了老子《道德经》中的"道生一，一生二，二生三，三生万物"的哲学观点，寓意如此繁杂的现象均始于看似简单的"道"；也寓意世界是动态的，宇宙的全部动力、物质、能量均产生于静态的阴阳二极的对峙；太极貌似静态结构，实质上蕴育巨大势能，可转变为整个宇宙的动能。现在，吴作人教授的这幅现代太极图已成了北京正负电子对撞机的标志图。可见，李政道的匠心独具。这些作品都闪耀着艺术家的创新思维，也给科学家在欣赏美的同时，开启形象思维的大片空间。

此外，在李政道亲自率领下，作为非官方的学术机构——高等科学技术中心，于1993年和1995年分别与炎黄艺术馆、《科技时报》

李政道夫妇与吴作人夫妇合影（中国科学院提供）

社合作举办了"科学与艺术"研讨会。

作为科学顾问，李政道还参与构画了从2004年起至今每年举办的"上海国际科学与艺术展"。在快节奏的科研生活中，李政道力图让艺术走出象牙塔，让科学家去拥抱艺术，力促科学与艺术架起沟通的桥梁，相互碰撞，相互启迪。

（四）

传统的观念认为：科学强调客观理性，重实证，重逻辑推理，主要靠理智，以抽象思维为主来揭示自然界内在的规律；而艺术则强调主观感受，重想象，重美感表述，主要靠激情，以形象思维为主来探索人类情感的奥妙。因此，在常人看来，科学与艺术是风马牛不相及的，怎能让它们相互沟通？

李政道出席"2006上海国际科学与艺术展"开幕式（方鸿辉摄）

　　李政道认为：常人忘却的恰恰是作为人类文化长河源头的科学与艺术都依赖于人类的社会实践，都依赖于人的头脑中创造力火花的闪现；也忘却了创新是科学和艺术的共同灵魂，因为它们都追求真、善、美的普遍真理。

　　如果说，科学家是在千方百计地剖析并揭示以前大家所不理解的客观存在的自然现象和规律；那么，艺术家则从主观认知出发，设法形象生动地描述大家早就理解了的东西。两者都属于人类文明的呈现，因此艺术与科学追求的也都是简单、对称、和谐的美学原理。说得绝对一点：艺术的规律都是科学的。科学与艺术两者，相互间确有交集。难怪清华大学的刘巨德教授会慧眼独到地说："与科学相

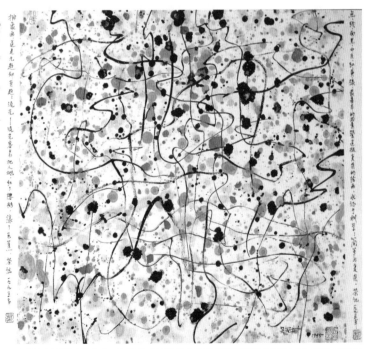

吴冠中画的《流光》，曾用作"复杂性对简单性国际学术研讨会"招贴画的主题图（资料图片）

比，艺术是通向宇宙的另一条大路。大凡有所贡献的艺术家，其心灵无不上通天宇，下达人性；为高扬自然生命精神和人性生命精神的和谐而努力；为建造人类真、善、美的精神家园而献身。他们共同以崇高的人性精神爱抚自然，又以博大的宇宙情怀爱抚人性；他们在造化的恩宠中，与天同乐于动，与地同悲于失。"

若将艺术家特有的美感、幻想、和谐等灵智，以及直觉、想象、形象等思维方式，作为一种通用素养融入科学之中，那么对科学创新必然会带来意想不到的灵感与推动。

吴冠中与李政道论"通感"（中国科学院提供）

有人问爱因斯坦："死亡意味着什么？"

爱因斯坦毫不犹豫地回答："就是再也听不到莫扎特的音乐了！"

可见，科学巨匠的精神世界也得靠艺术来滋养。

因此，李政道教授见解独到地说：

艺术和科学的共同基础是人类的创造力，它们追求的目标都是真理的普遍性。

艺术，例如诗歌、绘画、音乐等，用创新的手法去唤起每个人的意识或潜意识中深藏着的、已经存在的情感。如李白（公元701—762年）在《把酒问月》中写道：

青天有月来几时？我今停杯一问之。

人攀明月不可得，月行却与人相随。

皎如飞镜临丹阙，绿烟灭尽清辉发。

但见宵从海上来，宁知晓向云间没。

白兔捣药秋复春，嫦娥孤栖与谁邻？

今人不见古时月，今月曾经照古人。

古人今人若流水，共看明月皆如此。

唯愿当歌对酒时，月光长照金樽里。

而三百多年后，苏轼（公元1037—1101年）在《水调歌头》中写道：

明月几时有？把酒问青天。不知天上宫阙，今夕是何年。我欲乘风归去，又恐琼楼玉宇，高处不胜寒。起舞弄清影，何似在人间！

转朱阁，低绮户，照无眠。不应有恨，何事长向别时圆？人有悲欢离合，月有阴晴圆缺，此事古难全。但愿人长久，千里共婵娟。

在咏诵这些诗词的时候，它们的相似之点和不同之处同样感动着读者。尽管李白、苏轼生活的时代和今天的社会完全不同，但这些几百年乃至一千多年前的诗词在今天人们的心中仍然能够引发强烈的情感共鸣。

李政道创作的《格》，曾用作"用并行计算机的格点规范理论国际学术研讨会"招贴画的主题图（资料图片）

同样，我们现在阅读莎士比亚的著作，或者观赏莎士比亚的戏剧，不论是原文或译文，也有着与几百年前英国的读者和观众相似的情感共鸣。情感越珍贵，反响越普遍，跨越时空、社会的范围越广泛，艺术也就越优秀。

科学，例如天文学、物理学、化学、生物学等，是对自然界的现象进行新的准确的抽象，这种抽象通常被称为自然定律。定律的阐述越简单，应用越广泛，科学也就越深刻。尽管自然现象不依赖于科学家而存在，但对自然现象的抽象和总结是一种人为的，并属于人类智慧的结晶，这和艺术家的创造是一样的。

科学和艺术的关系是同智慧和情感的二元性密切相联的。对艺术的美学鉴赏和对科学观念的理解都需要智慧，随后的感受升华与情感又是分不开的。没有情感的因素和促进，我们的智慧能够开创新的道路吗？而没有智慧的情感能够达到完美的意境吗？因此，科学和艺术是不可分的，两者都在寻求真理的普遍性。普遍性一定植根于自然，而对自然的探索则是人类创造性的最崇高的表现。诚如一个硬币的两面，科学和艺术源于人类活动最高尚的部分，都追求着深刻性、普遍性，永恒而富有意义。

从李政道充满哲理的诠释中，我们不难领会：艺术的本质是用新的方法激发人的内在情感，好的艺术作品确实可以引起人的共鸣和情感交融。这种情感是超越时间的，诚如今天诵读一千多年前大诗人李白的作品仍为之激动；这种情感也是超越空间的，莎翁的作品无论译成哪种

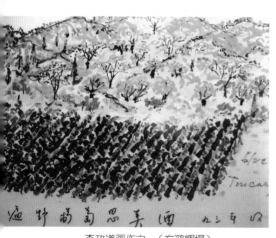

李政道画作之一（方鸿辉摄）

语言均能引起世界各国人们的共鸣，是超越空间的，当然也是超越社会背景的。

艺术追求创新，追求简捷，追求美。科学旨在追求自然界的规律，人类用思维和实验去发现并归纳先于人类而存在的客观规律，去把它抽象和正确地表达出来，这就是人的创造力。当然，归纳的方法越简单，影响和表述自然界的现象越广泛，那么作为自然组成部分的人类，对社会的推进和改变也就越巨大，科学也就越深刻。

常人对科学与艺术联姻的最大障碍乃是对"科学是美丽的吗"的诘问。因为在人们的心目中，科学是深奥的、严格的、艰辛的、枯燥的；一提到科学家，眼前不由自主地会浮现出爱因斯坦那白发怒张、满面皱纹的沉思形象；一提到科学成果，老年人会毛骨悚然地回忆起战争狂人借用现代技术发动的两次血淋淋的世界大战，会联想到广岛笼罩过的蘑菇云、切尔诺贝利核冬天的肃杀凄怆，而年轻人则会不由自主地想起"9·11事件"中恐怖组织挟持的是充满现代技术的航空器和2011年日本福岛核电站的核泄漏，甚至担忧生化技术、基因工程一旦掌握在科学疯子手中会给人类带来的灭顶之灾……科学怎么会是美丽的？

画家张仃教授为祝贺中国高等科学技术中心成立10周年并成功举办多次学术研讨会而题的"细推物理，何用浮名"（方鸿辉摄）

爱因斯坦（资料图片）

简直不可思议！

看来，将科学与技术混为一谈是造成对"科学是美丽的"理解障碍之最大根源。

科学旨在"求真"，毫无功利，它代表了人类的最高智慧，旨在探索自然界和人类社会的发展之基本规律，寻找物质和思维的本源。科学研究的精神、思想和方法通过自然哲学去影响人文理念。诸如 19 世纪科学上的三大发现——细胞、能量守恒与转化定律、进化论，就直接导致了自然辩证法的诞生；爱因斯坦发现的相对论则从根本上改变了人类的时空观；现代宇宙学及物质结构的观点，又让人们逐渐明白：我们是谁，来自哪里，欲往何方；宇宙是怎么创生的；物质是如何构成的……总之，科学能让人类走出愚昧，也推动了技术的进步，从而让人类的生活更加和谐与美好，当然科学还推动了人类社会的发展。

只有"求利"的技术才具有既给人类带来福祉，又可能给人类带来祸害的双重性。诸如核技术的创生，既可和平利用，又可制成核武器以毁灭人类。即使是和平利用核能的裂变核电站在造福人类的同时，也得时时预防其核泄漏可能对人类造成的致命伤害。2011 年因地震和震后管理失当所致的日本福岛核电站的核泄漏与核辐射，不是让全球上了一堂"技术是一柄双刃剑"的公开课吗？技术的利刃在斩妖劈魔的同时，也实实在在地高悬在人类的头顶上。人们已经理智地意识到：技术行善可以造福人类，作恶将使人类遭受灭顶之灾。

技术的进步又常使人类利令智昏地在自然界面前显示其"主人的地位"和"主导的才能",而缺失对自然界应有的敬畏之心。直面霸权的失控、战争的残酷、环境的恶化、生态的破坏、资源的枯竭、人口的爆炸、生存的困难……人们从心底本能地呼唤:我们需要"科学的春天",决不该陷入"寂静的春天"。看来,反对或节制技术作恶的不可或缺的武器乃是人文与艺术。技术只有坚持"以人为本"的理念才能寻找到自身发展的"本源"。这种警醒,标示着人类文明的一大进步,而这种认识也划清了科学与技术的界限,能还"科学是美丽的"以清白。

其实,"科学的美丽"不仅体现在有人文情怀的科学研究者的心灵是美丽的,他们受到好奇心、责任心的驱使,为推动人类的文明进程,尽可能早地摆脱愚钝趋于理智,明知科学的入门处乃是地狱的入口处,依然心无旁骛、锲而不舍、甘愿以苦作舟,甚至赴汤蹈火;还体现在科学研究者所具有的思想方法与精神风貌是美丽的,科学研究要求所有参与者具有探索求新、怀疑求实、实验求本、批判求诚、独立求真、源理求深的独特精神;而科学定理与规律的表述都毫无例外地体现了简单、对称与和谐的美学原理;再说,科学探究的对象更具有旷世奇美,美不胜收,不是吗?试问有什么能比宇宙诞生更具震撼美?有什么能比原子中"云深不知处"的电子云更具朦胧美?有什么能比生命之源的叶绿素中的"绿色秘密"更具神秘美?又有什么能比

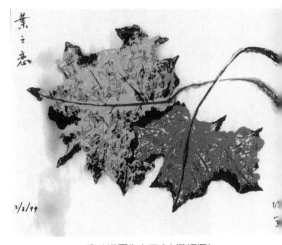

李政道画作之二(方鸿辉摄)

"生命之梯" DNA 回旋曲折的双螺旋更具活力美？还有什么能比纳米世界中用原子砌成的纤巧结构更具精致美？……

科学之美，令人赞叹！

（五）

李政道挚爱科学，并非功利地认其"有用"或者是"科学至上"，而是洞察到科学中充满简单、对称、和谐的内在美。从小爱刨根问底的探索兴趣，令李政道闯入了科学殿堂。是发现科学中的美，令他对科学着了迷而终身不渝地挚爱科学。他通透地理解：科学不仅蕴涵着真理，同时拥有迷人的美感，其快乐、兴奋以及越出人类所能体味的卓越和非凡的感觉，这些在艺术中普遍存在的感觉在科学中同样能找到。李政道说："一个人要创造就得有情感，艺术对科学的影响不是简单地说画一张画，就变成科学，科学的研究基础是观察、归纳和总结自然界的规律，这些都是需要理智的。但是，鼓舞这些强烈理智的推动力是基于情感的。同样地，艺术家用创新的方法激发人类普遍性的内在情感，可是这些创新的方法和观念是与理智分不开的。"

李政道能有这样通透的理性思维，也得益于他自小受到浓浓的人文熏陶。爱看"闲书"，爱提问题几乎是每一位成功科学家的

谈笑风生的李政道（中国科学院提供）

共同"基因",也是李政道具有的"基因"。

　　李政道出身于知识分子家庭。1941 年,也就是日本偷袭珍珠港那一年,他离开了家。当时他并不知道什么是物理学。从那时起直到他去美国之前这段时间,他的在校教育在中学四年级就中断了,一般应该在中学六年级后才上大学。在战争时期,李政道又只上了两年大学。可在那段时期,从表面上看,他似乎没有系统地学习,但是酷爱思考的李政道倾向于用他自己独特的方式更深入地学习与思考,更细致地质疑与发问,暂时解答不了的,又促使自己进一步自学与钻研。就这样"学习—思考—提问—思考—学习",不断螺旋上升,用他充满个性的做学问的行为方式诠释了《论语·为政》中的"学而不思则罔,思而不学则殆",也初步理会了"学问"乃是学会问问题之真谛,备尝了思考的甜头,使知识储备日益丰赡,学科间的通透又令他游刃有余。

　　回忆起当年的自学,李政道清晰地记得:

李政道画作之三(方鸿辉摄)

我偶然看到了一本书——《达夫物理学》，然后看到一本中文物理学教科书，我知道了牛顿的三大定律，感到很有趣，它们是自然的法则。第一定律、第三定律，都很合理。牛顿第二定律 $f=ma$，我认为是牛顿最伟大的贡献。我当年学习时的反应依旧生动地保存在我脑海中。方程式左边是 f，并不知道它是什么。右边是加速度 a，这是要把它求出来的。我思考并查阅书籍，了解到在两种情况下，牛顿认识到力是空间的函数，这个函数是与弹性有关的，f 与距离 R 有线性关系，另一种情况是重力。所以，一旦左侧是一个已知的空间函数，就可以解这个方程式，求出右边加速度的值。我感到这很有趣。但是，这不是我在书中看到的，而是我自己思考的入门过程……

1946 年 9 月，李政道抓住吴大猷教授推荐而获得的留美奖学金之机遇，来到芝加哥大学。当时李政道怀揣西南联大的肄业证书，但他觉得自己已掌握了经典物理学，对量子力学亦已初通，以为能顺顺当当地读研究生了。可是，20 世纪 40 年代的美国，没有大学文凭，进研究院几乎是不可能的。芝加哥大学倒是个例外，该校能接受没有正式文凭的学生，但有一个相当苛刻的条件：该生必须熟读过 Hitchin 校长指定的几十本西方文化的古今名著，并通过对这些名著的考试。当年的李政道别说熟读，就连这些名著的书名和作者都从来没听说过。好在他具有一般理科学生通常缺乏的深厚的人文涵养。于是，他胸有成竹地向芝加哥大学研究生院招生办公室负责人解释：自己曾读过东方文化中的不少经典名著，诸如孔子、孟子、老子、庄子等，对这些东方圣贤的学说有些造诣，而这些东方经典与 Hitchin 校长指定的西方经典是相当的。校方考虑再三，觉得李政道言之有理。两个月后，在芝加哥大学物理系主任的努力下，李政道被正式录取为研究生。李政道成才道路上这关键的一步，正是得益于青年时期文理相通的努力。从此，李政道更自觉地、有意识地将科学与人文贯通作为人生得以成才的目标了。

自 20 世纪 70 年代回国访问后，李政道看到了中国基础教育与大学教育中的一系列问题，尤其是学生知识单一，文理过早分科，一味注重"学答"而轻视"学问"……令他深感忧虑。怎么办？身体力行。李政道以自己走过的人生之路、成才之道，向人们展示科学与人

李政道画作之四（方鸿辉摄）

文的"道"与"理"是相同或相通的。其相同或相通的根源，就在于对真、善、美的追求：科学求真，真中涵美；文艺唯美，美不离真；人文尚善，真善美一。从治学的角度，李政道呼吁培养通识之才，修炼通人之学，即横跨学科，博学多艺；倡导对学问不仅明其学，且要通其道，为学求通是关键，要将"理"与"道"贯通，将不同学术领域打通。好在学科间的相关性和互渗性给善于思考、乐于求知的人类带来了打通学问的"金钥匙"。

2009 年 6 月 15 日，笔者又有幸聆听了李政道先生作的《挑战的物理》科普报告，在如数家珍般地回顾 21 世纪人类在原子物理、分

子物理、核能、激光、半导体、超级计算机等一系列令人目不暇接的科技成果后，李政道清晰地指出：没有狭义相对论、没有量子力学，就没有这一切科学文化。而如何产生这类划时代的基础科学成果，如何能真正实现科学创新，他则以无可辩驳的事实列举了大量青年才俊成功科学创新的事实：爱因斯坦 25 岁创立狭义相对论，玻尔 27 岁创立了量子论，38 岁的薛定谔和 24 岁的海森伯创立了量子力学，25 岁的费米和泡利创立了量子统计学，25 岁的狄拉克完成相对论性量子力学，28 岁的汤川秀树建立了核力基础理论，费米 41 岁创立了核反应堆，盖尔－曼 35 岁创立了夸克理论，29 岁的格拉肖和 34 岁的温伯格统一了电磁作用和弱作用，29 岁的小林诚和 33 岁的益川敏英创立了对称自发破缺的发源和理论，39 岁的克里克和 27 岁的沃森发现了 DNA 的结构……可见，科学成就往往出于青年，只有出了一代新的人才，才有望开拓一片新的领域。

李政道的恩师恩利克·费米教授（资料图片）

那么，如何培养新的卓越人才呢？逻辑思维很强的李政道则侃侃道来：要认识方向，要营造环境，要抓紧时间和机遇，还需要有上一代科学家一对一的培养，当然政府的支持也必不可少。

尤其令笔者难忘的是李政道讲述了自己师从恩师——恩利克·费米（Enrico Fermi，1901—1954，美国芝加哥大学物理学教授，1938年诺贝尔物理学奖得主）的一段经历:"记得20世纪40年代,我做费米老师研究生的时候,费米老师每星期都花整整半天与我单独讨论。费米的训练思路是,让学生对一切物理问题都能自己独立思考,找到答案。"李政道最有兴趣的研究方向是粒子物理,有一天费米问他太阳中心的温度为多少。李政道不假思索地回答:大概是1000万摄氏度。费米立即追问:"你自己有没有演算过?"李政道坦白地回答:"没有。"毕竟这计算太复杂了。费米则严肃地告诫:"一定要经过自己的思考和估计,才能接受别人的结论。"

正是遵循费米导师的教诲,李政道的学问之道始终坚守在"会问",重在"经过自己的思考和估计",也意在"学科间的贯通"。

什么是暗物质?什么是暗能量?这是21世纪物理学面临的挑战,要回答这个问题,不能光凭猜测,需要的是科学的观测、实验、推理和演算,当然艺术的想象和推测也不能忽略。哈勃太空望远镜的观测发现,我们的宇宙不仅在膨胀,而且是加速地膨胀着,李政道

李政道与沈文庆在交谈(沈文庆提供)

根据宇宙膨胀的加速度推算出已知物质（电子、质子、中子等和极少量的正电子、反质子等）与暗物质之比小于五分之一；而已知物质的能量与暗能量之比则小于十四分之一。由此，他在2004年发表在《物理快报》的论文——《暗能量的可能来源》（*A Possible Origin of Dark Energy*）中指出：因为暗物质，我们的宇宙之外可能有很多的宇宙，并极富想象地以诗人的口吻简练地表述为：天外有天。

真是绝了！

类似地，有鉴于美国布鲁克海文国家实验室由极高能量的100GeV金核与等能量金核对撞后所产生和发现的新的核物质——强相互作用夸克胶子等离子体（李政道称其为sQGP）的事实，2005年李政道在《核物理》上又发表了《强相互作用夸克胶子等离子体和未

李政道画作之五（方鸿辉摄）

来物理学》(*The Strongly Interacting Quark-Gluon Plasma and Future Physics*)的论文，提出核能也许可以和宇宙中的暗能量相变相连的观点，并极简练地表述为：核天相连。

言简意赅！

李政道在科学论文中也会不由自主地展露其诗人的情怀和表现出诗的意境。由此可见，学科的贯通与交融确确实实已深深地嵌入了他的文化基因之中。

2006年是李政道先生八十大寿，他献出了近年来自己创意并绘制的80幅作品，在上海国际科学与艺术节集中展示，以袒露一名科学家浓浓的艺术情怀，向全社会倡导科学与艺术结缘的理论与实践，让每一位参观者都能借此体味到："越往前走，艺术越是要科学化，同时科学也要艺术化。两人从山麓分手，又在山顶会合。"

李政道为"2006上海国际科学与艺术展"揭幕（2006年，方鸿辉摄）

既要关注头上
的星空，也要坚守
心中的道德律。

朱能鸿

（方鸿辉摄）

　　朱能鸿　天文仪器研究与制作方法专家。1939年11月10日生
于上海，祖籍苏州。1960年毕业于同济大学。曾任上海天文台高级
工程师、副总工程师、副台长和上海市科协副主席。现任上海天文台
总工程师。1995年当选中国工程院院士。20世纪60年代初研制成
功使月球及其定标星同时被拍摄在一张底片上的月球双速照相机，
并研制出高精度的用于测定恒星赤经和赤纬的真空照相天顶筒，项
目于1979年获中国科学院科技成果奖一等奖。1989年主持设计并
制成当时我国口径最大的1.56米天体测量望远镜，该望远镜工作稳
定、性能优良、定位精度高，在1994年7月彗木相撞中拍摄了600
多张极具科学价值的照片，为国际天文界所注目，项目获得了1990
年度中国科学院科技进步奖一等奖和1991年度的国家科技进步奖一
等奖。1991至1993年在欧洲南方天文台设计了光干涉合成望远镜
方案，具有多光束馈入和瞳孔跟踪等特色，获得国外同行好评。鉴于
数十年为我国天文望远镜事业的发展所作出的贡献，1985年被上海
市政府评为有突出贡献的中青年科学、技术专家；1990年被评为中
国科学院有突出贡献的中青年专家；1993年被评为上海市十大科技
精英。2007至2011年间设计的1米口径激光测距仪和1米口径激
光通信望远镜已投入使用。领导着一支年轻的研究团组从事口径为
1.2米、1.8米的两架光学望远镜的研制以及综合孔径光学干涉仪的
研究。

造窥天之器　解宇宙密码

——朱能鸿探索星空之路

良好的家教与贯通的学识

1939年，朱能鸿生于苏州一户普通的职员之家。江南有教养、守礼节的家庭普遍所具有的传统美德——为人善良，待人宽厚，富有同情心，给孩提时代的朱能鸿烙下了深深的做人印记。父母对几个子女一视同仁，毫无偏爱，对生活从没过高的奢望，而是用自己辛勤的劳动换来全家的温饱。就记忆所及，朱能鸿从未挨过父母的责打，家里人说话都是和声细语。父母在苏州老家曾受过私塾教育，读过"四书五经"，却未曾涉猎过数理化等现代教育课程。"因此，从中学时代起我就不可能在学习上得到家庭的帮助，这倒对我形成良好的自学能力和独立思考能力起了促进作用。"父母从不逼迫少年朱能鸿不停地读书，至今回忆青少年时代的学习生活，他感慨地说，"大学之前，我不甚用功，学习成绩平平，觉得读书还是蛮轻松的。"

坐在童车中的朱能鸿（朱能鸿提供）

初中至高中六年，朱能鸿均就读于上海市五四中学。这所位于市中心的名校，前身是大同大学附属中学和圣约翰青年中学。当年的五四中学各学科均拥有一

佘山之巅的仰望（2011 年，方鸿辉摄）

批第一流的教师，他们大多是大同大学或圣约翰大学的毕业生。朱能鸿至今对他的班主任兼数学老师吴其仁先生幽默的谈吐和精彩的数学教学记忆犹新。记得在教排列与组合的概念时，吴先生命同学以"做人难"三字作全排列，令全堂捧腹大笑。吴先生在讲台上有节奏地来回走动的姿态、抑扬顿挫的话音至今仍历历在目，但吴先生的幽默和发散思维也成了他日后被打成右派的一条"罪状"。

朱能鸿院士回母校忆童年（朱能鸿提供）

那年头，朱能鸿还有一批很投缘的同窗好友。课余时，他们经常谈论小说、绘画和音乐，一起憧憬未来。鲁迅、托尔斯泰、巴尔扎克、雷马克、克里玛申、列维坦、达·芬奇、贝多芬和肖邦是他们不厌的话题。当年，他们最向往的就是将来能成为一名建筑工程师，认为建筑学能集艺术与工程于一体，最符合自己的气质、爱好与理想。

1957年，他们这一届高中毕业生遇到新中国成立以来最严峻的入学考试，结果仅朱能鸿一人进入他们所期盼的同济大学建筑系，同窗好友都遗憾地进了其他大学，不过日后也均在各自的岗位上颇有建树。忆及青少年时代的生活，与当今的中小学生相比，朱能鸿深深地感到，"我们那时的学习氛围是相当自由与轻松的，没有太大的社会和家庭压力，优良的师资和学习环境使我们在不知不觉中为今后的人生打下了终身学习的基础。现在想想，中学时代的学习和生活对每一位青年来说都是至关重要的，一个人的人生观基本上形成于此，进而影响到整个人生。"

朱能鸿兴奋地回忆学生时代的生活（2010年，方鸿辉摄）

从五四中学毕业后，朱能鸿考入了同济大学建筑系，在这两所名校中受到了良好的人文与科学素养的熏陶，同济求学时的同窗好友也都是一批求知愿望强烈的尖子生。自由轻松的学习气氛、和谐优良的学习环境、各位名师的循循善诱……这一切都为朱能鸿日后如何做人与做事铺垫了扎实的基础，并引领他朝着科学殿堂的入口迈进。课余的大量阅读，也开阔了他的视野，同伴间的探讨往往不是科学前沿、文学作品，便是各种艺术流派、古典音乐欣赏。通透的理性、贯通的学识，使他们的知识涵养自然也就十分全面。

造化弄人的"窥天之路"

"别人看到我有院士的头衔，总爱追问我的科学之道与成才之路。其实，我从小并不是天文爱好者，也没有人们想象中的科学传奇，我所走的'窥天之路'也没有很多动听的故事……"对朱能鸿这番感慨的解读，还得从他的大学毕业分配工作说起。

20世纪60年代毕业的大学生，基本没有自主选择职业的权利，"一切听从祖国安排"是烙进灵魂的必然准则。朱能鸿在同济大学建筑系读到四年级时，学校要选择一批尚未毕业的优秀生去充实中国科学院这个国家级研究梯队。谁又会料到，领导大笔一挥，竟让品学兼优的朱能鸿从此彻底脱离建筑工程师的摇篮，而归入追寻茫茫苍穹的天文学队伍。可以断定，往后中国的建筑大师队伍因此而少了一位名家。

真是造化弄人。朱能鸿没有被安排进入中国科学院物理所、力学所等与他所学专业有一丁点儿沾边的研究所，却被分配到上海天文台。从色彩斑斓的同济校园到肃穆深奥的科学殿堂，自然令朱能鸿一时感到无所适从。

"苟利国家生死以，岂因祸福避趋之。"既然"听从"了安排，唯一可做的"选择"就是尽快"蜕变"——改行。好在朱能鸿有改行的能耐——极强的自学能力、通透的学科悟性、心理的自适应调适力。

"被分配到上海天文台工作，我的确有一段很长的不适应期。"好在朱能鸿遇到了伯乐——天文台的不少前辈科学家，诸如万籁研究员。见朱能鸿是学工程的，万籁先生对他考察和分析后，引导他走上

真空照相天顶筒（朱能鸿提供）

天文仪器设计的道路。

朱能鸿尽快地调整了心态，跟着万籁先生从头学起，朝天文仪器制造的道路迅跑起来。1961年春天，万籁先生亲自送朱能鸿去中国科学院上海分院的科学仪器厂接受培训。由于中学时代培养的自学能力，也由于同济四年所打下的扎实的数理基础和动手能力，朱能鸿很快学完了精密机械、光学、力学和普通天文学诸门课程，在理论知识全副武装的披挂下，带着课题去工厂实践了。

是名家自风流。以后整整六年，随着不同的课题，朱能鸿相继在南京天文仪器厂、中国科学院上海分院科学仪器厂等单位待过。在长期的实践过程中，让这位有悟性的青年从建筑设计师朝天文仪器专家"蜕变"。他相继设计与研制的双速月亮照相机、真空照相天顶筒以及月球望远镜都获得成功，标示这种"蜕变"已逐步完成。理论与实践相结合的成功体验，也奠定了朱能鸿进一步设计并制作大型天文光学望远镜的基础。

一米五六观星芒

众所周知，科学研究的目的在于探索人类的未知，揭示自然的奥秘，从而促进经济发展和人类社会的进步。天文探索的主要指向是宇宙的演化，当然也牵涉到生命的起源，诸如现在十分热门的对外星智慧生命体的搜索即是如此。苍穹中的点点繁星，惊鸿一瞥的流星，长尾拖曳的彗星，太阳的耀斑以及日蚀、月蚀等奇特天象，千百年来不仅使天文学家穷毕生精力孜孜以求，就是文人墨客与平民百姓也常常为之联想翩翩。正因为天文学有如此广阔与丰富的内涵，从古至今的中外学者对天文的研究延绵不绝。著名的天文学家诸如哥白尼、伽利略、张衡、祖冲之和物理学家牛顿、爱因斯坦等对天文乃至整个自然科学所作的贡献及其深远影响，也都是无可估量的。

朱能鸿在佘山天文台观景台（2011年，方鸿辉摄）

　　天文学不是一种仅仅在实验室内就可以进行研究的学问（至少在可见的将来还是如此）。17世纪之前，天文研究的主要手段是靠直接，即凭借裸眼或通过一些构思巧妙的简单仪器，对天象进行观测。这种状况至1609年伽利略首次用光学望远镜观测天象后才被打破。伽利略之后的四百多年里，光学望远镜的进展突飞猛进，并形成了一门专门技术。与此同时，射电望远镜也如雨后春笋般地发展起来。

朱能鸿讲解光干涉望远镜的构造（朱能鸿提供）

天文望远镜技术把人类和宇宙的距离惊人地缩短了。20世纪末21世纪初，国际上相继建成了近十架10米级大口径地面望远镜，现今正在研制的30米级超大望远镜有望"看"到宇宙的边缘。至今还很难预料这些高新技术装备的望远镜将会把天文研究推进到何种程度。其实，在其他科研领域里也有相同的情况，如显微镜、X射线和核磁共振等技术对医学、生物学的影响，加速器对物理学的影响，超高速计算机、高功率激光和新型光纤材料等在各门学科间的相互渗透……这一切都说明一个事实：科学研究的证实、证伪及其发展都离不开技术的发展，而技术的另一头又直接与经济发展相连接，从而使科研成果得以转化为推动社会及经济发展的生产力，产生社会与经济的双重效益，以提高人民的生活水准。因此，那种认为科学研究高于技术或技术万能的观点均失之偏颇，实不可取。

有鉴于这样的认识，在紧接着的十几年里，朱能鸿率领的科研团队以锲而不舍的努力，研制出当时我国最大的1.56米天体测量望远镜。

20世纪70年代初，瑞典皇家科学院的天文学家阿尔芬首次访问中国，来到上海后，他首先要访问的是已有一百多年历史的上海佘山天文台。当时上海天文台借以开展研究工作的设备仅是从德、法等国进口的几架年代久远的望远镜，其中最大的一架是1900年由法国制造的40厘米双筒折射望远镜，曾堪称远东第一望远镜。但与20世纪70年代国际上口径已达五六米的大望远镜相比，也就显得底气匮乏了。这位瑞典天文学家仅仅站在圆顶室外，隔着玻璃门望了一眼这架"古老"的望远镜便傲慢地说："你们这架望远镜可以进博物馆了！"这句话深深地刺伤了上海天文学家的心。不过仔细想想也

上海佘山天文台内至今还可使用的1900年由法国制造的40厘米双筒折射望远镜（2011年，方鸿辉摄）

确实会感到：一架望远镜用了70年，也应该被淘汰了。若要想在天文研究上作出新的成绩无疑急需研制出先进的观测设备。

1974年，上海天文台的万籁研究员向中国科学院提出制造一架1.5米口径的天体测量望远镜的建议，并获得了科学院的批准，工程下达给了天文台内的技术研究室。那时，技术研究室的工程技术人员都是三十多岁的年轻人。朱能鸿与几位同事虽然研制过一些天文

上海佘山天文台大门（2011年，方鸿辉摄）

仪器，但规模都不大，望远镜的口径只有二三十厘米，质量也不过几百千克。国内制造过的最大口径的望远镜仅为60厘米，其质量不超过10吨。而一架1.5米口径的望远镜会重达30余吨，其指向精度、跟踪精度和光学成像质量都要达到角秒级。因此工程在设计、制造和调试等方面的难度都是很大的。上海天文台近二十名工程技术人员怀着兴奋与激动的心情领受了这一艰巨的任务，矢志为国、为天文学界造出这架理想中的望远镜。研发团队的领衔使命，也自

朱能鸿侃侃而谈天文学发展的历史（2011年，方鸿辉摄）

然落到了时任上海天文台副台长的朱能鸿肩上。

研发工作首先面临的困难是资料匮乏，毕竟国内尚未设计过这么大尺寸和这么高要求的望远镜。光学望远镜工程涉及光学玻璃材料、光路设计与镜片研磨、检测、力学计算、精密机械设计、电控伺服系统，以及光机电联调等，是一项地地道道的系统工程。而朱能鸿团队所能得到的最详细的资料仅是当时世界上最大的天体测量望远镜——美国海军天文台的 61 英寸（155 厘米）天体测量望远镜的两本台刊和一本大望远镜会议论文集。因此，他们首先收集了两架国内制造的 60 厘米望远镜和两架德国蔡斯厂设计的 60 厘米望远镜的设计资料。其实，这些资料对设计一架新的光学望远镜来说，是杯水车薪，有的缺少详细的计算结果，有的仅是文字说明而无细节图纸。尽管如此，对这些资料反复研读，他们还是受到了很多教益。朱能鸿带领设计师们结合我国的具体情况拟定了总体设计方案。经过两年多

朱能鸿与上海机床厂的技师检查大型轴承的精度（朱能鸿提供）

夜以继日的辛劳，望远镜的设计方案逐步成熟：望远镜采用了当时国内尚未运用过的 R-C 光学系统，使镜筒比美国的那架短了二分之一，从而缩小了副镜的尺寸，并增加了集光能力；创造了一种叉轭式的跟踪机架以增大观测天空的范围；设计了一种特殊的调焦装置，使望远镜的焦平面不随温度变化而失焦；创新地应用两个 1 米直径的半球液压轴承，使整架望远镜浮在一层厚度仅为 0.1 毫米的油膜之上，从而大大地减少了转动的摩擦阻力，这种以液压轴承辅以高速数字脉冲的自动控制伺服系统和光电自动导星系统，一台普通的 500 瓦的直流电机就可以十分轻灵地转动 32 吨重的望远镜，并使其跟踪恒星的误差仅相当于十分之一根头发丝那么小……

为使方案的可靠性和可操作性更强，1982 年，中国科学院批准研发组部分成员组成一个 5 人考察小组去考察建在智利的美国、欧共体与加拿大的天文台（全世界最优良的台址之一在智利，因而许多国家把本国的望远镜建在智利北部的安第斯山脉的山峰上）。在一个多月的访问期间，他们甚至没有到过一处名胜古迹，而是充分利用这个千载难逢的机会与外国同行进行交流，把考察当作一次最好的学习机会。

朱能鸿在伽利略相片前的思考（2011 年，方鸿辉摄）

1985 年在新西兰召开的国际天文学会上，朱能鸿报告了 1.56 米天体测量望远镜的设计方案，在会议论文集中一位外国天文学家评论：这架望远镜方案中有着"独特的聪明设计"。

"独特的聪明设计"必须要转换成可实现的制作，即具有可操作性。从图纸到实物的跨越可谓千辛万苦。朱能鸿忆及当年的艰苦攻关，若有所思地说："我的体会是只要在工作中抱着谦虚认真的态度，学习的机会是时时刻刻存在的。当然，学习并不仅仅是读书，看文献资料，实践也是最好的学习过程。"

朱能鸿经常下厂同工人师傅讨论技术问题（朱能鸿提供）

1.56 米望远镜的零部件加工分布到上海十几家有名的大厂。作为项目的总负责人，朱能鸿经常去这些单位同工人师傅讨论技术问题。许多工人师傅都积累了丰富的实践经验，从他们身上可以学到书本上根本不会记载的知识。例如望远镜的南、北支承采用的是两个直径达 1 米的钢制超半球形静压油膜轴承，其椭圆度形状技术要

朱能鸿在欧洲南方天文台3.5米新技术望远镜平台上（朱能鸿提供）

求规定必须小于7微米，这是一项难度很高的超精度加工。任务落实在上海彭浦机器厂的军工车间。通过与工人师傅商讨，研发组创造性地提出了该采用的四条关键措施：第一条是不能为做半球而做半球，而是必须用两个半球拼成一个整球来加工，这样才可保证超半球的边缘不至塌边；第二条是改装一部车床，并将其放在另一部立车上来车制球面（当时没有数控车床）；第三条是在一架精密车床的上部加建一座装有研磨工具的龙门架，用以研磨球面；第四条是研制一台特大的球径仪，用以测量球面。采用了这四条措施，才完美地加工成了这两个高精度的零件。类似这样的事例还很多，通过这些合作，不仅完成了任务，朱能鸿团队还结交了一批极优秀的工人师傅，他们都身怀绝技，研发团队成员也实实在在地从他们的操作中学到许多宝贵的工艺与方法。

专业研究用的光学天文望远镜的研制数量通常仅为一两架，不太会有批量生产的可能。因此，探索中外的研制特色显得十分必要。继承外国的成果要结合中国的实际，既不可盲目自大，也不必妄自菲薄，可以在继承的基础上创新。由于1.56米天体测量望远镜要用于精密照相测量，因此其机架要有最小的重力弯沉，但同时又希望对天空有最大的覆盖。轭式望远镜机架能很好地满足前一要求，但对后一要求却不能完全满足；而叉式望远镜性能正好与轭式望远镜相反。

经过仔细分析和反复计算，朱能鸿把叉式和轭式机架的优点结合了起来，而又能最大限度地避免了这两种望远镜机架的缺陷，创造出一种被称为"叉—轭式"的新型机架。实践证明，这种机架很好地满足了上述设计要求并体现其优越性。又譬如当时国外的光学望远镜已采用二维的 CCD 器件作星像接受器或利用 CCD 作自动导星的传感器，但当时国内只有上海技术物理所能做质量较好的一维 CCD。朱能鸿就提出采用这种一维 CCD 设计成望远镜的自动调焦系统，从而形成了自己的特色。望远镜的其他许多设计则大量采用了国外成功的先例。"根据我的体会，在一般情况下，一台仪器能有几项重要的创新就不容易了，全面更改很难，风险会很大。"朱能鸿若有所思地说。

科学决策与民主管理

参与一项系统科学工程的人员往往来自互不相同的专业，既有

朱能鸿（右二）在上海光机所与工人师傅一起推主镜箱（1982 年，朱能鸿提供）

各级领导、工程技术人员、工人、协作单位的人员，也有为工程服务的基建、行政后勤等配套工作人员。虽然大家在为同一个目标而工作，但看问题的角度会受各人所处的位置、专业等限制而常常有所不同，也必然会产生各类意想不到的矛盾。朱能鸿认为："在工程进展中，遇见重大技术问题或者因技术而牵涉到某些行政决定时，一定要多方面实事求是地加以分析，民主决策，并及时地作出科学判断，切忌当断不断，影响工程进度。"

婀娜多姿的 1.56 米望远镜（2011 年，方鸿辉摄）

在 1.56 米望远镜研制工作刚启动时，研发组就提出要在上海天文台本部（徐家汇）建一座 250 平方米的简易装配车间，以便将各厂协作制作的零部件在此车间里装配成整架望远镜，并进行光、机、电预调。当时有些领导从经济的角度出发，认为为此专建一座车间，是否会造成浪费？能否直接在佘山观测室内安装？面对这些问题，朱能鸿同几位主要技术负责人作了仔细商讨，认为由各厂家生产的部件的接口部分，可能会因计量器具的误差和其他原因而发生装配困难，届时需要作现场修配；而在佘山观测室内，吊装设备不宜起吊太重的部件，否则可能使圆顶本身变形；另外，佘山观测室内可以回旋的余地实在太小，望远镜在观测室内直接安装的风险较大。经过多重论证，在研发组据理力争下，1980年，上级领导终于同意建造一座简易装配车间。以后的事实证明这一决策是正确的。在装配调试的过程中确实出现了大大小小的不少技术问题，这些问题若在佘山观测室内及时解决是很困难甚至是不可能的。

作为光学望远镜中最重要的光学元件——主镜的研制是另一项重大的科学决策。主镜的有效直径为1.56米，厚度为23厘米，重约1吨。鉴于天体测量的严格要求，决定采用国际上最常用的热膨胀系数接近零的微晶玻璃，但当时国内尚未研制过如此大尺寸的玻璃。后来得知上海新沪玻璃厂的副总工程师钟奖生先生是中国科学院西安光机所调沪的一位光学玻璃专家，他正在从事这方面的研究。朱能鸿很快就去拜访并求教他，很快与他达成了合作协议，开始了日后艰苦而漫长的试制。最初是做小样试验，通过数十次试验才达到微晶玻璃的温度膨胀性能，但在浇铸大镜面时又连连失败。究其原因是坩埚的材质较差，容量也不足。针对这些问题想了很多办法，如采用优质白泥制造坩埚；把坩埚壁的厚度减薄，增加其高度，以扩大坩埚的容量；把镜面内部做成蜂窝型，以减轻镜子的重量等。美国的5米镜子就是蜂窝型镜面，不过用的是派勒克斯玻璃，这种材料可以和蜂窝内模堆在一起，在电炉内熔融成镜面，但微晶玻璃因为需要晶

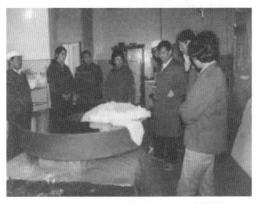

1.56米望远镜的主镜的镜环（朱能鸿提供）

化，是不能如此熔融的。因此，有人提议用经过预热的石墨蜂窝模子在已熔化的玻璃液上压出一块镜面。采用了上述这些措施后，终于浇出了我国第一块蜂窝天文镜面。镜面的正面质量很好，但背面却因模子和玻璃熔液的温差而形成大小不一的缩孔。至此，可以说试制工作成败对半，是否继续这样的工艺试制下去？朱能鸿果断地认为，蜂窝模子的温度不可能加到与玻璃熔液一样高，再用这种方法不太可能获得一块完美的天文镜面，于是决定放弃这种技术路线。在中国科学院数理学部的支持下，在新沪玻璃厂投资了 80 万元人民币建造池炉来浇铸微晶玻璃。1980 年终于浇出了两块 1.6 米的望远镜主镜的理想毛坯。由此可见，科学技术有其自身的规律性，科技人员必须由表及里、老老实实地弄清这种规律。技术路线不符合科学规律，工程进展必定受到影响；改变技术路线则必须作出科学决策，即便这种决策会使人感到痛苦。当然，资金的适时投入也是必不可少的。

池炉浇铸 1.56 米望远镜的主镜（朱能鸿提供）

其实，对任何一项大科学协作项目，管理是否到位是与成败息息相关的。朱能鸿哲理独到地说：

管理本身就是一门范围很广的科学。虽然我曾当过八年副所长，但之前对于管理并没有深入研究过，仅仅是在多年的工作中略有涉及。长期以来，我国存在形形色色的管理样式，有从苏联搬来的计划经济的管理方式，也有如国防工程的一套绝对服从的管理方式。应该承认，以上这些管理方式在特定的年代和条件下，也会有一定的效果。当然，因为这种管理而产生的工程周期拖延、金钱和物资的浪费，以及人才的埋没是无从计算的。近年来，在改革开放的大潮下，出现了许多企业家，其中有不少是强者型的管理模式，实际上片面强调了个人的魄力和才干，决策由一个人说了算。我想，以上所提及的种种管理模式，在本质上都受到中国几千年来封建主义制度和思想的深刻影响，就是苏联模式也带有封建色彩。例如在五六十年代，苏联的李森科、米丘林都是不容置疑的。我相信真正有效的管理应该

在重庆召开的中国天文仪器学术讨论会（前左三为朱能鸿，朱能鸿提供）

是科学和民主的管理。科学和民主是一对孪生兄弟，科学是对客观真理的追求，真理应经得起各种不同意见的辩驳，经得起实践的考验，这就含有民主的内涵。科学上要有成果就需要有民主精神的支撑。反过来，民主更能促进科学发展。一名有觉悟的知识分子应该自觉地把民主和科学的精神贯彻到工作中去。我自身离这种境界有很大的距离，但我想重要的是身体力行。

举个例子，1.56米望远镜进行到最后调试时出现了彷徨不安的思想。传统的调试方法是在晴夜，用望远镜对星观测来进行调试。这种调试的周期很长，在漆黑的圆顶里不易操作，有些在夜里发生的问题要到白天去解决，而且调试需要日夜进行，因此调试人员的精力不易集中。朱能鸿提出了利用光学工具在白天调试的方案，使工作不受气候的影响，同时可以改善工作条件，加快工作进度。但由于这

朱能鸿向参观者介绍天体运行规律（2011年，方鸿辉摄）

是国内第一次调试这么大的望远镜，加之白天在室内调试的方案和传统调试方案有较大差别，很自然地要引起一些内行的疑虑，甚至有人提出请外单位擅长调试的工程师来调试。当时，朱能鸿没有仓促作出决定，而是发动课题组全体人员对方案作充分的讨论，同时利用学术委员会的学术活动，向全台的科研人员和天文学家报告此方案。经过民主决策后，意见趋向一致：由于望远镜的特殊性，请外面的工程师也不一定熟悉调试要求；我们做的设计理应由我们自己来做好调试工作。对这件事的民主讨论与决策虽然花了一些时间，但使所有参与者享受到了充分的民主，感受到了自己的参与，心情自然舒畅。其结果是高效并顺利地完成了调试。

项目完成后，旁人对朱能鸿在技术上能作出一系列创新，是很能理解的，毕竟是一位科学技术人员，有技术底蕴么！但他能在科学管理和民主决策上有这么多创新举措，倒是令人刮目相看的。看来，朱能鸿不仅是一位战术型科学家，还是一位战略型科学家。对此，朱能鸿很平静："我从小生活在这样的家庭中，无形中使我形成了平等待人的民主思想，很多与我一起工作过的同志都认为我平易近人。我

1.56 米望远镜用柯达玻璃乳胶底片拍摄的猎户星座（左）和哈雷彗星（1986 年，朱能鸿提供）

想这是受长期家庭影响的结果……"由此看来，成功做事的基础在于首先要学会做人！

1984 年 11 月至 1985 年 5 月是哈雷彗星回归地球的时期。这个天象吸引着全世界天文学家和成千上万的天文爱好者。美、英、日等国还发射了卫星探测器去接近哈雷彗星，从各个角度去拍摄这位天外来客。当时在上海天文台徐家汇简易安装车间里，1.56 米天体测量望远镜正在紧张地进行着装配与调试，原上海天文台台长——叶叔华院士有鉴于哈雷彗星是 76 年才呈现一次的罕见天象，提出能否用这台望远镜对哈雷彗星进行观察。要达到这个目的，必须使安装调试进度提前半年完成。另外，由于这次哈雷彗星出现时离开地面的高度角很低，而大气层的厚度又较厚，安装车间还位于市中心，高层建筑的遮挡和夜间城市灯光的影响，都会对彗星的观察增添不少困难。经过计算与分析，朱能鸿认为，虽然条件恶劣，但坚信望远镜

朱能鸿与妻子孙国芳在苏州合影（朱能鸿提供）

有强大的集光能力，有把握实现观察。为此，研发组的全体人员都以全副精力投入调试工作，不仅白天需要调试，晚上还要对着星星调整仪器。为了节省时间，调试团队的成员都放弃了休息，有的干脆搭个铺睡在安装车间的一角。作为工程总负责的朱能鸿，工作的辛劳更是可想而知了。偏偏在这节骨

王大珩任 1.56 米望远镜的鉴定会主任（朱能鸿提供）

眼上，他的妻子因车祸受到重伤，住进了医院，他不得不在傍晚去医院为妻子送饭，晚上八九点再返回车间继续工作直到深更半夜。

就这样，凭着对事业的挚爱，十年磨一剑，1985 年望远镜在装配车间首次拍摄到了 76 年才回归地球一次的哈雷彗星。

1989 年 11 月中国科学院召开了望远镜技术鉴定会，由时任技术科学部主任的我国光学界前辈——王大珩院士任鉴定会主任。当他看到在底片上密布着滴圆的尖锐星象时，十分兴奋，即兴赋诗一首：

> 一米五六观星芒，天体测量斯为纲。
>
> 自力更生全国产，大力协同机电光。
>
> 费尽心力十五载，赶超国际非寻常。
>
> 喜庆倡议结硕果，犹看争妍在群芳。

实践表明，1.56 米望远镜工作稳定，性能优良，定位精度高。在 1994 年 7 月的彗木相撞中，拍摄了 600 多张照片，为国际天文界所瞩目。

古人云："知之者不如好之者，好之者不如乐之者。"朱能鸿能从

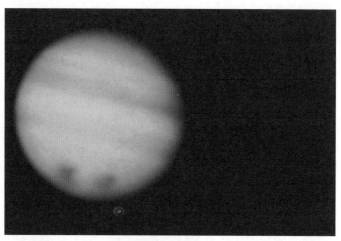

上海天文台用 1.56 米天体测量望远镜拍摄的彗木相撞照片（朱能鸿提供）

一位建筑设计师较快地成功"蜕变"成天文仪器制造的"乐之者"，除了自身的学术底蕴和努力外，与所受到的上海天文台的团队精神和单位文化不无关系。

进入上海天文台工作之后，我同老一辈的天文学家在业务上有很多接触（当时他们也仅是 40 岁左右的中年学者），使我受到很多帮

王大珩院士手迹（朱能鸿提供）

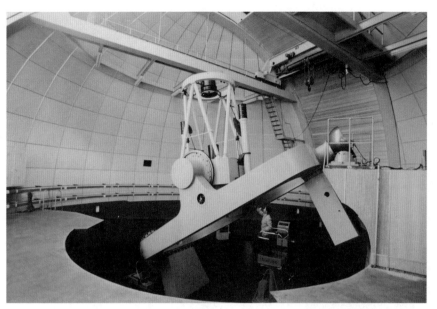

1.56 米光学望远镜全景（朱能鸿提供）

中国科学院院长路甬祥（前中）视察佘山天文台（右一为朱能鸿，朱能鸿提供）

朱能鸿在法国巴黎的留影（朱能鸿提供）

助。例如万籁先生的循循善诱，叶叔华台长敏捷的思路与明确果断的处事作风，都对我有很大的影响。特别令我怀念的是已逝世的我台原党委书记、副台长周尊博同志，其人如其名，他一贯尊重科学知识，尊重知识分子。虽然他是抗日时期的红军干部，却满怀热情地长期学习天文知识，在1978年的全国天文学会年会上被选为中国天文学会的副理事长。80年代中期他因病离休，有一次我去他家看望，他正在听莫扎特的小提琴协奏曲。他告诉我他正在学听欧洲古典音乐。作为一名党的领导干部，他不仅积极支持我的科研工作，还谆谆教导我要走又红又专的道路。上述各方面的影响和数十年的工作实践，使我形成了现在的思想方法和工作风格。

我们又一次站在打开宇宙大门的面前

"1.56米望远镜完成后，在我52岁时，经上海天文台原台长叶叔华院士和美国天文学家万普勒的介绍到世界著名的欧洲南方天文台参加正在那里进行的国际上最大的16米光学望远镜的工作。"

欧洲南方天文台地处德国慕尼黑市郊的伽兴镇。伽兴镇有好几家科研所和一所技术大学,是一座环境宁静、风景优美的科学城。天文台周围有大片森林,森林后面就是有名的伊萨河。天气晴朗时还可以遥遥望见欧洲人引以为豪的阿尔卑斯山的雪顶。朱能鸿在欧洲南方天文台度过了一段紧张而愉快的学术时光。开始的半年是很紧张的,由于那里早就实现了无纸化的工作方式,设计、计算或书写报告均要使用计算机,然而那时国内个人计算机还不普及,朱能鸿也只学过些许计算机入门知识。因此,他只得买了一台计算机放在住所,

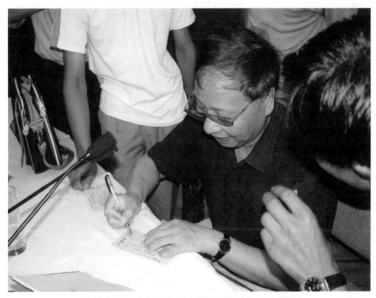

科普报告后,朱能鸿为听众题词释疑(朱能鸿提供)

下班后继续学习。就这样,他很快掌握了 CAD、Fortran77、Windows和 Winword 等软件,为及时顺利开展工作创造了条件。

欧洲南方天文台的 16 米光学望远镜课题是欧洲当时最大的项目。由德、法、意、丹麦、瑞典、瑞士等国的政府出资,并集中了世界各国近百名工程技术人员共同工作的一项系统工程。该望远镜由四架口径为 8 米的独立的望远镜(每架望远镜重达上百吨)组成,它有

两种工作模式：一种是"非相干模式"，即把四架 8 米望远镜的口径综合成等效的集光面积相当于 16 米口径的望远镜；另一种模式是"相干模式"（光学干涉模式），即把四架 8 米望远镜和四架口径为 1.8 米的可移动的望远镜组成一个望远镜阵。将每一架望远镜所收集的星光转换为平行光束后再通过光学延迟线和合成器，使其以同一个波前在合成器的焦平面上形成干涉条纹。此干涉条纹经过软件处理后可复原出高角分辨率的星像，用相干模式工作时能以毫角秒的分辨率去观测恒星，从而使恒星不再是一个点。这种相干模式加上可克服大气影响的自适应光学系统后，可使地面望远镜得到逼近空间望远镜一样优良的星像。光学干涉观测的成功，将天文望远镜研制和天文学研究推进到一个新的阶段。

朱能鸿在欧洲南方天文台参加的是光学干涉仪组的工作。当时，这个组正处于第一阶段的概念设计期。朱能鸿负责的工作是设计一架为合成四架 8 米望远镜的光线作光学干涉的口径为 2 米的望远镜

上海世博会演讲后，上海市科协领导向朱能鸿院士表示感谢（2010 年，方鸿辉摄）

方案，这是一个概念设计。在这个方案里，朱能鸿提出了采用机械手移动合成望远镜的馈入平面镜以达到和望远镜阵的入瞳相匹配的设想，并提出以围绕合成望远镜的三个方向馈入来自望远镜阵的光束的设想。以此为基础，朱能鸿用了一年的时间完成了这个方案设计并获得外国同行的好评。"在欧洲南方天文台期间，我不仅在技术上开阔了眼界，而且看到了国外科学家是如何组织并运营一个耗资达四五亿马克的科学工程的。"

浩瀚的宇宙充满了未知的神秘，人类从未停止探索宇宙奥秘的脚步，天文望远镜使我们感受到了遥远星空的真切，借助这种慧眼，人类记录下了宇宙的进化历程。

20世纪70年代，国际天文界曾建造了一批4米级口径的光学天文望远镜，它们为近20年的天文研究作出了很大的贡献。随着天文研究的进展，天文学家提出了更多的课题：宇宙中的恒星、星系是如何从生到死演化的？宇宙中占73%的暗能量和占23%的暗物质能检

梅花香自苦寒来（2010年，方鸿辉摄）

测得出吗？宇宙中的黑洞究竟是什么？太阳系内或银河系内有与地球类似的行星吗？在这种行星上有低等或高等文明吗？……要研究这些课题所需要的最基本的条件，必须具有更大集光能力和更高空间分辨本领的望远镜。

诚如康德所说："无垠的宇宙有待探索，而只有观测是打开秘密的唯一的钥匙。"

从 20 世纪 80 年代末开始，世界上已建造了近 10 架 8 米至 10 米的大口径地面光学望远镜。由于现代科技的发展，在这些望远镜的设计中采用了许多新技术。如上所述，为了维持必要的刚度，一块 1.56 米的镜坯厚度为 23 厘米（直径厚度比约为 6.8），若按此比例来设计一块 8 米镜的话，此镜的厚度就需达 1 米多，其重量将达到 120 吨！这样的镜面和望远镜显然是不可想象的。为了解决这个技术问题，就发展出了拼块镜面或单块薄镜面的制造技术，这样的一块 8 米单

1 米激光测距望远镜（朱能鸿提供）

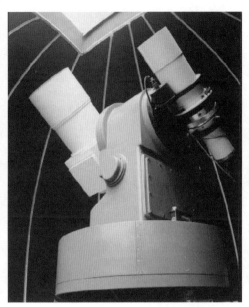

30厘米小光电望远镜（朱能鸿提供）

2008年研制的30厘米光电望远镜
（朱能鸿提供）

镜的厚度仅为17厘米，质量为22吨。同时利用这种镜面很"软"的特点，可在其背面安置数百个称之为主动支承的加力器。当望远镜处于不同的位置时，受重力的影响，镜面会产生变形（其正常形状会异变），利用一个星像波前分析器和一个激光标准可以得到这个改变量，将此量反馈给加力器，加力器即可对主镜加力，形成一个闭环控制，以纠正主镜的偏差。这种技术被称作"主动光学"。与此同时，还发展了一种称之为"自适应光学"的技术，用来改善因地球大气而使望远镜分辨率降低的问题。除了地面光学望远镜之外，随着空间技术的迅猛发展，已多次成功地把望远镜发射出地球，实现了空间遥控观测，以彻底避免地球大气和重力的影响，诸如哈勃太空望远镜等。展望未来，在月球上建造大型望远镜也是完全有可能的。由于空间观测的投资巨大、工程复杂、风险大等特点，可以预料未来的20

1.8 米的光学望远镜主镜（朱能鸿提供）

年内，地面光学望远镜还将是天文研究的主要工具。

朱能鸿告诉笔者：如今，他已年近八旬，还有着深深的光学望远镜情结，诚可谓与光学望远镜须臾难离。2006 年，时隔 20 余载之后，朱能鸿再次登顶智利安第斯山的欧洲南方天文台，考察了四架口径达 8 米的大望远镜，感慨发达国家在这 15 年间，大望远镜的口径几乎增大了一倍。

近几年，朱能鸿也马不停蹄地参与了我国二代导航卫星系统等项目，并为此研制了口径为 30 厘米的小光电望远镜和两架口径为 1 米的激光望远镜，虽然其口径比过去的 1.56 米天体测量望远镜小，但是望远镜的精度比前者有很大的提高，而重量却相对地减小。希望通过这两架 1 米望远镜将我国的太空"监视能力"提高到新的水平。

目前朱能鸿正在研制一架口径为 1.2 米的多功能望远镜和一架口径为 1.8 米的光学望远镜，并继续在从事综合口径光学干涉望远镜的关键技术的研究。

当前，国际天文学界的研究焦点是天体物理领域，而国际上正在研制的三架口径为 30 米级的超大型望远镜即是其有力的研究工具。依靠这些望远镜，21 世纪的天文学将会发生一场革命。届时要申请使用这些望远镜，必须有极具竞争性的课题思想；还要保证对投资国一定百分比的望远镜使用时间。据说，非投资国的天文学家必须联合一位投资国的天文学家才可以获得申请。这些因素已引起我国年轻天文学才俊的极大忧虑。"我个人非常理解他们的忧虑，并希望国家在财力许可时尽快研制这样的超大型望远镜，使我们新一代天文学家得以赶上天文研究的世界水平。"朱能鸿院士动情地说，"正像当年的伽利略一样，我们又一次站在打开宇宙大门的面前，开门的工具正是可望在 10 年后完成的 30 米超大光学望远镜！"

朱能鸿在上海天文博物馆前留影（2011 年，方鸿辉摄）

青春不是年华，而是深沉的意志、恢弘的想象、高洁的操守、炽热的情感和执著的追求，青春是生命的清泉在涌流……

（方鸿辉摄）

严东生

严东生（1918—2016） 材料科学家。1941年毕业于燕京大学，获硕士学位；1949年在美国伊利诺伊大学获博士学位。1950年回国后历任中国科学院冶金陶瓷研究所研究员，上海硅酸盐研究所所长，国家高性能陶瓷重点实验室主任、名誉主任；中国科学院副院长，中国科学院化学学部主任，中国化学学会理事长，中国硅酸盐学会理事长，《中国科学》与《科学通报》主编及其他五份国际刊物的主编或编委。中国科学院特邀顾问，上海硅酸盐研究所研究员、名誉所长。1980年当选中国科学院学部委员（院士），1994年被选聘为中国工程院首批院士。先后当选美国纽约科学院院士、第三世界科学院院士、国际陶瓷科学院创始院士、亚洲各国科学院联合会主席，并获日本陶瓷学会百年国际奖、美国陶瓷学会"杰出终身会员"等称号。作为我国无机材料科学技术的奠基人和开拓者之一，长期致力于材料科学研究和国际大科学合作项目，研究成功高温熔烧及扩散涂层、碳纤维增强陶瓷复合材料等，均成功地应用于飞机发动机、人造卫星和远程运载火箭等领域。

明 澈 的 晶 体

——严东生的材料科学人生

博学厚德报国情

1918年2月，严东生出生于上海一户知识分子家庭，祖籍杭州。

严东生的父亲1908年毕业于天津国立北洋大学土木工程系，后任京汉铁路局工程师；母亲毕业于杭州女子师范学校，知书达理。他们共养育了六个儿女。严东生的父母为人正直，处事严谨，让子女从小耳濡目染，懂得道德规范乃立身之本。

由于父亲的职业缘故，严东生幼年就随父母迁居北平，家境殷实，和睦温馨。但这样的好日子没过上几年，天有不测风云，严父突患伤寒辞世，从此家境一落千丈。严母虽身体纤弱，但性格坚韧，承受了丧夫之痛，从此守寡，倾注全部心血于子女教育。好在严东生的大伯等亲戚对他们一家的及时接济，尤其是母亲的二姑夫陈叔通先生（1876—1966）倡议各门亲戚捐恤金以立基金，才使严母立志培育子女都能成才的愿望有了经济上的保证。日后，严东生的姐姐严菜毕业于燕京大学；二弟严机毕业于上海交通大学，后留学美国，回国后曾任长春第一汽车厂总工程师；三弟严棠相继就读燕京、协和医学院和华西医科大学，曾任广东中山医学院附属第二医院的院长；四弟严棣相继获美国伊利诺伊大学机械硕士和数学博士，后在密歇根州立大学数学系当终身教授；小妹严杜则毕业于圣约翰大学后执教于北京大学。而作为长子的严东生从美国伊利诺伊大学博士毕业后，

严东生手不释卷还不用戴眼镜（2011 年，方鸿辉摄）

成了国际著名材料科学家、两院院士。一个家庭出了这么多人才，可见严东生母亲的培育之辛，操持之劳，养育有方。难怪严东生每忆及母亲总深情地说："我们对她的怀念与日俱增，终生相伴……"

严东生夫妇（前左）与弟妹们纪念母亲100岁诞辰时的合影（1991年，严东生提供）

1935年，严东生考入清华大学。初入清华时，教授新生基础课的几乎全是名师，化学课除了张子高教授（1886—1976）外，还有高崇熙教授（1901—1952）；普通物理的教师乃是吴有训教授（1897—1977）和萨本栋教授（1902—1949），令他获益匪浅。"时至今日，我更加体会到，像普通物理学、普通化学这些大学入门课程是最难教好的，而对学生又是最有影响的课程，常常影响到青年人的一生。"当时，严东生还选修了雷海宗教授（1902—1962）的历史课和萧蘧教授（1897—1948）的经济学课。由于严东生在崇德中学已打下了坚实的英语基础，能自如地阅读狄更斯的《双城记》等原版小说，清华大学允许他免修大学英语，因此他就选修由德籍犹太老师教授的德语作为第二外语。同时，他还选修了叶公超教授（1904—1981）的高级英语课。

清华曾明文规定，体育是每一位学生的必修课，由马约翰教授（1882—1966）指导，这当然也是青年严东生的最爱。他深情地回忆：

清华有个习惯，不管多忙，一到下午5点左右，大家都去体育场锻炼。清华那时时兴打篮球，又称"斗牛"，不是我们现在的五人对五人的打全场，而是好多人，十几个人对十几个人大打一场。清华有个室内游泳池，还有几个网球场，师生们可游泳、打网球，还可练长跑。我在清华已经养成了运动的习惯，后来到燕京也一样，还是每天下午5点后就到运动场去锻炼。冬天有时会在未名湖溜冰，而春、夏、秋三季就去打网球。运动完了洗个澡，吃好晚饭后，再去晚自修。运动是我从中学到大学养成的习惯……

严东生与网球的不解之缘可以追溯到他的学生时代，从20岁到85岁，哪怕再忙，网球在严东生的生活中是不可或缺的组成，成为他保持青春活力的一个法宝，毕竟要实现"为国家健康工作50年"

四位院士球友（左起朱起鹤、严东生、张维、卢强）在清华网球场（1997年，资料图片）

么！"现在虽然不打网球了，但我还是喜欢看网球。我是法网、温网的忠实观众，前些天还在电视上收看美网比赛。"这是笔者 1997 年时采访严老时他的话语。前几年，由于膝盖受损，严东生不得不用散步代替了打网球，他每个星期都会同夫人一起去两次健身房，在跑步机上锻炼 20 分钟，只要天气晴朗，每天下午也会与夫人一起去小区的后花园里散步以健身。

严东生夫妇在练跑步（2007 年，方鸿辉摄）

1939 年，严东生以全校第一的成绩获得理学士学位。因学业优秀，在继续攻读硕士学位时，他获得了"半时助

每日傍晚在院子里散步和练臂力（2011 年，方鸿辉摄）

教"的职位，生活费完全可以自理。那时，他师从张子高教授，协助学生实验。两年后的1941年他获得理学硕士学位，并获当年唯一的"斐托斐（Phi Tao Phi）金钥匙奖"。

我要感激美籍教授威尔逊博士和蔡镏生教授，是他们引导我领会到以推理、演绎的方式，发挥自己的主动能力进行学习。燕京大学的教育以启发为主，上课内容看似不多，但课后列出的参考书很多，主要靠自己去消化和吸收。灵活多样的教学方式，因师而异。我深深喜爱这种多风格的学习方式及师生关系，也正是这两位教授引领我跨进了材料科学的门槛。

严东生当年的硕士论文选题为"固态物质反应动力学"。可见，早在20世纪30年代末40年代初他已开始思考并钻研物质在固态下的传递、反应，运用已学过的及尚未学过的知识与固态物质联系起来，引导他进入固态物质的研究，也为日后终身与材料科学打交道作了良好的铺垫。

张子高教授是严东生跨入化学门槛的启蒙老师，张师深入浅出、引人入胜的教学方式，激发了严东生探索化学的兴趣，引领他以化学作为大学的主修学科。以后，严东生有幸做了张师的助教，于1942年又尾随张师，担任私立中国大学的讲师，开设了分析化学和工业化学两门课。很有趣的是，多年后张子高教授的儿子——张滂与严东生的小妹——严杜喜结秦晋之好，而张滂（1917—2011）是北大教授，也是中国科学院的院士。

抗日战争爆发后，清华南迁。由于严东生是长子，要留在北平照顾母亲，因此转入燕京大学三年级借读。

1937年转燕京大学后，严东生认识了同班唯一的女同学孙璧媖。她娴静好学，性情温和，让严东生产生了接近她的愿望。正好孙璧媖初学德语，而严东生在清华已学过两年了，就自告奋勇，帮助她学德语。德语学习无形中成了他俩相互接近的媒介，逐步转入恋爱关系。在相识六年之后，他俩于1943年秋结婚。张子高先生是他们的证婚人。早已过了钻石婚龄的严东生感慨地说："在我的一生中给我帮助和关心最大的另一位女性就是孙璧媖同志。"

严东生在北京燕京大学图书馆（1937年，严东生提供）

几年前，笔者曾亲眼目睹了九十二高龄的严先生推着坐在轮椅上的爱妻在中山医院就诊的感人一幕……这才叫"情深意笃的恩爱"。

1945年抗战胜利后，原燕京大学化学系主任窦维廉教授（1890—1958）推荐严东生和孙璧媖赴美留学，1946年初他俩都获得了去美

严东生与孙璧媄结婚照（1943年，严东生提供）

国继续深造的奖学金。但此时他们已有一女，第二个小生命也已孕育，而严母又与他们生活在一起。他俩考虑再三，为了家庭的安定与和谐，孙璧媄决定放弃深造的机会，让丈夫无后顾之忧地赴美留学。1946年夏，女儿燕来才三岁，儿子友为刚满月，孙璧媄担起了抚养一双儿女和赡养婆婆的重任，让严东生独自登上了赴美的"梅格将军"号轮船，开始了在纽约大学研究院的新生活。

一年后，基于严东生对材料科学的浓厚兴趣和较深的学科积淀，美国材料科学名列前茅的伊利诺伊大学授予他该校研究院最高奖学金。于是，严东生转学到伊利诺伊大学，主修陶瓷工学，辅修化学。两年后，他以全A成绩于1949年春获博士学位，并被 SIGMA XI、Phi Kappa Phi、Phi Kappa Epsilon、Keramos 等四个荣誉学会选为会员，授予四枚金钥匙奖。这对留学生来说，确是罕见的成就与荣誉。严东生随即应系主任 A. I. Andrews 教授的邀请留校，继续在伊利诺伊大学任博

严东生夫妇金婚留影（1993年，严东生提供）

士后研究员，从事无机材料的理论与应用研究，合同期两年。

在伊利诺伊研究生院求学时，严东生已充分展露其组织和管理的天赋。当时，伊利诺伊大学在读的中国留学生有近200名，严东生担任了一届中国同学会的秘书，一届中国同学会的主席。刻苦攻读的同时，他热心同学间的联谊，倡导大家增进对国内形势的关注。

1948年，严东生还参加了旅美科技工作者协会。会员们经常聚会，能看到国内解放区的报纸、文件与毛泽东的著作，对中国共产党有了初步的认识，并兴奋地得知于1949年10月1日毛主席在天安门城楼上庄严宣布中华人民共和国成立，"中国人民从此站起来了"！

蕴藏于严东生心底的报国情感自然而然地开始喷发，他义无反顾地考虑提前回国。通情达理的博士后导师A. I. Andrews教授很理解他的愿望："你在这儿干得非常好，对于人才，美国自然需要，但中国也确实非常需要人，我可以考虑早些解除合约，让你回国。"严东生当时是签了两年博士后合约的，但仅做了半年就要回国，而且那时要回国确实也有一系列麻烦。

因为已经没有船直接抵达中国大陆了，必须通过香港，而要在香港登陆需要有人作担保，即保证不会在香港久留，且有经济上的支持。好在当时

严东生在美国伊利诺伊大学图书馆（1947年，严东生提供）

香港大学有一位教授——曹日昌先生，愿意作担保。这样美国移民局才同意签发让我回国的通行证。若再晚一些时候，从1951年起，

美国政府就不让中国留美学成人员回国了，一直到日内瓦会议之后，1955到1956年才又允许回来一批，那是周总理同美国谈判的结果。那时，我国同美国有个大使级谈判，王炳南希望美国政府放行——让留美学成人员回国。美国代表团团长约翰逊却说："中国留学生都在美国生活得很好，哪有人会要回中国大陆？""有啊！"王炳南当即拿出钱学森写给陈叔通的希望回国的信。陈叔通与钱学森是亲戚，也是我的二姑公，是我母亲的姑父。美国谈判代表团团长约翰逊见信后哑口无言，只能对钱学森放行。以后，又不让留美人员回来了。一直到改革开放以后，小平同志打开国门让大批学生出国留学，那就来去自由了。我是1950年从旧金山匆匆登上"威尔逊总统"号回国的，那时船已不能停靠中国大陆的海岸了，绕来绕去，先到日本，再到菲律宾，最后才到香港。踏上香港后，曹日昌就帮我买了太古公司的由香港到塘沽港的船票，是五等舱，没有床位的，随便铺条席子熬了近一个星期的旅程，四月份时就到达天津了……

严东生回国后的合家欢（1953年，严东生提供）

严老记忆犹新地回忆当年的情况。

船靠码头时，远远看到孙璧媖带着六岁的女儿与四岁的儿子，彼时彼刻严东生的心情，实非言语所能表达。

格物致知究天理

回国后，机遇与挑战并存，很多单位都可去，但人必须要讲诚信。

话得从 1942 年说起。经燕京大学威尔逊教授推荐，当年 10 月严东生来到开滦煤矿耐火材料厂当上了工程师，后任总工程师。那是英国独资开办的工厂，厂内高级员工的待遇很优厚，每人一幢小洋楼。1945 年，在窦维廉教授推荐严东生赴美留学时，开滦煤矿耐火材料厂曾与严东生签订过合约——支持严东生离职留半薪赴美深造。

但 1950 年回国时，英国已撤离开滦煤矿，新成立的开滦化工研究所已归军事系统。从小受到"以诚为本"家教的严东生，毫不犹豫地要履行合约，回到开滦化工研究所，担任该所的副所长。

回国后，严东生的科研方向首先是服务国民经济，着手耐火材料的研究，与同行一起制定了我国第一套耐火材料生产、检验和测试的标准，为钢铁工业发展出力。同时，严东生还致力于窑炉热平衡研究，

在中国科学院上海冶金陶瓷所严东生在研究晶体结构（1958 年，严东生提供）

提出节约能源的具体措施。

"50年代初期、中期,当时我30多岁,精力旺盛,肩上担子越来越重。不久就担任中国科学院冶金陶瓷研究所研究员、室主任,承担包钢基地建设任务。"回忆起为开滦化工研究所服务三年后,被中组部发调令调到中国科学院上海冶金陶瓷研究所的情形,严东生至今十分清晰。

严东生奉命调入的中国科学院上海冶金陶瓷研究所,当时的所长是我国冶金与陶瓷研究的先驱——周仁教授(1892—1973)。该所下设三个研究室,严东生任一个研究室的主任。到了1959年末,根据中国科学院的意见,冶金跟陶瓷分开,分别建立中国科学院上海冶金研究所和上海硅酸盐研究所。两个所的所长都由周老兼任,严东生就当了硅酸盐所的副所长。"文化大革命"中周老去世,1977年严东生接任了硅酸盐所所长。

调入上海冶陶所不久,严东生所面临的重大科研项目就是解决包钢冶炼材料及技术和工艺的难题。包头铁矿石非常特殊,含有大量氟化钙,氟对炉衬耐火材料的侵蚀是个棘手的问题。自1954年起,老所长周仁先生几乎动用了冶陶所的所有专家来攻克这个难题。为此,必须研究冶炼时液态、气态和炉渣里的情况。另外一个特点是包头铁矿含有大量稀土元素,这

严东生接受笔者采访(2007年,方鸿辉摄)

当然是很珍稀的材料。当时严东生主要负责选材，从炉身到储存液态炉渣的炉缸的选材。直到现在，包钢的选材还是他们当年确定的方案。稀土进入炉渣，从炉渣里怎样合理又有效地分离稀土，也是他们研究的课题。中国稀土的存储量约占世界总量的四分之三，包头出产的与其说是铁矿，更重要的应该说是稀土，而且还要解决对冶炼十分麻烦的氟。为此，严东生深入实地进行了一系列开创性研究，从大小高炉中取了样，弄清了氟化物对各类耐火材料的侵蚀机理与动力学过程，为炉衬的选材提出了合理方案，攻克了这项被称为世界性的难题。"现在回过头来看，当初做的还是相当细的，水平不错。当年我们就发表过文章，探讨氟的腐蚀机理和动力学，整个过程都可定量计算。为此，我还到苏联去作过介绍。"

记得 2007 年，上海国际科学艺术展开幕之前，笔者受组委会委托，要为严东生和林元培院士各拍摄一部电视短片，在展厅不间断地连续放映。因此，于那年早春去硅酸盐所采访了严东生。

早就听说，严老除了紧张的科研和培养研究生外，还热心材料科学的普及工作。当我们提及严老所从事的材料研究，究竟指的是什么具体材料时，一下子把他的话匣子打开了：

材料是社会基础建设的基本部分，也是社会发展的基础，包括器件乃至整个装备都要用材料。一部人类发展史也可以说是人类对材料使用的历史。材料科学是现代文明的三大支柱（能源、信息、材料）之一，是人类文明的物质基础。材料一般可分成四大类：第一大类是金属材料，即由金属元素组成的，例如以铜为基础的有各类铜合金，以铝为基础的则有各类铝合金，等等。第二大类叫无机非金属材料，从元素周期表来看，左边是金属，锂、钠、钾、钙、铯……右边是碳、氮、氧、氯、溴、碘……中间的是硅、镁、铯等，镁跟氧结合产生的氧化镁就是无机非金属材料，铯跟碘结合生成的碘化铯是很重要的闪烁晶体材料，这就是硅酸盐所参与世界大科学合作项目所提供的"大三晶"材料之一。第三大类则是以碳、氢为基础的有机高分子材料，碳、氢两元素变化无穷，如各类塑料，不仅应用广泛，在科学上也大有研究价值，21世纪最初几年诺贝尔化学奖都给了高分子材料研究者，如导电高分子材料的发明人等。第四大类是复合材料，主要指异种材料的复合，如金属与高分子材料复合等。这四大类材料是人类文明和建设发展的基础。当然，其中大部分是用于民生，还有相当一部分是用于国防，如20世纪70年代末80年代初，硅酸盐所用无机非金属复合材料做的中国第一代远程洲际导弹的防护罩，用于一万多千米射程的洲际导弹。由于导弹刚发射时的速度是可控的，进入外层空间航行后空气非常稀薄，到了目标附近则要再入大气层，由于速度已很大，弹头表面与大气的摩擦会产生高温等离子层，温度高达上万度，任何东西都会熔化。为此，采用牺牲质量换能量的

严东生与卢嘉锡（左）、严济慈学部主席参加学部大会（1986年，严东生提供）

思想，让导弹表层消耗掉一点质量把高热量转换掉。科学家采用碳
纤维和石英材料，缠上后高温加压，这种方法很简单也挺适用，能吸
收大量热量，又能做成很大的体积，既保护弹头又保护战斗部——弹
体，保证爆炸物不因过热而提前爆炸，而能在准确抵达目标后才爆
炸。当然眼下最理想的是碳－碳做成的防护罩，原理与碳－石英差
不多，也要用碳纤维一层一层缠绕，让石墨中的碳渗进去，但后者生
产周期长，不如碳－石英仅一两天的周期，不过它更耐烧蚀。碳－石
英防护罩是硅酸盐所科研人员自主创新的思想和工艺，所以曾获得
了国家发明奖一等奖。20世纪80年代，上海小学语文教材中的《给
导弹穿上外衣的人》一文，介绍的就是严东生院士。

严老话语不多，普及到位。让我们确信材料科学大有学问。

1959年严东生任硅酸盐所副所长，主持科研业务。有鉴于国际
科学技术发展的动向与当时我国各主要工业部门的各类研究机构均
已建立的现状，经过认真分析，他及时对硅酸盐所的科研方向进行了

李政道参观上海硅酸盐所时与严东生合影（2003年，严东生提供）

调整，从主要研究传统的硅酸盐材料转为新型无机材料，即人工合成晶体、功能陶瓷、高温结构材料、特种玻璃、无机涂层材料等新的研究领域。诸如，他同殷之文、郭景坤等合作承担研制的用于高频大功率微波发射管的高铝氧陶瓷大环及其金属的封接技术，都属于国内首创，还曾荣获1965年国家科学技术发明奖。又譬如他与丁传贤等科技人员在硅酸盐所建立了国内第一套等离子体射流喷涂设备，并开展了各类无机高温涂层材料的制备和应用研究，还深入开展了多种性能的测试和在高温及多种综合使用条件下的物理化学变化及其与热应力关系的研究。在严东生带领下，上海硅酸盐所还发展了多系列的耐高温、绝热、耐磨损、耐红外辐射等涂层与梯度功能材料，在国民经济和国防建设的许多领域获得了广泛应用。

现在回想起来，这一战略性的方向转变，实属重要之举。一方面是与国际的发展趋势相吻合，另一方面与国防建设相适应。毕竟在

严东生在中国科学院上海硅酸盐所的实验室向来宾介绍实验情况（1997年，严东生提供）

那些年代里，我国面临来自东、西两方面的威胁，建立有威慑力量的国防，实属必要。许多重要的无机新材料研制任务就由硅酸盐所承担，硅酸盐所不负众望，出色地解决了不少关键问题，获得了很高的荣誉。

这就是博学厚德的严东生对"持之以恒，推陈出新"科学追求的欣慰。由此可见，学会做人的核心目标，是要爱国，事业的指向就是国家需要。

耄耋之年，严东生仍然站在科研第一线，亲力亲为，叱咤风云。就拿纳米材料研究来说，1992年作为"攀登计划"第一项的纳米材料研究就由严东生和冯端院士作为双首席科学家，组织了五六十名专家作为中国最早的纳米研究大团队，并进入"973"计划。1996年，严东生率先在上海硅酸盐所倡导并开展了新型有序介孔材料的研究，成为当时国内较早在这个领域的研究单位之一。在他的关心下，在

严东生及女儿严燕来与李政道院士合影（2007年，严东生提供）

施剑林研究员直接领导下，硅酸盐所在介孔与介孔主客体材料的研究领域，做了许多不俗的创新和有影响的工作，发现并合成一大批新型的介孔主客体复合材料。

所谓"介孔"是指孔的线度在 1 至 100 纳米，而且孔的排列很有规则，并可以调控。这种材料在化工中用处很多，主要用于催化，全世界每年的产值大约 100 亿美元。从 2005 年开始，硅酸盐所跟浙江一家民营企业一起将这种材料运用于汽车尾气的净化中，将它们涂在尾气排放管的衬底上，可以同时对尾气中的一氧化碳、氮氧化物和碳氢氧化物催化反应，变成二氧化碳、氮气和水。氮气和水排入空气就没有问题了，二氧化碳排入空气也比一氧化碳好得多，而且只需在温度为 200 多摄氏度就能使尾气 100% 被净化。中试表明，汽车跑了 8 万多千米，还能催化近 95% 的尾气。眼下他们已同上海汽车集团公司联合，使这种由上海硅酸盐所专利的尾气净化装置走向市场，为城市环保作贡献。据测量，在城市空气 PM2.5 污染中，汽车尾气排放

丁肇中和严东生在向方毅介绍将要送到空间站的阿尔法质谱仪（1982 年，严东生提供）

占了近一半。要推行尾气排放的欧 4、欧 5 标准，那么，纳米介孔复合材料对环保将会有大贡献。

国际科学大合作

作为一名世界知名的材料科学大家，严东生"格物致知究天理"的抱负不仅立足于国内，还要造福于全人类。

1982 年，诺贝尔物理学奖获得者、高能实验物理学家丁肇中教授在北京找到了时任中国科学院常务副院长的严东生。当时，丁肇中正在欧洲核子研究中心负责建造大型正负电子对撞机中的一个探测器——L3，他准备采用新型锗酸铋（BGO）闪烁晶体做探测器中的电磁量能器，进行高能物理实验。一见面，丁肇中就开门见山地问严东生："你们能不能做闪烁晶体 BGO，尺寸要很大很长。"

思维明澈如晶体的严东生敏锐地捕捉丁肇中话语的含义，意识

严东生（右二）与丁肇中及其两位学生合影（1986 年，严东生提供）

到参与这项举世瞩目的科学大工程所具有的重要科学意义，当即接受了丁肇中的请求。严东生的这种学术气魄，除了要有学术底气，更在意的是让中国科学技术人员也能参与到国际前沿大科学合作项目中，以创新和拼搏缩短中外学术上的差距。其实，当年硅酸盐所确有一组科研人员在生长晶体，BGO 也生长，但都长得很小，他们主要是模仿天然晶体，一个长云母、一个长水晶、一个长金刚石，但毕竟还只是在实验室里刚刚长出小尺寸晶体样品，要生长大尺寸、高质量的晶体，面临的困难和风险是可想而知的。而当时法国和美国有两家厂商已经能够生产这样的晶体了。对严东生团队日后提供的样品，丁肇中经过性价比分析，尤其是性能考察，发现严东生团队是有明显优势的，最终决定请上海硅酸盐所提供上万根高质量的 BGO 晶体。其实，起初硅酸盐所实验组采用长云母的方法，经过一年努力才长出了 10 多厘米的晶体，且成功率仅百分之二三十。严东生带领团队不断攻关，终于生长出了符合丁肇中需求的 23 厘米长的大尺寸高性能的晶体，在与美、法、日等国的竞争中获胜，并提前一年圆满地完成了瑞士正负电子对撞机 L3 探测器上所需要的 12000 根 BGO 晶体的供货合同。

在生长 BGO 的同时，严东生科研团队还开发了一整套新的生长工艺，建立了包括铂坩埚熔炼加工、晶体生长、晶体加工和晶体性能测试在内的生产流水线，并培养和锻炼了一支能打硬仗的科研队伍。

1985 年，美国国家科学基金会对各国的 BGO 产品进行评比时，给上海硅酸盐研究所的产品打了唯一的满分。严东生科研团队也在国际高能物理界树立了很好的形象。以后，丁肇中逢人就说："（谁）要 BGO 晶体，就到中国科学院上海硅酸盐研究所去！"

这一年，在欧洲核子研究中心召开的有数百名来自世界各国的科学家参加的 L3 工程实验组全体大会上，应丁肇中的邀请，严东生作了近一个小时的演讲，全面介绍了上海硅酸盐研究所研发 BGO 晶体取得的成就与对 L3 工程所作的贡献。他的演讲博得了阵阵掌声，使国外科技界对中国材料学所取得的成就刮目相看，为国家赢得了荣誉，也奠定了我国无机闪烁晶体的国际地位。

后来，BGO 又转入医用仪器设备——PET（正电子扫描探测仪）的运用。严东生团队跟 GE 公司合作，将晶体切成小条，做成三个一组的阵列，装入整机。GE 公司生产的 PET 所采用的探测晶体 85% 以上是由上海硅酸盐所提供的，这是晶体材料为人类健康服务的一个侧面。当然，硅酸盐所也获得了不错的经济效益。

严东生带领的科研团队研发的第二代晶体是碘化铯，出光量很

从空中俯瞰 LHC（白色环线是另外画在照片上的，资料图片）

高，主要是同美国斯坦福大学和日本的高能研究所合作的，这是 20 世纪 90 年代后期，大致合作到 1998 年。

紧接着是研发第三代晶体——钨酸铅（PWO）。除去与美国马里兰的一个小型探测器合作外，基本上是为欧洲核子中心在建的世界

上最大的强子对撞机——LHC（Large Hadron Collider）的 CMS 径迹探测器配钨酸铅晶体。

CMS 径迹探测器（Compact Muon Solenoid）是 LHC 上两大探测器之一（另一个是 ATLAS），它是一个紧凑 μ 子螺线管探测器，要在很高的对撞率和很大的能量范围下通过鉴别和精确测量 μ 子、电子和光子来清晰地探测各种新物理图像，它除了研究质子 - 质子对撞之外，还能进行重离子对撞研究。CMS 径迹探测器、电磁量能器和内部强子量能器全都装在超导螺线管内。围绕中央径迹探测器的电磁部分就是由严东生团队研制的钨酸铅晶体做成的。

大型强子对撞机 LHC 工程坐落于法国与瑞士两国边境的侏罗山地下 100 米深处，拥有一条周长达 27 千米的环形隧道。科学家希望借此揭开包括宇宙起源之奥秘等在内的科学谜团。过去几十年来，物理学家不断在细节上加深对构成宇宙的基本粒子及其交互作用的了解。当然，这种不断加深的了解，让粒子物理学的"标准模型"变得更为丰满，但这个模型中仍存在缝隙，以至于我们无法绘制一幅完整的图景。说得更明白一点：质量的起源是什么？为什么微小粒子拥有质量，其他一些粒子却没有这种"待遇"？早在 1964 年，苏格兰物理学家彼得·希格斯（Peter Higgs）便提出了一个理论模型，被称为"希格斯机制"。在这个模型中，质量是通过电子与中微子相互交换的弱同位旋对称性的破缺而自发产生的。如果这个想法是对的，在我们的世界中就一定存在一种标量粒子——希格斯粒子（Higgs Particle），但我们无法算出它的质量。根据希格斯机制，有些基本粒子因为与遍布于宇宙的希格斯场彼此相互作用而获得质量，同时也会出现副产品——希格斯玻色子。看来，这玻色子是希格斯机制的必然后果，也成了物理学家长久以来寻觅的对象。假若实验能证实希格斯玻色子的存在，就可给予希格斯机制以极大的肯定，特别是作出对于"为什么有些基本粒子具有质量"这一问题的解释，也可以由此而确定标准模型基本无误。1988年诺贝尔物理学奖获得者利昂·莱德曼无意中为希格斯玻色子起了"上帝粒子"（God Particle）的名称。莱德曼写了本科普书，原书名叫《该死的粒子》（*Goddamn Particle*），表示希格斯玻色子难以找到。但是，出版商认为这般描述不妥，遂改成了"上帝粒子"。然而，许多科学家并不喜欢这一冠以"上帝"的称呼，认为过分强调了这种粒子的重要性，也太宗教化了。希格斯本人也不喜欢这一称呼。莱德曼在与泰雷西合著的《上帝粒子：假如宇宙是答案，究竟什么是问题？》一书之结尾部分，充分流露出了物理学家们对终极前景的渴望，他写道："天空中出现了一道炫目的光芒，一束光亮照亮了我们这位沙滩主人。在巴赫B小调弥撒曲庄严、高潮的和弦配乐下，也可能是在斯特拉·温斯基的短笛独奏《春之祭》中，天空中的光慢慢地变成了上帝的脸，微笑着，但带着极度甜蜜的悲伤表情。"可见，科学家是多么渴望寻找到希格斯玻色子啊！它的存在成了构建整个"标准模型"的基石。

为了帮助科学家揭示粒子物理学上这些关键性的未解之谜，需要大量实验数据予以支持，大型强子对撞机LHC便担负起"数据提供者"的角色，期望能寻找到这种难于捉摸粒子存在的迹象。大型强子对撞机的基本工作原理便是能将两束质子加速到空前的能量状态，在以光速穿行并

LHC管道示意图（资料图片）

经过对撞点时，碰撞出光电"火花"。作为新一代"粒子神探"的钨酸铅闪烁晶体（PWO），在受到高能粒子轰击时，会在几纳秒内迅速发光，还能不停地捕捉并分辨各种高能粒子。因此，带有钨酸铅闪烁晶体的电磁量能器便成了寻找希格斯玻色子极其关键的探测设备。这台大型强子对撞机中的探测器，需要几万根大尺度的新型钨酸铅闪烁晶体来制造其"心脏"部件——电磁量能器。

鉴于上海硅酸盐研究所在国际高能物理界的声誉，欧洲核子研究中心又找到了严东生，希望上海硅酸盐研究所也能研发钨酸铅（PWO）晶体。由于 PWO 结构的复杂性，生

CMS 探测器（资料图片）

长十分困难，且极易开裂，再加上 CMS 探测器要求又极高，特别是对晶体抗辐照性能的要求极为苛刻，承接这个项目确实需要极大的魄力。PWO 是一种崭新的闪烁晶体，人们对它的研究很少，更谈不上大尺寸晶体生产的工艺技术。出于政治原因，2000 年欧洲核子研究中心只与俄罗斯签订了供货协议。严东生团队对此并没有抱怨和放弃，而是埋头研发各类前沿的晶体材料，并不断改进工艺，提高晶体质量。2003 年年底，欧洲核子研究中心与俄方的合作出现了麻烦，调过头来希望能与严东生团队继续合作，并要求在 2008 年 3 月底前将晶体提供完毕。

像晶体一般无任何杂念的严东生首先意识到：LHC 是当代国际

上备受关注的一项造福人类的重大基础科研工程，能参与这项工程的建设，是我国跻身于国际科技前列的又一个极好的机遇，对于发展我国的晶体材料科学与技术、巩固和提高我国的国际声誉都具有极大的意义。因此，他不计前嫌地决定与欧洲核子研究中心 CMS 探测器组就钨酸铅晶体的研究开展合作。在这种形势下，严东生首先想到的是作为一名科学家的责任与使命，不仅要为国际大科学工程作贡献，更顾及的是国家的荣誉与实力展现，使我国材料科学在国际科学界中占有一席之地。因此，他很有魄力地同意了对方"质量严、数量大、时间紧"的苛刻要求。

严东生赴北京贺杨振宁八十华诞时与朱棣文亲切交谈（2002 年，严东生提供）

为此，耄耋之年的严东生直接领导 PWO 晶体课题组。从制订方案到解决工作中出现的各种难题，都亲力亲为，这实实在在地体现了严老长期造就的科学求实精神。生长晶体需要纯度极高的原料，而生长 PWO 晶体用的原料有一段时间质量不稳定，影响到晶体的质量。严东生不放心，就亲自跑到位于江苏昆山的原料生产工厂，向工厂领导和工人师傅说明这个项目的重要国际意义，以引起他们对原料质量的充分重视，并深入到车间现场察看生产情况，与技术人员共同分析引起原料质量不稳定的原因，探讨提高原料质量的各种方案，最终使晶体的质量达到了相当高的水平。

2004年，预生产的250根钨酸铅晶体在欧洲核子中心、意大利、美国等地分别进行性能检测。检测的结论是：晶体发光量比俄罗斯的高20%—40%，综合性能也更佳。这批中国生产的晶体广受国际同行赞誉。德国吉森大学雷纳·诺沃特尼教授说："它所获得的分辨率，据目前所知，在所有经过测试的晶体中是最棒的！"这种赞誉既是给中国材料科学界的，更是对严东生院士人格的极高评价——无任何杂质的明澈的晶体。

2008年3月，上海硅酸盐研究所根据合同向欧洲核子研究中心成功交付了5000多根高质量大尺寸的PWO闪烁晶体。2009年11

丁肇中夫妇到严东生家中拜访（2007年秋，严东生提供）

月，世界上迄今规模最大的科学计划——欧洲核子研究中心大型强子对撞机（LHC）正式运行，开始了人类揭示宇宙起源和寻找质量之源的征程。为感谢中国科学家作出的重大贡献，欧洲核子研究中心特地于 2008 年 4 月向上海硅酸盐研究所颁发了 CMS 晶体奖。

2012 年，寻找希格斯玻色子的努力似乎有了回报。就在这一年，科学家们在大型强子对撞机产生的海量数据中发现了一种未知粒子留下的踪迹，其各项特征与标准模型预言的希格斯玻色子相吻合。2013 年 3 月 14 日，欧洲核子研究组织终于发布了新闻稿：先前探测到的新粒子就是希格斯玻色子。这一消息，尽管连提出这一预测的彼得·希格斯本人也表示"难以置信"，但是 2013 年诺贝尔物理学奖还是授予了彼得·希格斯和弗朗索瓦·恩格勒，以表彰他们对希格斯玻色子（又称"上帝粒子"）所作的预测。

由此，我们也清晰地看到由严东生领衔的中国科学家所从事的

第三世界科学院联合会主席严东生（前排中）与部分主席团成员合影（1993 年，严东生提供）

国际大科学合作项目，已经与世界科学最前沿密切相关了，成果中就有他们的辛劳与合作。令人不可思议的是，在国内外媒体大容量大篇幅报道这项人类科学前沿的研究成果时，却只字未提这项国际大科学合作项目中严东生团队所发挥的关键性作用以及中国科学家团队的杰出贡献，这就太难以让人理解了！是技术理解上的障碍还是不知实情？与科学家的严谨相比，至少媒体人的不踏实也实在令人失望！

其实，严东生团队研发的各类晶体不仅参与了多项国际大科学合作，也为我国的基础理论研究和技术创新屡屡作出贡献。2015 年 12 月 17 日成功发射的我国首颗暗物质粒子探测卫星"悟空"，就携带了他们研发的由高质量 BGO 晶体构建的粒子探测器——BGO 量能器，这是"悟空"最核心的组成部分，它既能测量粒子能量，又能区分粒子种类，也是迄今国际上已知观测能段最宽和分辨率最优的空间探测器，其核心载荷是由 14 层（每层 22 根）共计 308 根尺寸为 $25 \times 25 \times 600$（毫米）的 BGO 晶体构成。每根 600 毫米长 BGO 晶体

我国首颗暗物质粒子探测卫星"悟空"（资料图片）

的两端各耦合 1 只光电倍增管以形成 1 个探测单元，308 个探测单元以相邻两层，以正交排列方式形成辐射探测矩阵。卫星"悟空"有效载荷为 1410 千克，其中 BGO 晶体竟重达 824 千克，晶体占整个有效载荷约为 59%，诚可谓是地地道道的"BGO 晶体卫星"。BGO 晶体毕竟是能与暗物质粒子湮灭产物（主要为高能电子和伽马射线）作用的直接媒介啊！要强调的是，此前国际上已报道最长的 BGO 晶体仅为 400 毫米，因而 600 毫米长的 BGO 晶体的成功研制及运用也创造了生长 BGO 晶体长度的世界纪录。这颗暗物质探测卫星的名叫"悟空"，它应该有火眼金睛，如果把 BGO 量能器比作探测暗物质的火眼金睛，那么 600 毫米长的 BGO 晶体则是"悟空"探测暗物质的"视网膜"，能灵敏抓到暗物质的踪影。如今，这颗暗物质粒子探测卫星"悟空"发射升空已整整一年了，它交出了一份令人满意的答卷：已完成全天区覆盖两次，共捕获 18 亿个粒子，其中 5GEV 到 10TEV 区间的超高能电子数量达到 100 万个。这些超高能电子就可能来自于暗物质的湮灭。科学家认为暗物质和暗能量，是"笼罩在 21 世纪物理学上的两朵乌云"。为什么会有暗物质，呈什么形态，有何种规律……一系列谜底正有待揭开。这项伟大的探索应该是继哥白尼的日心说、牛顿的万有引力定律、爱因斯坦的相对论以及量子力学之后，人们认识自然规律的又一次重大飞跃，它甚至可能颠覆人类对已有基本的物质构成与规律之认识。

尽管 BGO 晶体已在核医学、粒子物理、核物理、天体物理和石油测井等辐射探测领域得到了广泛应用，不过这次硅酸盐所科研人员为"悟空"提供的数百根高质量 600 毫米长的锗酸铋（BGO）晶体，还是经受了一次全新的挑战，因为晶体生长的尺寸越大，其技术难度也越大，而且是按指数倍率增大的。BGO 研发组的科研人员历时两年持续研究与不断尝试，解决了原料处理、生长设备、生长工艺、加工工艺以及性能表征等一系列关键技术与科学问题，才成功制备与量产了这么长的晶体。眼下，上海硅酸盐所成了世界上能研制并量产600毫米长度BGO晶体的唯一供应商，并保持着生长BGO晶体长度的世界纪录。

自1982年开展的国际大科学合作项目，至今已过去30多年了。严东生院士曾思考能否提高钨酸铅晶体的出光量，用在下一代的PET上，其造价比锗酸铋便宜近一半，因为钨和铅要比锗和铋价廉，后者毕竟是稀有金属。

高瞻远瞩谋大略

1955年底，在周总理和陈毅、聂荣臻两帅的亲自指导下，开始了我国十二年科学技术长远发展规划的制定工作。1956年，严东生有幸参与其中。这也是在冶陶所分所前，他参加的宏观管理方面一项

吴健雄夫妇与严东生（左一）、钱三强、严济慈、卢嘉锡等合影（1982年，严东生提供）

重要工作，参与整项规划制定的有两三百人。至今仍清晰地记得：

1949年我国刚解放，应该说是个烂摊子，打了那么多年的仗，抗日战争、解放战争。国民党退的时候，经济上是千疮百孔，直到1955年才恢复。进入第一个五年计划时，国家要建设、要发展，所以要制定56项科技发展规划，非常具体、非常细致，都是与国家发展密切相关的，从机械、电子、化工、材料等各方面规划。我参加其中的一项，大约三四个人，整整规划了五六个月，那年我38岁。这56项科技发展规划都是紧扣国民经济发展的。周总理看了后说：很好，尽管我们没有多少力量和经费，但还是应该有些基础研究。根据他的意见，就增加了第57项——关于若干基础问题的研究。确实很有远见，实践表明这第57项是对物理学、化学、数学等基础理论的研究与发展，是完全正确的。

20世纪60年代初，严东生还先后参与了《科学十四条》和《十年科技规划》的研讨和起草过程。这一系列高瞻远瞩的规划工作，让

严济慈与严东生合影（严东生提供）

他的科学视野更开阔，思考问题更高屋建瓴，处理问题的方法也更辩证、更周全了。严东生已从一名脚踏实地的战术型科学家嬗变为胸有雄才谋大略的战略型科学家了。

最令严东生终生难忘的是有机会出席的1977年夏天的一次不平凡的会议。那是"四人帮"倒台之后的第二年8月初，具体讲就是8月4日到8日。

我们是在北京，我虽然是上海的研究所所长，但那时中国科学院也在考虑如何恢复工作，找了两三百位所长在北京商量。就在这时，通知我说有重要会议，要我8月4日去人民大会堂。到了大会堂才知道邓小平同志来了。邓楠作他的翻译，坐在他边上，因为他耳朵有点背。这是一个三十人的座谈会。"中央要我出来工作了，我想先了解一下教育和科学方面的情况。时间不限，大家尽量讲。"小平作了简洁的开场白后，就听大家讲。经过十年"文化大革命"当然有很多话要倾述，有人就讲了"文化大革命"中遭工宣队、军宣队迫害；人才不仅不用，还被骂、被斗，甚至体罚；有人反映学生都被赶掉了，科研没法开展了……这些都是十年来经历的事实，小平插话："你们再提提我们应当怎么办？"会议开了九个半天，大家说了很多看法，提了很多意见，并互相补充。

小平不时插话，在提问、倾听后，很多事情当场拍板。譬如，科技人员、知识分子经过这些年都灰溜溜的，尽管想工作但没人敢工作，情绪非常激动，如何鼓舞大家以建立信心，重新发挥作用为国家建设出力，为此应该召开一个全国的科学技术大会，至少1000人的规模。小平说：这个建议好，1000人不够，开5000人的科技大会！这就是1978年3月18日在北京召开的全国科学技术大会，被郭沫若院长称作"科学的春天"的大会。第二件大事是关于派出去请进来的问题，以往十几年甚至更长时间，我国与国外基本断绝来往，东方苏联对我们封锁，西方我们又不愿接触。小平当场拍板，要派出去，要请进来，与国外建立学术联系与合作。既派访问团，也派访问学者，还要请国外专家来讲学。1978年，我就参加了访问团去欧洲，1979年去了美国。此后，中国科学院与主要的国外学术团体都相继签署了双边合作协议，如跟英国皇家学会、跟瑞典的皇家科学院等都建立了联系，还跟美国科学院、美国工程院签署了合作协议。第三件事就是恢复高考。十年动乱期间先是不让学，后来变成推荐工农兵学员。当时已是8月份了，大家说推荐工农兵学员不能保证教育质量，教授们当时也没有上课的积极性，这个状况一定要改变，要恢复高考。当时教育部的刘西尧提出今年的工农兵学员推荐工作已解决了，9月1日就要开学，明年再说吧。大家一致认为"不行"，再拖下去是对教育不负责。小平当机立断："推荐"作废，高考推迟，1978年招生两次——年初招生一次；秋季再招生一次。1979年恢复正常高考。1978年初招的那一届算1977级。第四件大事是改革开放，对外开放，这个思想延续至今。我去科学院工作最主要的任务就是科学院的改革，面向国民经济，产学研相联系。也就是科研既要有基础

中国科学院副院长施尔畏、上海分院院长朱志远看望严东生（2015年，严东生提供）

研究，也要有应用研究，要与生产实际相结合。

这些应该说是座谈会主要的几个议题，小平同志都当机立断，有些马上执行，有些是长期在执行。如召开全国科学大会，其效果是立竿见影的。那时中国科学院郭沫若院长尽管身体不太好，但还是作了书面发言——《科学的春天》。自"反右"到全国科学大会，跨越了20年，知识分子已完全丧失了信心，"科学的春天"这一说法确实恢复了大家的信心，尤其是科学大会还颁发了科技奖，激励了广大科学家。至今想来，小平同志在会议上讲了这样几句话是最重要的："科学技术是生产力""知识分子是劳动人民（工人阶级）的组成部分""我愿当科技界的后勤部长"。全国科技大会以后，科技界的热情就起来了。

这么一大段话语，严老至今都是一口气讲出来的。可见，这次战略性的重要会议给严老留下了多么深的印象！

严东生与杨振宁院士、张可南在人民大会堂出席国庆招待会（1984年，严东生提供）

老骥伏枥志千里

打倒"四人帮"后，严东生的工作是紧张的，而心情是舒畅的。1978年严东生任中国科学院上海分院副院长；1981年初又被选为中国科学院副院长，担任常务工作；1984年初被任命为院党组书记兼第一副院长；1987年起任院特邀顾问。

总的来讲，从1981年到1987年这六年中，我主要做了三件事：一是以学部委员为主约请同行专家，对全院各研究所的方向及主要任务进行了评议；二是打破过去封闭的局面，与所有主要国家的主要学术团体建立了合作关系，大批科学家走上了国际科学舞台，促进了科学的发展；三是拟定改革、面向经济发展的方针和措施。在院党组的领导下，经过酝酿和讨论，多次向党中央、国务院汇报、请示，于1984年提出了第一份中国科学院进行全面改革的汇报提纲，经中央

在中国科学院写报告（时任中国科学院党组书记、常务副院长，1984年，严东生提供）

书记处和国务院批准在全院试行，迈出了改革第一步。

对于严东生来说，"持之以恒、推陈出新"不仅是他的治学原则，也是他为人处世的准则和科学管理的心得。作为一名材料科学的泰斗，他不仅在科学道路上披荆斩棘，在关心环境、造就人才和发展经济诸方面也总怀着一颗赤子的拳拳报国之心。

从科学院领导岗位退下来后，严东生作为全国政协常委兼任科技委员会的副主席，开展了一系列科学调研与咨询工作，依然忙得不亦乐乎。

严东生曾组织了20多人的全国调研组，主题是科技与经济。调研组到全国各个地方，包括西北、西南、华东、华北、东北等地了解情况，决策咨询，并撰写了若干份调研报告。其中1989年完成的一份调研报告叫做"依靠科技发展国民经济作为一项基本国策"，递交给中央，这是在十四大之前。十四大提出了"科教兴国"和"可持续发展"作为基本国策。第二项调研是国有大中型企业转制问题，主要

严东生在实验室为研究生讲课（1992年，严东生提供）

涉及国有大中型企业运营机制和市场的关系。第三项是关于民营企业，主要是看到深圳和广东东莞、顺德、佛山等，很有生气，规模也不小，诸如华为。对大型企业和民营企业科技转化做些调研。整个时间跨度大约是1988年至1992年。

1996年，由上海的院士和南京的院士发起，再联合浙江的院士，组成以院士为主的关于长江三角洲的可持续发展战略的考察与调研。由严东生任组长，任美锷院士任副组长，1998年还出版了一本调研报告。当时分了几个组，基础设施组由严恺任组长，产业发展组严东生是组长……调研了两三年。三角洲地处黄金海岸、黄金水道，成了中国经济发展带，上海又处于发展带的核心，如何起到对内地的辐射作用、转移作用和推动作用？长三角地区土地面积仅占国土面积的6%，而GDP却占全国的15%，税收约占22%。要让长三角地区更有序地发展，工业结构等方面还有不少问题有待解决，尤其是投资雷同、重复建设、内部无序竞争、没有形成对外的强大力量、内耗使外

严东生与林祖纕、郭祝崑讨论材料相平衡理论的研究（1985年，严东生提供）

国有机可乘……长三角地区完全可发展得更快更好，但污染，尤其是水的污染、空气污染（二氧化碳、二氧化硫、酸雨、沙尘等）也成了一个大问题，在发展生产的同时，必须对环境治理有相应的投入。

应该说，由严东生领衔的调研与咨询都对相关问题的解决起到了较大的推动作用。

在宝钢建设30周年之际，90岁高龄的严老也有无尽的感怀。毕竟他与宝钢风雨同舟过，留下的那段经历至今难以忘怀。

1979年末，在上海市科协的支持下，宝钢成立了由各学科专家组成的顾问委员会，为企业出谋划策。时任中国科学院上海分院副院长的严东生是"智囊团"成员之一。"宝钢建设可谓命途多舛。桩基位移问题、下马风波等，都将宝钢建设推到了风口浪尖，牵动着所有顾问委员的心。"严东生的态度十分坚定：国家的强盛和发展，离

严东生向方鸿辉介绍《长江三角洲可持续发展战略》（2007年，项先尧摄）

九十华诞的喜悦（2008 年，江祥新摄）　　　两位宝钢顾问——李国豪与严东生
（严东生提供）

不开钢铁材料的支撑，尤其是我国刚刚走出十年动乱的阴影，百废待兴，大力发展钢铁业是经济建设的必然选择。1981 年初，中央对国民经济进行调整，提出要压缩基本建设，宝钢工程的"上马"与"下马"引起了一场激烈的论战。在宝山宾馆的一次论证会上，有关领导提出"两板"装备退货、二期工程停建，国家计委要求宝钢贯彻调整方针。作为首席顾问的李国豪和副首席顾问的严东生在进行了严谨的调查后提出：不能就宝钢论宝钢，要从国家发展全局论宝钢；不能从零开始论宝钢，要从现状论宝钢；不仅要从"钱"看，更要"向前看"。实事求是的论证受到国家领导的高度关注，国务院最终采纳了顾问

委员们的意见。那年8月，国务院决定续建宝钢一期工程。宝钢人在创业初期面对种种坎坷所表现出的不畏艰难、持之以恒的精神，为高起点、高速度、高质量地建设宝钢提供了无穷的动力。宝钢投产后很快就实现了盈利，而且自筹资金建设了三期工程，大大缓解了国内紧缺钢材的供求矛盾。特别是管线钢、汽车钢板等一批高附加值、高技术含量的钢铁精品的问世，为替代进口、满足内需作出了较大的贡献。

每年来宝钢，严东生都能感受到宝钢的变化："如果我们的钢铁企业都能像宝钢一样拥有长远的战略眼光和科学的管理模式，管理水平和发展速度还会大大提高。宝钢除了提供优质钢材外，还走出了一条科学发展的道路。宝钢在实现规模发展的同时，打造精品的传统不能丢，这是宝钢安身立命的根本。宝钢也一定有能力实现新的跨越！"

其实，耄耋之年的严东生院士自身不也在不断地实现新的跨越吗？

严东生在香港理工大学与吴大猷接受名誉博士学位后同潘宗光校长（中）合影（1993年）

（本文初稿写于2007年，2016年作了补正）

中国人搞出的理论，首先要为中国人服务。

吴仲华

（资料图片）

吴仲华（1917—1992）工程热物理学家。出生于上海，祖籍江苏苏州。1940年毕业于国立西南联合大学。1943年考取清华庚款留学美国。1947年获麻省理工学院科学博士学位。毕业后入美国国家航空咨询委员会刘易斯喷气推进中心任研究科学家，专事航空发动机基础理论研究。1954年回国后历任清华大学动力机械系副主任，中国科学院动力研究室主任、力学研究所副所长，中国科学技术大学物理热工系主任，中国科学院工程热物理研究所所长。中国科学院主席团执行主席，兼任全国人大常委会委员，中国航空学会理事长，中国工程热物理学会理事长，《工程热物理学报》主编。1957年选聘为中国科学院学部委员（院士）。1950年发表的《轴流、径流和混流式亚声速与超声速叶轮机械中三元流动的通用理论》引起国际学术界重视，后被定名为"吴氏通用理论"，其中的基本方程定名为"吴氏方程"。60年代又提出使用任意非正交速度分量的叶轮机械三元流动基本方程组，已被国内外广泛用于先进航空发动机设计中。研究并发展的整套亚、跨、超声速叶轮机的计算机方法与程序，也为提高能源整体利用水平作出重大贡献。相继获国家自然科学奖二等奖、中国科学院科学技术进步奖一等奖，中国机械学会金质奖章等多项奖励。成功组织实施"叶轮机械与能源利用设备的研究与发展"UNDP项目（1986—1990）及国家自然科学基金"工程热物理中关键问题的研究"重大项目（1987—1991）等。出版多部能源利用策略专著。培养了大批杰出工程热物理学专家。1992年9月19日逝于北京。

191

我们在那里（在美国留学）的目的是学点东西，学点工作经验，回来好报效祖国嘛！

李敏华

（资料图片）

　　李敏华（1917—2013）　固体力学专家，中国塑性力学的开拓者。出生于江苏苏州，祖籍江苏吴县。1935年考入清华大学，1940年从国立西南联合大学航空系毕业后留校任教。1944年与丈夫吴仲华共同赴美留学，就读于麻省理工学院机械系，1945年获硕士学位，1948年获博士学位，是麻省理工学院工科方面第一位女博士。1945年进入美国国家航空咨询委员会（NACA）路易斯发动机研究中心任研究科学家。1952年任美国布鲁克林理工大学机械系研究教授。1954年回国后在中国科学院数学研究所力学组以及中国科学院力学研究所任研究员、固体力学研究室主任，兼任中国力学学会常务理事、副秘书长，航空学会常务理事，《力学学报》《航空学报》和《固体力学学报》编委以及中华全国妇女联合会执委等。长期从事塑性力学研究，在塑性问题的解析方法、结构强度、疲劳失效机制等方面均作出重要贡献。在航空航天方面，领导了为新研制的复合材料试件进行高温试验以及瞬态加热加载材料实验机的研制工作，承担航空发动机故障分析，以及喇叭形涡轮轴在扭矩作用下的应力分析。先后在国内外学术期刊上发表数十篇论文。除科研工作外，还为清华力学班开设力学课程，并任中国科学技术大学力学系固体力学教研室主任，讲授《塑性力学》课程。相继培养了几十名博士研究生。1980年当选中国科学院学部委员（院士）。2013年1月19日逝于北京。

学成了就得为家乡效力

——吴仲华与李敏华的故事

（一）

吴仲华院士 1917 年 7 月 27 日生于上海，祖籍是江苏苏州。

苏州吴氏在史上曾被称为"吴中第一世家"，其中的"桐泾支"因在清朝曾出过"叔侄状元"——吴廷琛（1773—1844）和吴锺骏（1798—1853）而知名。按辈分，吴仲华是桐泾吴氏的第九世，是吴廷琛的六世孙。桐泾吴氏家族中有多人或为官宦或为名医，确实是"不为良相，便为良医"。厚重的家学渊源对后辈的成长起到了潜移默化的影响，吴仲华便是获益者之一。吴仲华的父母亲都受过良好教育，知书达理，思想开明，为人也都很随和，他们说话都很风趣，要求子女必须勤奋读书。吴仲华兄弟姊妹共四人，他排行老三。全家人和睦相处，大家说着一口吴侬软语，遇事也都心平气和。吴仲华从小养成了努力学习、认真做事、勤俭节约的好习惯。语言虽软，但性格很硬，属于中国人常有的那种刚正不阿的脾性。

吴仲华跨入中学，就求学于上海的格致公学，该校前身是建于 1874 年的格致书院。由英国人创办，但主持书院的中方人士有徐寿、华蘅芳、王韬、徐建寅、赵元益、马相伯等，他们都是关切国事、革新教育、发奋著述、有爱国情怀的科学推崇者。尤其是在 1915 年改为格致公学后，师生历经中国政局变幻、抗日战争爆发等时艰，以及租界教育向民国教育体系的演变，校方相当重视对学生进行缅怀前贤、爱我中华的教学活动，让学生融入以历史文化名人命名的"四院"氛围：弘扬科学的"（徐）光启院"、传承语言及经学的"（王）念孙院"、学习历史及地理的"（顾）炎武院"、拓展文学的"（归）有光院"。

16岁后，吴仲华转入了南京的金陵中学，直至高中毕业。

应该说，这两所中学都是我国知名的中等学校，为吴仲华日后的学术发展打下了扎实的知识与厚道的为人之基础，并养成了良好的学习习惯。1935年，他顺理成章地考入清华大学机械系。

吴仲华既喜爱读书并努力求学，也爱好音乐与艺术，曾是清华学生乐队的第一小提琴手，将"学"与"术"很好地融合了起来。清华求学时期，正值帝国主义列强瓜分中国之时，落后挨打与民族危亡的现实深深地镌刻在他的心中，也就很自然地与当时许多有抱负的学子一样会选择"理工救国"的道路。1937年的卢沟桥变后，华北之大竟放不下一张平静的书桌，清华大学、北京大学、南开大学等名校被迫南下，吴仲华也随校南迁，迁至湖南长沙组成了临时大学。不久，南京也沦陷了，迫使临时大学的学生纷纷投笔从戎。当年，国民政府筹建的机械化部队，在湖南开办了陆军交通兵辎重兵学校。为了参加抗日，吴仲华与机械系大部分有担当的学子都进入该校，企望练就了驾驶和修理卡车、装甲车的技术后，尽快走上抗日前线。经一年多的学习与实践后，便在机械化部队短期服役，但该部队并不上前线，令热血的吴仲华深感失望。当时，清华、北大和南开所组成的临时大学再度南迁至云南昆明，成立了国立西南联合大学。

经反复思考与权衡后，吴仲华最终还是于1939年选择返回位于昆明的西南联大继续深造，直至1940年毕业，留校任教。

必须补充的是在清华大学读一年级时，吴仲华已认识了同级女同学李敏华。

国立西南联合大学校门（资料图片）

李敏华也是苏州人。1917年11月2日生于江苏吴县一个大户人家。一方水土养育一方人，人杰地灵的吴越之乡所孕育的李敏华自幼表现了出众的聪明伶俐与活泼可爱，父母便将她送入享有盛誉的苏州振华女校（现为苏州第十中学）求学，以后又随家迁居上海，进入第一所国人自办的女子学校——务本女子中学（现为实验型高中"上海市第二中学"）。在传统"女子无才便是德"的思想禁锢中，李敏华的父母却很开明。当然，这也得益于李敏华聪颖的天资。她的学习成绩一直名列前茅，按眼下的流行说法属典型的"女学霸"。1935年，她也顺顺当当地考入清华大学化学系。两年后，又转入航空工程系。1940年毕业于西南联大航空系后也留校任教。

上苍将这两位志同道合的爱国青年撮合在一起，毕竟他们都有共同的"理工救国"之抱负，心领神会，相见恨晚。其间，自然还有很重要的一座桥：李敏华会弹钢琴，吴仲华会拉小提琴，一边欣赏艺术之美，一边沟通人生的真谛，逐渐由互相认可到产生爱慕之情，1943年他们结成了伉俪。在日后数十年的共同生活与工作中，荣辱与共，相濡以沫，学术上你追我赶，生活上相互关照，以后又先后被选为中国科学院的学部委员，这些都成了中国科学史上的佳话。

悲歌向前，读书救国的西南联大师生用行动表达了生生不息的民族情怀（资料图片）

（二）

自1933年起，清华大学便公开向全国招考第一届"庚子赔款"留美公费生，以后连续三年招考（共四届），故留学人数逐年增加，1935年那一届的报考人数竟达1033人之众。1937年抗日战争全面爆发，国民政府宣布限制留学的暂行办法，招考工作一度中断。1941年后虽恢复，留学人数却跌至谷底，全年只有57人应考。以后又招考了一届，清华留美公费生招考工作就停止了。因此，清华大学"庚子赔款"留美公费生总共招了六届，先后录取了131人。1942年年中举行的清华第六届"庚子赔款"留美考试，吴仲华也参加了，属于赶上了"末班车"的学子。考完后他根本不知道能否被录取，也无法预料何时可公布考试结果。六届"庚子赔款"留美考试的竞争都十分激烈，每届考试录取20名左右不同专业的本科毕业生，每个专业往往只录取一名。如此激烈的竞争必然导致试题难度的逐届递增。当年考试的科目除国文和英文外，还有专业科目，如微积分、物理学、力学、机械设计等。清华第六届"庚子赔款"留美公费生录取名单中列出了22名佼佼者，包括杨振宁（物理学）、白家祉（机械制造）、黄茂光（动力工程）、洪朝生（无线电学）、沈申甫（航空工程）等，吴仲华也赫然在目，专业是农具制造。不过，那份榜单的正式公布已被后延至第二年（1943年）了。

那年头，李敏华所患的肺结核病日益严重，体质越来越差，虽然在打空气针以压住左肺，却并无疗效，体质更弱了。1943年与吴仲华结婚后，李敏华遂即停止了申请公费出国留学的准备，以减轻身心负担，企望用增加休息来恢复体力。同时，她又打算申请自费留学，既期望获得专业的继续深造，也期望能留学美国得到更好的治疗。应该说，他俩都期望尽早赴美留学。当时，国民政府也确实放宽了留学生管理办法，凡是获得了外国学校入学证明的，皆可申请留学护照。同时也提供了极为优惠的留学生外汇汇率。这样，就不必一定要事先获得美方奖学金的名额，就可以自费赴美留学了。当年鼓励留学的政策，为吴仲华和李敏华提供了很好的机遇。他俩先行各自申请了自费留学护照，很快得到批准。于是，尽快把所有能值些钱的东西都卖掉，甚至包括吴仲华那把珍爱的小提琴和一部收音机等，均换成了外汇，真到了"砸锅卖铁"的地步，他们很快就筹齐了起码的出国费用。

就在吴仲华幸运地获得留美公费生名额的同时，他俩就在1943年11月底离开昆明踏上了赴美留学的旅程。途经缅甸、印度加尔各答，然后搭乘轮船，绕过澳大利亚南部向东北方向折转，再经巴拿马运河，抵达美国东部。当他们从纽约上岸时，已经是1944年的2月份了，整整漂泊了三个月。这段横跨太平洋的旅途，是常人难以承受的，毕竟这是一艘美国的货运船，它是将物资运送到亚洲后返航，顺带旅客回美国的。当时，珍珠港事件已经爆发，太平洋也成了战火纷飞的战场，美国的货轮属日本空军和潜艇日夜搜寻的攻击目标。为安全起见，全船实行军事管制，只允许在规定的时间开放圆形的舷窗以通风。人们难以想象，李敏华当时不仅患有肺结核，而且已身怀六甲，连上舷梯都需要吴仲华在后面托扶着，她却敢于颠簸在大浪滔滔的大洋之中以抓住负笈美国的机遇。下船不久，李敏华就被送入医院，产下了长子吴明。几十年后，当李敏华给儿子吴明说起这段经历时，十分轻描淡写地说："那时，船上所有人都呕吐不止，只有我一个人例外，也许是我早就吐光了……"这句俏皮的话倒是李敏华特有的"似弱却强，柔中有刚"的江南女子气质的真实写照。表明了当她决意到大洋彼岸凌空高翔时，任何困难都难以阻挡她坚韧的翅膀。

从此，李敏华与吴仲华一起在麻省理工学院（MIT）这座世界知名的高等学府里攻读博士学位。原本以为祖国是农业国，发展农业机械化是当务之急，但那年该校不再招收这个专业的研究生，因此吴仲华只能改学内燃机专业。

关于在美国读研究生，李敏华有一段自述：

1944年2月抵美，休养至7月，入麻省理工学院研究院，进修工程力学（因为那时该校研究院航空系飞机结构方面的课程与导师情况远不如机械系工程力学方面的好，并且工程力学以飞机结构为基本，将来应用会较广）。1945年修毕工程力学硕士。那时健康大部恢复，只是体质较弱而已。就继续进修工程力学博士，1948年完成。在这四年的初期，我们有了两个孩子。因此，对我的工作负担增加极多，对经济负担也增加不少。同时很多人觉得女子在结婚后不能也不需要念书。所以在这种经济和舆论的双重压迫之下，度过这个时期确实很不容易。但是，我选择学习工程和我赴美留学的原因是很清楚和肯定的，是那么多年的实际环境所造成的，因此我的意志很坚决。

吴仲华、李敏华夫妇在麻省理工学院留影（吴仲华提供）

作为"上海男人"的吴仲华，确实很能体贴妻子，为了支持李敏华的攻读，他主动承担了大量的家务，尤其是在有了两个孩子（二儿子吴定1945年也在美国出生）以后。于是，出现了两人只能轮流上课的戏剧性场面，毕竟各自的学习与科研都很重要。他们那时的住房靠近学校大礼堂，每当下课铃声响起时，两人就赶紧换班，分别奔向教室与家中。一位资深教授回忆当年他俩求学的劲头，深有感触地说："一位小个子女孩竟然打败了所有男孩……"这位小个子女孩，指的就是李敏华，因为她的工程热力学课程的成绩是全班最棒的。

日后，李敏华在各种场合都反复提及吴仲华对她学业与事业的一贯支持："我们两人一边管小孩一边念书，仲华非常支持我。因为我念书的目的是为了将来更好地工作，他也是为了这一点。我读博士时，有人对他说：你劝劝她，就别念了，有了孩子啦！但他不仅没有劝我休学，还支持我、帮助我。家务事，都由他管了，连照顾小孩，他也帮我。这样，我俩一边念了两个博士，一边照管着两个孩子。我们在那里的目的是学点东西，学点工作经验，回来好报效祖国嘛！"心底如此坦荡，目的如此清晰，说得又如此实在，但生活的步履又是如此艰难。

吴仲华接受记者采访（源自《永恒的回忆——纪念吴仲华先生诞辰九十周年》）

1988年，吴仲华在接受美国记者杜开昔采访时曾表示："我们当年出国与现在的年轻人不一样，Background差别很大。我们出国前一直是受外国的侵略，最厉害的就是日本。'九一八''八一三'，我们当时在北京，他们打进北京来了。我们的爱国主义比现在的年轻人要强一点。"国难当头，匹夫有责，莫忘国耻，强我中华，就是那一代学子强烈的抱负。

1947 年吴仲华以优异成绩获科学博士学位，李敏华也于 1948 年成为麻省理工学院航空系第一位女工程博士，这是破天荒的。据统计 1909 年至 1949 年，从清华大学毕业后有机会留学美国麻省理工学院的总人数为 228 名，其中在该院获得博士学位的只有 33 人，而李敏华和吴仲华夫妇便是其中的两位！像他们这样能夫妻双双均成为麻省理工学院博士的情况更是罕见，李敏华又是唯一的女性工学博士，这是一项值得载入史册的记录，这在美国学术圈也曾引起过不小的震动。

为了取得科研工作的经验，毕业后他俩先后应聘到美国航空咨询委员会（NACA，为美国宇航局 NASA 之前身）刘易斯喷气推进中心任研究科学家。由于他俩都没有加入美国国籍，作为外国人要在那里工作，必须经过严格审核并由美国国会批准，当年仅有四名外国人获准，他俩就是这四位中的两位。由此也可见，他们各自的学术造诣之深。

有关留美工作一段时间，李敏华有一段自述："1947 年春，我的爱人吴仲华在麻省理工学院完成博士学位，而正好那时美国 NACA 需要有博士学位的人做研究工作。吴仲华与航空研究所派来麻省理工接洽的负责人（物理学博

李敏华获得博士学位后在麻省理工学院校园留影（1948 年，李敏华提供）

士 Dr.Batdof）面谈后，他很欢迎吴仲华去工作，并且知道我正在做博士论文后，期盼我能在完成博士学位后也立即去该所工作。那时国内非常混乱，蒋介石政府腐败到极点，解放战争刚在东北开始，我们认为除非能回国直接参加解放战争，不然就在美国学些实际研究经验，对于将来回国参加建设会有帮助。于是，我们决定在航空研究所做一段短期的研究工作。我们觉得自己已经在所学的方面花了很多时间，仍继续往这方面努力，也许成效可大些。"

吴仲华原有志于传热研究（诸如叶片冷却）。可是，喷气推进中心希望他从事叶轮机械流动理论的研究。于是，他立即转向于复杂流体动力学研究。经过两年多努力，1950年冬，他在纽约美国机械工程师学会的年会上宣读了论文——《轴流、径向和混流式亚声速与超声速叶轮机械中三元流动的通用理论》，之后又陆续发表了一系列科研论文，并于当年创立了国际公认的"叶轮机械三元流动通用理论"，被学界公认为"吴氏通用理论"。20世纪90年代美国机械工程师学会国际燃气轮机学术大会评论：在50年代初期，国际叶轮机械界曾发生过两件大事——计算机的发明和叶轮机械"吴氏通用理论"的创立。后者促进了叶轮机械的发展。这两件事又是密切相关的，是吴仲华教授开创了"叶轮机械三元流动数值仿真"之先河。从此，叶轮机械的设计与制造得到了蓬勃的发展。

这几句话该怎么理解呢？

我们知道，对航空发动机核心的风扇、压气机、涡轮等叶轮机械流动的研究，直到20世纪40年代末，还一直沿用通常空气动力学中的飞机机翼孤立叶片的模型。也就是说，只能计算叶片平均半径处进出口气体流动参数的变化，不能计算叶片的扭转、弯曲，也没能考虑叶片间的相互作用，对于叶片数量众多的叶轮机械就不完全适用了。为此，必须针对非常复杂的叶轮机械流动状况，创建全新的理论模型，推导相应的数学方程，并给出可以数值求解的基本方程和求解方法。叶轮机械内部流动控制是非线性程度很高的偏微分方程组，求解难度很大。那时，世界上第一台电子计算机刚问世不久，人们对它的重要意义和巨大潜力还认识不足。吴仲华却看到了它的潜能，毅然抛弃了传统的求解方法，勇敢地迈上借助计算机的数值求解之路。毫无疑问，吴仲华也成了国际上从事大规模科学计算的开拓者之一。其实，对于如此复杂的方程组，数值求解是十分困难的。要把非定常性、黏性和三维性这三个因素都准确考虑，即使在今天仍然是不可能的。吴仲华极具智慧地根据叶轮机械内部流动的主要特点，提出了简化的物理和数学模型，实现了数值求解，着重考虑流动的三维性，并兼顾黏性，把求解叶片中的三维空间流动转化为求解一系列流面上的二维流动，以降维的巧妙方法，建立起叶轮机械内三维流动基本方程与两类流面上二维流动基本方程之间的关系，最后得到三维流动的收敛解。其思维创新的闪光之处在于能恰当地引入一座桥梁——流面偏导数。这个理论的建立，可以清晰地表述叶轮机内部流动的特点，对于进一步研究其他内部流动现象也是很好的借鉴和突破。

应该说，吴仲华在"叶轮机械三元流动通用理论"的创建过程中，巧妙地将丰富的艺术想象力、清晰的物理概念、严格的数学演绎、方便的工程应用，完美地结合在了一起，全方位地展现了工程科学之美。要知道，那年吴仲华才三十刚出头！若要说"创新"，这属完美的经典。

朝鲜战争爆发后，中美两国成为"敌对"国了，骨子里深深爱国的夫妇俩决定再也不能为美国军方服务了。当得知中国代表伍修权到联合国作报告时，吴仲华专程前去旁听了。第一次在国外听到了新中国代表的声音，吴仲华夫妇兴奋不已，接下来的行动就是尽快回国。为此，他俩相继辞去了在刘易斯喷气推进中心的工作，转入纽约布鲁克林大学机械系任教授。

（三）

1954年8月1日，趁星期日纽约机场的移民局办事处照例关门之机，全家（夫妻俩携两个孩子）以赴欧洲旅游为名，悄悄地离开了美国，取道英国、瑞士、奥地利、捷克斯洛伐克和苏联，绕过了大半个地球朝祖国进发。

他们的想法很单纯——学成了就得为家乡效力。

吴仲华朴实地表示："中国人搞出的理论，首先要为中国人服务！"道理就这么简单。

关于他俩决定回国工作这件人生大事，在回国后的1955年5月李敏华提交的《自传》中是这么表述的："虽然我们（当年在美国）的工作地位及条件都很好，虽然我们的工作性质很适合，虽然我们的私人生活很富裕（我们的收入远超过美国薪水阶级家庭收入的平均值），虽然美国政府对中国学生离美的阻挠极严，但我们没有忘掉使我们决定学习工程的主要原因，没有忘掉在学生时代所目睹的一切事件。我们更清楚地看出新中国的一切是中国人民盼望已久境地的实现。所以我们坚决地试探及进行了很多有可能性的离美计划。"

1954年底，吴仲华阖家四人回到了阔别17年的北京。

清华大学、北京航空学院都热诚地聘请吴仲华去任教，最后他应了他的老师——清华大学副校长刘仙洲教授的邀请，到清华动力系任教授、系副主任，当然也有回报母校的心理动因。李敏华则因专长于塑性力学，进入中国科学院力学研究所。

李敏华在实验室（李敏华提供）

　　1956 年，吴仲华在清华大学创建了全国第一个燃气轮机专业，任教研室主任。同年，又与中国科学院合作，创建了中国科学院动力研究室，任研究员兼室主任，加强教学与科研的合作。动力研究室的研究方向是燃气轮机（包括航空发动机）、冲压发动机（应用于导弹）、内燃机等。

　　吴仲华教授为人处世都很踏实，一旦从事教育，就一丝不苟地重视人才的培养，他亲自制订教学计划、亲自撰写讲义、亲自授课；他强调基础理论的重要性，要求学生除了加强数学、力学基础外，特别强调要学好工程热力学、流体力学、传热媒质学、燃烧学等专业基

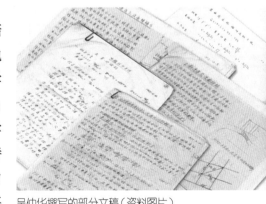

吴仲华撰写的部分文稿（资料图片）

础课。他还固执地要求所有年轻教师、科研人员与学生一起听课，都要上习题课并按时交作业。他当然也十分重视实验室的建设，亲自兼任实验室主任，先后建立了包括叶栅风洞、小型燃气轮机等实验装置。此外，他也重视举办各类短训班，以尽快造就更多人才，为国家服务，甚至多批次派送退伍军人、工人到航空发动机厂接受培训，培养了一批有真才实学的实验技术人员，从而组建起一支知识结构合理且配套的科研队伍。清华大学燃气轮机专业第一届毕业生的毕业设计课题是真刀真枪的海军舰用燃气轮机，成果相当出众。1957年，吴仲华热忱邀请从美国回来的吴承康、吴文、葛绍岩先生，以及从苏联回国的纪家驹先生等到动力研究室工作，并率先在清华大学动力工程系招收学位研究生。由吴仲华提出并经中国科学院领导批准，从动力研究室派出了首批八名留苏研究生，以后又派出了几位科研人员赴苏联、捷克等国留学，这些人员学成归国，均逐步成长为中国工程热物理学的科研骨干，包括中国宇航科研的领头人。现在我们回过头来统计，发现由吴仲华及李敏华两位学者所培育的学生真的桃李满天下，日后获得院士头衔的人数也是最多的。

1957年，吴仲华同吴文俊、钱学森、郭永怀等18位科学家被增补选聘为中国科学院学部委员，也是当年被中国科学院技术科学部增补选聘的两名学部委员之一（另一名是桥梁工程大家汪菊潜先生）。同年，李敏华和吴仲华的研究成果又分别获得了1956年度国家自然科学奖三等奖（李敏华获奖项目名称为《塑性大应变的轴对称平面应力问题在金属硬化区的解法和一般性结果》）和二等奖（吴仲华获奖项目名称为《燃气轮（机）的研究》）。1957年1月25日出版的《人民日报》对李敏华和吴仲华两位的学术成就作了简单介绍。对于李敏华，是这样写的：

女力学家李敏华研究了塑性力学中正在发展的"一般性大应变

问题"。她从形变理论出发，研究了轴对称的平面应力问题，在求解方法上有新的创造，大大改进了前人的试验法和逐步接近法。作者在这方面的计算结果可以在机械设计上得到应用。

而对于吴仲华则写道：

动力学家吴仲华是1954年底才从美国回来的。他得奖的六篇关于燃气轮机的论文中，有三篇是归国后不到两年的时间中写成的。他提出了新的燃气热力性质的计算方法和叶栅的设计方法，对燃气轮机的设计和燃气轮机的发展有重要贡献。燃气轮机由于体积小、质量轻、效率高，所以已经成为现代航空上最重要的动力机械，并且正在向发电、机械、船舶、汽车等方面迅速扩大它的应用范围。

回国后的这段时期，除了高强度的科研与教学工作，吴仲华还被指令参加"全国科学发展规划"的制定。他倡议建立动力工程基础学科——工程热物理学科，得到参与规划制定的专家们一致赞同。1958年，中国科学技术大学成立，他又兼任起物理热工系（设三个专业）的主任，并创建了工程热物理学专业。

然而，对刚回国的吴仲华来讲，要理解当时连续开展的一系列政治运动，这位"政治上很不成熟"的学部委员实在觉得这是太不可捉摸的"难题"了。1958年全国兴起"插红旗，拔白旗"运动，吴仲华坚持实事求是，直言不讳，认为"大跃进"中某些做法不符合科学精神。由此，他遭到了批判，理由是"保守落后，思想右倾"；他强调基础科研，被批为"理论脱离实际"；他坚持要学生努力学习，被批为"白专道路"……吴仲华似乎一时落得罪恶累累、罄竹难书的境地，自然也就成了重点批判对象，成了当时清华两面"大白旗"之一。1959年，清华大学党委正式为吴仲华平了反，倒让他严酷地经受了第一次政治运动的洗礼。

吴仲华（前排左四）主持工程热物理所压气机试验台技术鉴定会（1982 年，吴仲华提供）

正当他热火朝天地开展科研工作时，却遇到了国家"三年困难时期"，贯彻"调整、巩固、充实、提高"的方针，他创建的北郊基地下了马。1960 年，动力研究室与科学院力学研究所合并，吴仲华任力学所副所长，部分研究骨干被调往火箭研究基地，内燃机研究人员调去上海，航空研究力量被大大削弱了。当时中国航空工业主要依赖苏联提供的米格型飞机图纸生产，但苏联并不提供航空发动机的设计资料，不让进行科研与实验，航空发动机的科研受到了冷落，吴仲华的学问与理论也只能痛苦地被束之高阁。

20 世纪 60 年代初，国民经济状况有所改善，结合当时"歼八"发动机投入生产与装备部队，吴仲华毫不气馁地领导几个研究室与航空部有关研究所建立了全面合作，开展"歼八"发动机摸底、改型研究。正当科研工作稍有眉目时，1964年中国科学院又在这几个研究室开展了"四清运动"的试点，从上到下人人检查，大批资产阶级思想与走资本主义道路，无端地上纲上线，连困难时期多吃了一个馒头，也被批得痛哭流涕；年轻人正常的谈恋爱，也要交待得清清楚楚……人人被整得灰头土脸，须经历多次深刻检查方能过关。作为领头人，吴仲华自然首当其冲，他又一次经历了严酷的政治运动的洗礼。运动结束后，大批研究人员下乡，去山西洪洞县参加"四清"工作队（前后两期耗去了整整三年宝贵时间）。刚回来，1966年又接上了轰轰烈烈的"文化大革命"，这下冲击更大了，科研全面停滞，航空发动机的研究刚起步又夭折了。

在"文化大革命"中，对李敏华的审查主要是在"清理阶级队伍"阶段，就是由"军管会"和进驻"工宣队"发动群众，对在"文化大革命"中以各种名义、各种方式揪出来的地主、富农、反革命、特务、叛徒、走资派、漏网右派、国民党"残渣余孽"等，进行一次大清查。李敏华也被隔离审查，以后还要早上请罪、下午扫厕所和筛煤渣等，还要参加研究室的批判会，接受群众批斗。运动期间，力学研究所的一名中专生在批判李敏华时问道："你的工资有200多元钱，我只有38元钱。你为什么拿这么多的钱？顶我的工资好几倍？"李敏华直言不讳地说："这是分工嘛。"这名红卫兵又发问："你从美国回来，是不是就是要回国拿这么高的待遇？"李敏华笑答："你太小，还不懂。其实在美国，我的收入要比这个高得多得多。"

最使他俩心灵受到煎熬的是两个孩子：大儿子吴明正在中国科学技术大学读二年级，停课后被分配到一个水泥厂劳作。小儿子吴定还在清华大学附属中学读高中，在"上山下乡"的热潮中，于1967年11月底主动报名奔赴黑龙江生产建设兵团。其实，按照当时的政策，吴定是可以不用去下乡插队的，但他坚决要去农村"广阔天地接受再教育"，而且在那里还跟当地一名孙姓的农村姑娘谈了恋爱。1973年，吴定按政策调回北京，被安排进了一家印刷厂，但他决意要同农村姑娘小孙结婚。就在他们正打算结婚的1975年2月，吴定突然高烧不退，很快被确诊为白血病。见吴定的凶险病情，李敏华很恳切地劝小孙："你们暂时不能结婚……万一吴定不在了，我们会把你当作我们自己的女儿一样看待的。"李敏华就是这样，在揪心般疼痛时依然为他人着想。1976年5月底吴定去世，白发人送黑发人，他们是极度悲痛的。但这一系列的磨难，并没能压垮他们。

作为学术权威，吴仲华在"文化大革命"中自然也少不了受到批判。幸运的是，中国科学院的"文化大革命"运动相比高校温和一些，吴仲华受到的人身冲击也就相对少了一些。当时军管队来自空军，他们还是比较能体会航空科研的重要性，也比较掌握政策，使吴仲华只是被象征性地在办公室隔离了几天。至于被抄家，吴仲华家庭自然也免不了，一位工人甚至打了他……这些毕竟都不是他最大的痛苦，最难以承受的倒是航空发动机的科研被完全停顿了。50多岁的他实在无聊，在国内外从没抽过一支烟的吴仲华也学会以吸烟

吴仲华苦闷地吸着烟斗在思考（吴仲华提供）

来消愁，来替代叹息与无助的心痛……这是他回国后第三次经受了无情的政治运动的洗礼。

这一连串的冲击并没有影响吴仲华对祖国的挚爱，也没有动摇他"理工救国"初始信念。1971年，在"文化大革命"中恢复工作后，他就迫不及待地在全国推广"叶轮机械三元流动理论"，不顾当时被诬为"与工农兵上讲台唱对台戏"的危险，在中国科学技术大学举办了全国性的"三元流动理论"讲习班，并亲自授课。"文化大革命"运动结束后，他又亲自组织了一期讲习班，国内近百位高级专家、教授纷纷挤进讲习班，聆听吴仲华的学术思想。他将刚发展的应用任意非正交曲线坐标系统的叶轮机械三元流动理论计算机程序包，无私地提供给国内研究所、高校与工厂，但在与国外合作时，则严守学术秘密。当时，美国空军的发动机主设计师希望到吴仲华实验室考察中国航空发动机设计方法，他断然予以谢绝。

日后，吴仲华又长期去沈阳、西安航空发动机厂，进行发动机改型设计与试验，同时讲解他的"三元流动理论"以及改型设计思想，为工厂与研究所培养了大批人才。他每次去工厂就住招待所，四人一间，吃食堂饭，唯一的"特殊"就是自己带了一瓶酱菜。他与技术人员、工人都建立了非常融洽的关系。由于当时沈阳主副食供应太紧张，每次去沈阳他要为大家带大量的肉、挂面，装满一辆吉普车。难怪师傅都打心

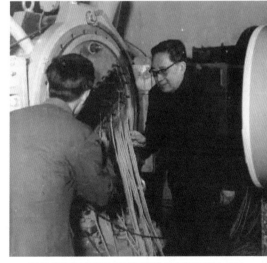

吴仲华在超声速叶栅风洞实验台安装车间（1980年，吴仲华提供）

眼里亲切地称吴仲华为"我们的科学家"。

1976年唐山大地震，大家都住在操场的地震棚，唯独吴仲华坚守在三楼办公室埋首科研。旁人劝他下楼，他说："年龄大了，不怕了！"因为历次政治运动损耗了他太多宝贵的时间，难得有时机可以公开从事研究，再大的危险也就无所顾忌了。他明白：中国太需要自己研发的航空发动机了，再不系统研究它的基础理论，我们将对不起子孙后代！

（四）

一旦气候成熟，吴仲华就在中国科学院力学所内重新组织力量，重新上马航空发动机的系统科研。在他的办公桌上，永远陈列着周总理接见他的照片，耳畔回响着周总理勉励他们夫妇俩多为祖国科研事业作贡献的恳切话语。

"斯贝"MK202型航空发动机（这是由英国罗尔斯－罗伊思公司在20世纪60年代中期研制的涡扇发动机。长5025毫米，直径1093毫米，重1850千克，最大推力54.5千牛，加力推力91.1千牛。这款发动机在20世纪70年代初被引进并仿制，它也曾被大量运用在当时美国最先进的F-4战机上，资料图片）

"文化大革命"结束后，王震副总理主持国防工业，尊重科学，尊重人才，礼贤下士，聘请吴仲华当他的科学顾问，邀请他一起视察中国航空工业，待他为上宾。见他骑自行车上班和外出，便亲自从三机部给他安排了专车。这里不得不插入一个真实的故事，作为科学史的"碎片"供有兴趣的读者思考。

70年代初，中国引进了一批英国罗尔斯－罗伊思（Rolis-Royce）公司的斯贝（Spey）航空发动机。多年后由于国家施行改革开放政策，转向经济发展主线，不少军工项目下马，原计划装备斯贝发动机的运－10和强击机制造下了马，斯贝发动机的仿制工作也停滞了，直到90年代才得以继续进行。因此，这批斯贝航空发动机就无处可用了，被业界戏称"由于出身不好，斯妹嫁不出去啦"！其实，引进这批发动机时，吴仲华还未恢复工作，他根本没有资格参与这件事。可是，后来因为英国方面说明了该发动机设计中应用了中国吴仲华先生的理论，有人就误传这是吴仲华要引进这批发动机的，甚至还误以为吴仲华是英国留学生，故人大常委会也曾将他安排在外事委员会的英国组。真是匪夷所思！

网上也曾煞有介事地流传过一段署名为"一位赴美定居的同学"写的很夺人眼球却又有点离谱的介绍吴仲华的短篇，该文投国人思维之习惯，说得活灵活现，引得不少名人（包括华为的任正非总裁）将其作为励志和强调基础科研重要性的范例，纷纷动情地予以引用……我们不妨也来"疑义相与析"：

飞机的涡轮发动机的F理论，是中国人吴仲华提出的，他是早年曾留学麻省理工的。在50年代，他写了涡轮机械三元流动的方程，并发表了论文。英国按照这个理论做了第一代斯贝发动机。

粉碎"四人帮"后，国家科委主任方毅出访英国时，问英方：我们可不可以引进它（指斯贝发动机）生产，英方说可以呀，方毅很高兴，就站起来向英国科学家致敬。英国的所有科学家都站起来向中方人员致敬，为什么致敬，因为这项技术是中国人发明的。

方毅问是谁发明的？回到中国就查，查到是吴仲华学部委员写的三元理论。于是，赶快让他当国家工程热物理研究所所长，让他穿上西装再出国。

吴仲华是1947年在美国麻省理工学院获博士学位，1954年回国的。

关于吴仲华，我1979年出国前从报纸上看到的版本是：中国从英国进口一批三叉戟飞机发动机，发现资料不齐并有质量问题，向英国厂家提出交涉，英方不予承认。后来聂荣臻元帅找到了吴仲华，要他到英国罗尔斯－罗伊思飞机发动机制造厂交涉。英方一看是吴仲华祖师爷驾到，二话没说，将发动机资料全部补齐。

因为三叉戟的斯贝发动机以及现在最先进的涡扇发动机理论，都是借鉴吴仲华1950年在美国发表的"轴流径流和混流式亚音速与超音速叶轮机械中，三元流动的通用理论"论文的思想来设计的。

……

当高层特许吴仲华参与跟英方的谈判后，英方代表发现这个新来的代表很不一般，对斯贝发动机的原理十分熟悉，很不好对付。于是忍不住请问他的姓名，吴仲华回答道："我是吴仲华！"英方代表闻之，惊讶极了，眼睛也睁大了。突然，首席代表起立，并叫全体代表也站起来，向吴仲华敬礼说："你是我老师的老师。"

谈判由此顺利进行……

应该说这段情节事出有因，不过描述确实太戏剧化了，借用了小说的情景再造手法和语词的夸张之术，难怪会引起不少人共鸣式地疯传。

吴仲华恢复工作后，不计较个人名利得失，不避嫌疑，临危受

吴仲华教授与方毅副总理交谈（源自《永恒的回忆——纪念吴仲华先生诞辰九十周年》）

命，受王震副总理委托，为斯贝发动机找出路，积极地提出了将斯贝发动机改为舰用、燃气蒸汽联合循环装置等改型方案。他身体力行，投入改革浪潮，不要国家拨款，与有关工厂合作成立公司，将斯贝发动机核心机改型为燃气蒸汽联合循环发电供热装置。由于种种复杂的原因，这个项目没能长期运行下去，但吴仲华还是开创了中国自行研制燃气蒸汽联合循环发电供热的先河。

1978年，在吴仲华等建议下，国家科委成立了工程热物理学科组，吴仲华出任组长。同年，他创建了中国工程热物理学会，任第一任理事长。后又创办了《工程热物理学报》，亲任主编，并力争在美国出版《中国工程热物理学报》。1980年，中国科学院成立了工程热物理研究所，吴仲华任第一任所长，这是原本在1963年就批准成立的研究所，因为接连开展的政治运动而被延误了整整17年。在工程热物理研究所，他先后建成了一批先进的实验设备，国际专家参观后，都认为是国际一流的。1980年，他应邀为中央书记处干部讲课，提出了"总能系统""合理梯级利用能源""发展燃气蒸汽联合循环"等思想与建议，事后证明它们都是很有见地的，也是完全正确的，对能源合理利用具有指导性意义。作为课题负责人，吴仲华先后争取到联合国发展总署（UNDP）两次资助，每次均数十万美元。他用这些资助派出大量高中级科研人员出国考察，鼓励科研人员参加国际学术会议，培养了一大批新生的科研中坚。

由于吴仲华教授的杰出贡献，他于1957年、1982年两次荣获国家自然科学奖二等奖，1975年获中国科学院重大成果奖，1987年获中国机械工程学会金奖。

吴仲华在为中央书记处的讲课中，提出总能系统、合理梯级利用能源、发展燃气蒸汽联合循环等思想（资料图片）

1981年至1992年，吴仲华还当选中国科学院主席团执行主席（共五位：严济慈、吴仲华、卢嘉锡、武衡、钱学森），1992年4月起任名誉主席。1963年至1968年任第三届全国政协委员。1983年至1988年、1988年至1992年任第六、七届全国人大代表、人大常委。他还曾任中国机械工程学会、航空学会、力学学会副理事长等。

（五）

"科学的春天"来临后，成了吴仲华回国后心情最舒畅、工作效力最高的辉煌时期。吴仲华所创建的"叶轮机械三元流动通用理论"也备受国际学界公认，其崇高的国际学术地位也获得学术界的广泛推崇。国际吸气发动机学会举行学术会议前，专门到中国驻英国大使馆特邀吴仲华教授参加学术会议。

1976年，吴仲华应邀参加了在德国慕尼黑召开的第三届国际吸气发动机学会会议，在会上发表了"应用任意非正交曲线坐标的叶轮机械三元流动理论"的论文。大会主席在会议总结报告中评论：这篇论文是会议的精彩之点，也只有"三元流动理论的创立者"才能贡献出这么精彩的学术报告。

1979年，吴仲华率领一个由中国科学院、航空部、八机部等人

1980年当选的14名女学部委员在1981年召开的第四次中国科学院学部委员大会期间合影（右三为李敏华，资料图片）

"文革"结束后李敏华率团出访
罗马尼亚（1978年，资料图片）

员组成的9人代表团访问美国。这是他携家眷回国报效后第一次重访美国，去参加美国机械工程师学会燃气轮机大会。会议主席在几千人的欢迎大会上，专门提到了吴仲华教授亲临大会之惊喜；国外代表认为吴仲华主持的叶轮机械设计方法是国际先进的设计方法。会后，他率领代表团访问了美国宇航局（NASA），及空军、海军等研究所，还访问了不少航空发动机与燃气轮机工厂、麻省理工学院、加州伯克利大学、斯坦福大学等。美国政府及有关工厂等都十分重视他的来访，美国空军专门派了一个五人小组，事前事后关注他的访问，并作了精心安排。美国GE公司还专门派了两架六座总裁专机接送，升中国国旗以示欢迎，甚至连正在研究的新型发动机也允许他参观……可见，美国学术界与工业界对吴仲华的重视与敬佩。

1985年，在北京香山饭店，吴仲华主持召开了第七届国际吸气发动机会议，与会专家400余人中，国外专家约200名，连尚未与中国建交的以色列也来了好几位专家。这次成功的国际学术盛会进一步提高了中国在该领域的国际学术威望。国际学术界一致认为，吴仲华教授是值得敬重的工程热物理学、航空发动机学术界杰出的代表。

因年龄缘故，1987年6月吴仲华从所长位置退了下来……

由于常年身心劳累，又加上在最好的年华却失去对航空发动机基础理论与应用的研究而深深失落，在1987年年底的体检中，被发现患了肝癌，体积已不小，至少有9厘米×10厘米，这个突如其来的事件令整个研究所为之震动。他跑遍北京各大医院求医，都被告知肿瘤太大，肝脏部

中国科学院院士李敏华（资料图片）

位血管太复杂，只能保守治疗，要想彻底手术切除谁都没有这个胆量和能力。

当然，对于这样一位举足轻重的学术泰斗来说，吴仲华也绝不会轻易将自己的生命贸然托付给一家没有能力的医院。经过细细调查

剖析且超越"斯贝"的"涡扇"型发动机90年代后装上了战机（资料图片）

和再三权衡，并听从北京医院吴蔚然教授等多位专家指点，于1988年初他们夫妇决定转到上海治疗。能做这个决定在一定程度上也是1975年小儿子吴定患白血病时，他俩曾千方百计地设法治疗，求教了各地名医，因此也对我国癌症治疗的状况多多少少有了一些了解。吴仲华夫妇知道在上海第二军医大学有一位世界著名的肝胆医学专家吴孟超教授，他正主持着长海医院的肝胆外科临床与科研，便毅然决定回上海老家治疗。

笔者为撰写《吴孟超》一书，有机会采访了吴仲华当年的同事、学生等，获得了不少相关的资料。尤其是朱荣国先生还保留着两份当年因陪同吴仲华来上海治病而撰写的汇报材料，较真实客观地反映了吴仲华、吴孟超这一代科学大师做人做事做学问的品格，这也着实给中国科学史的研究留下一点宝贵的资料。

吴仲华与吴孟超都是正直的科学家，一辈子讲真话，做真事，所以他们一旦相识，便有了一种惺惺相惜、相见恨晚的感觉。给人印象最深的是：两位吴姓大家确实都是真正的爱国名士，但并没有老是把"爱国"喊得震天响，而是实实在在体现在行动上。吴仲华曾对同事吴文权痛心地说："我回国近40年，真正有效率工作仅10年，其余时间都耗在'运动'上了……"但是，吴仲华对于当初回国效力这个决定从没有半点后悔。他的大儿子吴明要去美国留学，吴仲华要求他学成后一定要回国效劳。因此，始终不把吴明的美国出生证给他。

同样，吴孟超周遭的人们也都心存疑虑：您吴老学识这么丰厚，理论体系这么完备，临床基础这么扎实，手术做得那么漂亮，为何不去马来西亚开业办学赚大钱，还能与家人团聚？可是，吴孟超的回答铿锵有力："回顾我的一生，我常常问自己，如果不是选择了跟党走，如果不是战斗生活在军队这个大家庭，我又会是怎样的一种人生？我可能会有技术，会有金钱，会有地位，但无法体会为人民服务的含义有多深，共产党员的分量有多重，解放军的形象有多崇高。”

两位大家，两条生存轨迹，是那样的平行。

1988 年 2 月 9 日上午，由吴孟超主刀，成功地为吴仲华切除了右肝下部 11 厘米 ×11.8 厘米 ×8 厘米，重达 520 克的完整肝癌病变组织以及有病变的胆囊。

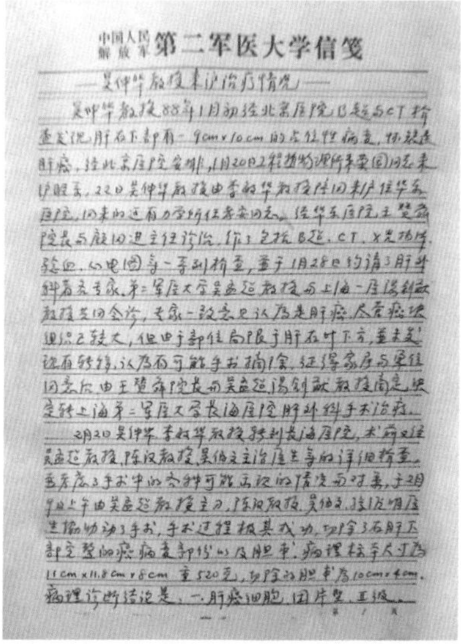
中国人民解放军第二军医大学信笺

—吴仲华教授来沪治疗情况—

吴仲华教授88年1月初经北京医院B超与CT检查发现肝右下部有一9cm×10cm的占位性病变，怀疑是肝癌，经北京医院安排，1月20日工程热物理所朱荣国同志来沪联系，22日吴仲华教授由李敏华教授陪同来沪住华东医院，同来的还有力学所任秀英同志。经华东医院王赞舜院长与顾问进主任诊治，作了包括B超、CT、X光机摄片、验血、心电图等一系列检查，并于1月28日约请了肝外科有关专家，第二军医大学吴孟超教授与上海一医汤钊猷教授共同会诊，专家一致意见认为是肝癌，尽管癌块组织已较大，但由于部位局限于肝右叶下方，并未发现有转移，认为有可能手术摘除。征得家属与单位同意后，由王赞舜院长与吴孟超、汤钊猷教授商定，决定转上海第二军医大学长海医院肝外科手术治疗。

2月2日吴仲华、李敏华教授转到长海医院，术前又经吴孟超教授、陈汉教授、吴伯文主治医生等的详细检查，还考虑了手术中的各种可能出现的情况与对策，于2月9日上午由吴孟超教授主刀，陈汉教授、吴伯文、[illegible]医生协助动了手术，手术过程极其成功，切除了右肝下部完整的癌病变部位以及胆囊，病理标本尺寸为11cm×11.8cm×8cm，重520克，切除的胆囊为10cm×4cm。病理诊断结论是：一、肝癌细胞，团片型，Ⅲ级。

第 1 页

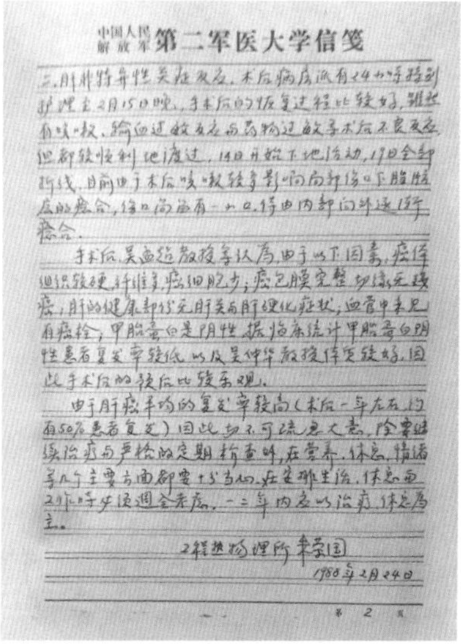
中国人民解放军第二军医大学信笺

二、肝非特异性炎症反应。术后病房派有24小时特别护理至2月15日晚，手术后的恢复过程比较好，虽然有咳嗽、输血过敏反应与药物过敏等术后不良反应，但都较顺利地渡过，14日开始下地活动，17日全部拆线，目前由于术后咳嗽较多影响两针伤口下脂肪层的愈合，伤口尚留有一小口，待由内部向外逐渐愈合。

手术后，吴孟超教授等认为，由于以下因素，癌体组织较硬，纤维多，癌细胞少；癌包膜完整，切缘无残癌；肝的健康部份无肝炎与肝硬化症状；血管中未见有癌栓；甲胎蛋白是阴性，据临床统计甲胎蛋白阴性患者复发率较低，以及吴仲华教授体质较好，因此手术后的预后比较乐观。

由于肝癌手术的复发率较高（术后一年左右约有50%患者复发）因此切不可疏忽大意，除要继续治疗与严格的定期检查外，在营养、休息、情绪等几个主要方面都要十分当心，在安排生活、休息与工作时必须周全考虑，一二年内应以治疗、休息为主。

工程热物理所 朱荣国

1988年2月24日

第 2 页

“吴仲华教授来沪治疗情况”手稿（朱荣国先生提供）

由于大肝癌术后的复发率较高（术后一年约有 50% 患者复发），因此肿瘤切除后万不可疏忽大意，除了要继续治疗与严格的定期检查外，在营养、休息、情绪等几个方面都要十分留意，注重保养。

吴仲华手术后恢复得很好，好到竟能与时间赛跑起来。他清晰地意识到毕竟还有大量的科研任务要在有生之年完成，一旦精力允许，就该只争朝夕地干，如同“拼命三郎”，大有时不我待之拼搏劲头，把刚从“鬼门关”中逃出来这件性命交关的事甩到九霄云外。大

术后的吴仲华与吴孟超在病房大楼前愉快交谈（吴孟超办公室提供）

病初愈的吴仲华把肝胆外科病房当作办公室，继续集中精力思考着自己近年来所全力以赴的关于燃气蒸汽联合循环等总能系统的研究课题，同时撰写向有关领导建议我国要发展燃煤联合循环的报告。李敏华深知丈夫对事业的执著，也就成了吴仲华的"第一助手"，一起探讨建议的内容，切磋报告的写法。当吴仲华感到疲劳需要休息时，李敏华就动手替他继续撰稿。当时，笔记本电脑在我国还不普及，病房里也没有台式电脑可用，只好让自己已调回上海的学生吴文权每天穿梭于医院和学校之间，从病房取走他们的手稿，回到自己工作的学校打印，然后送回医院请吴仲华老师审改。

呕心沥血地为祖国服务，是吴仲华夫妇一生的主旋律。今日，发展燃气轮机总能系统已成为国际发展方向，在我国也已成了学界之共识，并正在快速推进与发展。如果吴仲华先生在天有灵，也肯定会感到无比欣慰的。

1988 年 3 月，手术后回京，吴仲华依然按时地出席了第七届全国人民代表大会，并当选为第七届全国人大常委、联合国教科文组织

吴仲华夫妇在家中交流（1989年，吴仲华提供）

中国委员会委员。李敏华也同时当选了第七届全国政协委员。他俩以惊人的毅力，忘龄地在人生征途上继续拼搏与奋斗。

尤其是1990年夏，按照美国国家航空航天局的建议，由美国克莱森大学出面邀请，在李敏华全程陪同下，作为访问教授吴仲华赴美国讲学四个月，系统讲解了"吴氏理论"与近期的研究工作。讲授的同时，由NASA派人进行了全程录像，然后出版了专著《亚声速和超声速叶轮机械中二元和三元旋转流动的通用理论》（NASA 4496，1993年出版）。这部论著离他1950年的传世巨著NACA TN 2604问世相隔了整整43年。讲学期间，他还在NASA刘易斯发动机研究中心和辛辛那提大学作了两次短期讲课。

同年，他们还应邀访问了欧洲的叶轮机械气动热力学中心冯·卡门研究所。

过度疲劳会使人的免疫力下降。很不幸，无情的癌症还是转移

223

吴仲华先生（前排左四）访问冯·卡门研究所（1990年，源自《永恒的回忆——纪念吴仲华先生诞辰九十周年》）

到了吴仲华的肺部。他很理智，除积极配合治疗，但仍不停地工作，潜意识告诉他：上苍留给自己的时间已不多了。以后，吴孟超教授也相继在上海或赴京亲自主持对吴仲华的介入治疗全过程。

1992年7月27日，吴仲华的学生、同事、同仁们在友谊宾馆与他们夫妇共同度过了他75周岁生日。8月1日上午，他最后一次主持了中国工程热物理学会常务理事会，下午感到不适，被送入北京医院，于1992年9月19日傍晚在北京医院逝世，享年76岁。

噩耗传来，学界震惊。《人民日报》刊发了标题为："我国杰出科学家、工程热物理学科创始人吴仲华同志在京逝世"的讣告。美国机械工程师学会也发了讣告，强调吴仲华是"世界叶轮机械领域知名的导师和学者"（world - renowned teacher and researcher in the field of turbomachinery），尊称他为"叶轮机械三元流动理论的开创者"（a pioneer in three-dimensional flow theory for turbomachines），并列举了应用吴仲华理论所设计的若干航空发动机（如 J69、JT-3D、JT-9D、F404 及其他）。

在京的各级领导、他的同仁、同事、学生们举行了隆重的悼念活动。在李敏华撰写的《忆念吴仲华（3010）》最后有这么一段文字："仲华在 1987 年年底体检时查出有大块肝癌，1988 年年初到上海第二军医大学附属长海医院由著名吴孟超大夫进行切除手术，手术非常成功。术后，仲华身体很好。但由于人事上的矛盾，使仲华有时心情不好，1991 年发现癌症转移到肺部。做了几次介入化疗。1992 年秋出现黄疸，医治无效，于 9 月 19 日去世。但可以告慰于各位学长的是：①仲华癌病期间没疼痛，住院时我都陪住，亲自照顾他；②在他自己知道患癌后，没有思想负担，照样工作。所以在他出院期间，看起来像健康的人一样。"

中国科学技术大学领导看望李敏华院士（李敏华提供）

愿尽余之能力与判断力所及，遵守为病家谋利益之信条……医本仁术，是以心灵温暖心灵的科学。

吴孟超

（方鸿辉摄）

吴孟超（1922—2021） 医学家、教育家。1949年毕业于上海同济大学医学院。第二军医大学附属东方肝胆外科医院院长，东方肝胆外科研究所所长，中华医学会副会长，中德医学协会副理事长，解放军总后勤部医科委副主任，《中华医学》（英文版）及《中华外科》等20余种杂志的主编、副主编或编委。历任第二军医大学长海医院外科、肝胆外科主任，第二军医大学副校长等职。1991年当选中国科学院学部委员（院士）。我国肝胆医学主要创始人之一，最先提出中国人肝脏"五叶四段"的临床解剖学理论。发明了肝脏手术及止血的一系列新技术。在肝癌的早诊早治、晚期肝癌治疗、肝脏移植以及肝癌的细胞免疫治疗、生物信号转导和基因治疗等方面取得重大成果。出版了《肝脏外科学》等专著18部，多次获国家科技进步奖。1996年被中央军委授予"模范医学专家"称号。曾五次获全军医疗保健特殊贡献奖。2004年获国际肝胆协会杰出成就金奖。2006年获国家最高科学技术奖。2010年7月26日，国际小行星中心确认第17606号小行星永久命名为"吴孟超星"。2012年初荣获"感动中国2011年度人物"。

肝胆相照写春秋

——吴孟超的人生选择与事业追求

20 世纪 90 年代初，因编辑《中国科学院院士自述》，笔者有缘拜访了吴孟超院士，以后为撰写《上海画报》人物深度报道，曾多次采访吴老。2008 年秋天为《中华读书报》"人物"专栏约稿，又特意去拜访吴老。原约定下午 1 点在吴老办公室见面，直等到 3 点，吴老才从开刀房（他习惯称手术室为"开刀房"）出来。那天，他又做了三台手术。一位 86 岁的耄耋老人、国际肝胆外科泰斗级的大家，如此痴迷于手术，已不能光用"敬业"来理解了。治病救人已成为融入吴孟超基因的天性，是他生活必不可少的组成部分，诚如古希腊医学的奠基者——希波克拉底在其著名的医德《誓词》中所庄严承诺的："我愿尽我的能力与判断力所及，遵守为病家谋利益之信条……无论置于何处，遇男或女，贵人及奴婢，我之唯一目的，为病家谋幸福，并检点吾身，不做各种害人及恶劣行为。"

换副眼镜读报（2011 年，方鸿辉摄）

精诚大医吴孟超（吴孟超提供）

人 生 选 择

选 择 回 国

作为我国肝胆医学的开拓者、医学教育家的吴孟超教授，每忆及童年，总会心情沉重地说："常听人说，童年是幸福的，而我的童年是极其辛酸的……"

1922年8月31日，吴孟超生于福建闽清白樟乡一户贫苦农家。为了挣钱养家，父亲下南洋去打苦工，然而家里还是经常揭不开锅。"我来到这个世界后，就一直缺衣少食，营养不良，直到三岁方能走路。童年时实在饿得慌，就往外婆家跑，舅舅心疼瘦得皮包骨头的外甥，常去稻田里捉几只青蛙给我补养，这种美味至今记忆犹新。"这兴许是吴孟超童年最温馨的时光。

迫于生计，吴孟超五岁就随母亲漂洋过海，到马来西亚沙捞越的诗巫，寻找在那里做苦工的父亲。一家人身居异国，举目无亲，生活的艰难可想而知。懂事的吴孟超六岁时已在米粉作坊干活了，吃的是本该喂猪的香蕉芯子。八岁时每天天不亮就得起身，拿盏油灯，光着脚随父亲到橡胶林里去割胶。如今，吴孟超风趣地说："现在想来，这也算是我早期的操刀训练吧！"

吴孟超的父母尝够了没有文化的苦，再穷也要让孩子上学，作为

吴孟超回闽清老家看望大舅妈（2000年，吴孟超提供）

吴孟超从小操刀割橡胶（吴孟超提供）

长子的吴孟超成了家里的希望。在当地进步华侨办的光华学校，吴孟超的学习是同龄人中少有的刻苦和用功，成绩也就一直名列前茅。生活的艰辛，使他早早懂事并铸就了攻坚克难的毅力。"那年头，光华学校从祖国内地来了一位新校长，经常给我们讲国内抗日战争的形势；当时还有陈嘉庚先生组织的华侨抗战救国、支援延安抗战活动……"

从这些难忘的回忆中可见，"爱国"已在少年吴孟超心里播下了种子，而孙中山先生题名的"光华学校"的校训——"求知求义最重实践，做事做人全凭真诚"，也已在他心里生根，并萌发了"要从屈辱和伤痛中挺起头来"的念头。于是，初中毕业后，吴孟超并没有遵循父母为他作的"去学做生意或者去英国念书"的安排，而是六位同

吴孟超夫妇回马来西亚母校——光华中学（1993年，吴孟超提供）

学相约，长途跋涉，历经艰难，回国抗日，报效祖国。

1940年1月3日，在侨务委员会的安排下，吴孟超与他的同学们从沙捞越出发，途经新加坡、越南（当时称安南），前往祖国内地云南。这是吴孟超人生道路的第一次选择。

选择留在祖国

"记得在西贡登陆时，验关的法国殖民统治者要我在入关护照上摁手印，由于我看到欧美旅客都是签字过关的，就抗争：'为什么不让我签名？我会英文，我会中文，我会写自己的名字！''黄种人签什么字？你们全是东亚病夫！'"

直面殖民者的狞笑，忍受弱者的屈辱，吴孟超摁下了手印，也埋下了为中华民族争气的种子。

祖国，在吴孟超心中是神圣的。可踏上国土，却是山河破碎，满目疮痍，正义的人们惨遭杀戮。吴孟超想方设法去延安不成，上疆场与日寇决一死战已无望，只能走"读书救国"之路了。他安下心来就地求学，选择了同济大学附中。学校位于远离昆明100多里地的宜良县西村一个叫狗街的地方，上课是在一所破庙里，他依然学得有滋有味。1941年12月，太平洋战争爆发，吴孟超与马来西亚父母的联系中断了，经济来源没有了，他不得不通过变卖衣物、沿街卖报、誊抄资料或当家庭教师来维持学业。生活的磨难，令吴孟超的学习更发愤。1943年高中毕业后，吴孟超在当时的同班同学、日后的妻子吴佩煜的建议下，一起考取了同济大学医学院。

那年头，物价飞涨，民不聊生，作为穷大

青年吴孟超（1945年，吴孟超提供）

学生，吴孟超的生活实在太艰难了。抗战胜利后，同济大学医学院要从四川宜宾郊外的李庄迁回上海。那年头国民政府的教育部明文规定：凡来自海外的归侨学生，可根据自愿原则，返回原来的所在国，由政府发放路费。吴孟超很想获得这笔路费回一趟马来西亚，去见见日夜思念的父母和弟妹，而且当时吴佩煜的父母又在昆明。于是，他们约了另外几位同学沿着从昆明到四川的原路折返。在昆明等待申领回马来西亚路费的过程中，耳闻目睹社会的现状，尤其是爱国民主人士李公朴与闻一多先生在昆明相继惨遭国民党特务杀害的残酷事实，他的想法又有了转变："我千里迢迢从马来西亚回国，旨在好好读书，学到真本领为国效力，以不辜负父母的期望。如今，我已在同济医学院读到三年级了，再苦读两年，实习一年，就可当医生了，怎能半途而废呢？何况沙捞越家中的情况又不得而知，岂可盲目回去……"因此，尽管领到了一笔路费，吴孟超还是咬咬牙克服了想家的念头，毅然买了飞机票回到了上海。

吴孟超夫妇回昆明宜良西村的母校——同济大学附中故地（1996年，吴孟超提供）

那时，上海正处在黎明前的黑暗之中。面对大批华侨青年飞回南洋，吴孟超毅然选择留在祖国，迎接新中国的曙光。这是吴孟超人生道路的第二次选择。

大学毕业后留影（吴孟超提供）

选择从事外科

遗憾的是，吴孟超18岁离家后，再也没能在亲生父母跟前尽孝。只能从弟弟由千里之外寄来的亲人照片中，遥祝他们平安幸福。真可谓"忠孝不能双全"啊！

大学毕业时，吴孟超万万没料到学校让他留校干小儿科，因为他儿科考试成绩得了95分（满分为100分）。但是，干小儿科与吴孟超的性格显然不合。当吴孟超向校领导提出转外科的请求时，却引来了这样的忠告："你身高才

吴孟超（右）与郑宝琦教授亲切交谈（吴孟超提供）

1米62，能干外科吗？"这话深深刺痛了一颗倔强的心。吴孟超个子虽矮，志向可高着呢！他毅然放弃了别人打着灯笼也难找的留校当小儿科医生的机缘，成了一名怀揣大学毕业证书却没有工作的失业者。

兴许是苍天有眼，一个很好的机遇让有准备的吴孟超逮到了：当时华东人民医院（即中国人民解放军第二军医大学前身）招聘医生。凭着对人民军队的挚爱，也凭着对外科事业追求的执著，吴孟超毅然前去应聘。外科主任郑宝琦教授不解地问："你外科才考65分，为什么偏要搞外科？"

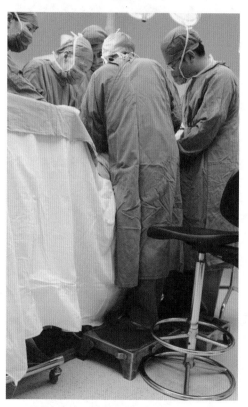

"我对外科最热爱，我的个性也适合当一名外科医生，可学校留我干小儿科，我不愿干，就到这儿来了！"

面对吴孟超的憨厚、坦诚与执著，郑宝琦为发现一棵好苗子而兴奋，毅然录用了他。郑宝琦的慧眼也许令我国儿科医学少了一位名医，却为人类物色了一位肝胆医学的开拓者，一位肝胆外科学的教育大家。从此，吴孟超在郑宝琦教授身边全身心地工作。这是吴孟超人生道路的第三次选择。

古人有"才不近仙者不可为医"的断言，吴孟超也许的确有当外科医生的天赋，他的老师、被称为"中国近代外科之父"的

吴孟超每次手术都必须站在20厘米高的脚垫上，90多岁了依然操刀手术，同事们在他身后特意放了一把转椅，以备他万一感到累了可稍坐片刻，可他上了手术台就浑身有劲（2013年，方鸿辉摄）

裘法祖院士说："我的这个学生就是勤奋。"吴孟超身高只有1.62米，手术室特地为他放置了一个20厘米高的木垫子，他每次都站在上面做手术。勤奋与不断钻研，使吴孟超很快脱颖而出，心情舒畅，事业有成。

选择向肝脏外科进军

同济医学院由上海内迁武汉，吴孟超最敬仰的老师——裘法祖教授因故滞留上海。1954年，裘教授应聘到长海医院任兼职教授，这一消息令吴孟超激动得几宿没睡好。从事临床工作不久，吴孟超多么渴望得到一流名家的指点呀！他如饥似渴地跟着裘法祖教授，学其医术与医道，对"裘氏刀法"的理解能从书本、听讲，直接上升到了体验的高度，并努力将其精髓学到手，找到了特殊的手感。他还承袭了裘师的为人之道。裘师品德高尚，知识面广，话虽不多，却句句说在点子上。裘师说，做一名好医生要"会做，会讲，会写"，吴孟超心领神会，不仅自己身体力行，还将这"六字三会"作为自己培养学

吴孟超为恩师裘法祖院士整理领带（吴孟超提供）

生的指导目标：开刀做实验，讲课带学生，写书写论文。

裴老师常说：治疗病人犹如将他们"一个一个背过河"；对待功、名、利、禄要"一身正气、两袖清风、三餐温饱、四大皆空"，这些富含人生哲理的话语，同先辈们说的"医乃生死所系，非仁爱之士不可托也"有异曲同工之妙啊！

正是这些为人之道与为医之术的熏陶，使吴孟超获益匪浅。在70多年的从医生涯中，他一贯待老师敬若父母，待病人不分贵贱，待战友心地坦诚，待学生甘为人梯。无论在学术界还是军队，吴孟超尊重老师是出了名的，虽然自己已经是德高望重的老专家了，但每次开会他还总是跟在裴师身后，总把自己的成就归功于受裴师的教诲与影响。就连在中央军委召开的授予吴孟超"模范医学专家"的大会，他也专程邀请裴师参加。事后，裴法祖激动地告诉记者："吴孟超被授予模范医学专家，开表彰会，他请我去了，2000多人开会，都是将军和军人参加，只有我一个人穿着便服在那里。人家一看到我，先让他

裴法祖院士（左二）在表彰吴孟超为"模范医学专家"大会的主席台上（1996年，吴孟超提供）

吴孟超夫妇均为军医（吴孟超提供）

介绍，说我是吴孟超的恩师裘法祖，他们就拍手，我都哭了……"

在名师的点拨下，吴孟超不仅学术上突飞猛进，人文底蕴也日益丰厚。1956年3月吴孟超被提升为外科主治医师，并参军、入党，可谓三喜临门。但是，吴孟超的心情并不平静，他一直在思考：下一步该怎样发展？带着思考与疑问，吴孟超又请教了裘法祖。裘师坦然地告诉他："随着医学科学的发展，学科日益细分，学术日趋专精，普外是个古老的专业，胸外科已从这里分出去了，现在肝胆外科很薄弱，不妨朝这个方向去发展。"恩师一点，心有灵犀。吴孟超完全领会了裘师的意图，要在学术上面临一次重大的抉择。

与恩师裘法祖在院士大会上亲切交谈（吴孟超提供）

新学科——肝胆外科，是医学发展的一个方向。中国是肝癌的高发区，肝胆外科有很大的社会需求，而 20 世纪 50 年代初，中国人没有自己的肝胆外科。外国权威曾预言：中国起码要等三十年才可能有自己的肝脏外科……这一切都让年轻军医吴孟超思绪澎湃。于是，他挥笔写下了"卧薪尝胆、勇闯禁区"的誓言，带领胡宏楷、张晓华两位医生，于 1958 年组成了肝脏外科攻关的"三人小组"，去揭开中国人向肝脏外科进军的序幕。这是吴孟超人生道路的第四次选择。

尽管日后吴孟超一直面临许许多多的选择，但是上述四次选择对其一生所走的科学道路是极为关键的。

肝 胆 相 照

尊重科学　勇闯禁区

尊重前人的学识，尊重科学的事实，是吴孟超勇闯肝胆禁区的基本素养。为了搞清肝脏解剖理论，吴孟超首先跑图书馆，查阅了当时

"三人小组"在制作肝脏标本（右为吴孟超，1959 年，吴孟超提供）

凡能见到的几乎所有带"肝"字的中外文献与书刊，期望虚心学习前人的经验。20世纪50年代末，他就和方之扬医生一起把一本荷兰专家编的《肝脏外科入门》译成中文出版，作为进军肝胆外科的一场"热身赛"。

吴孟超制作的肝脏管道铸型（吴孟超提供）

　　研究肝脏该从哪里入手？当然得从解剖学入手。肝分左右两叶，人云亦云。吴孟超非要亲眼看看，直接用手去触摸。吴孟超带领"三人小组"研究肝脏的第一步就从制作肝脏管道的铸型标本入手，试图弄明白肝脏的解剖结构。从1958年起，历经无数次失败，终于从容国团荣获世界乒乓球锦标赛冠军的喜讯中获得灵感，用赛璐珞液灌注技术，制成了犹如珊瑚般美丽的肝脏管道的铸型标本。他们以后不断改进工艺，先后成功制作了200多具肝脏铸型标本。

　　对照文献，吴孟超仔细研究标本，对肝脏血管的走向和分布规律了如指掌，才提出了肝脏解剖学上的"五叶四段"的创新理论：将人体肝脏分成"左外、左内、右前、右后和尾状"五个叶，又将左外叶及右后叶各分两个段，共四个段。这一理论得到了1960年第七届全国外科学术会议的认同。50多年的实践表明："五叶四段"解剖理论已为我国乃至世界肝脏手术的成功提供了

吴孟超在查看肝脏标本（1999年，方鸿辉摄）

关键性的解剖标识，并被收入多部理论专著和医学教材。

这种实践和理论的探索折射出了吴孟超与科学精神的"肝胆相照"。

眼里看病，心里想人

中国是乙肝和肝癌的高发区。20世纪50年代，由于患者无法得到手术治疗，许多患了肝癌的病人只能等死。眼看着一个个肝癌患者去世，吴孟超心如刀绞。了解了肝脏解剖学后，吴孟超逐步明白了肝脏手术的"密码"：按"五叶四段"理论，对肝脏作分叶切除，理论上不会出现过多的并发症；在20世纪60年代初，规则性手术切除是肝癌获得根治的唯一希望。

过去经典的切肝法是在低温麻醉下进行的，就是先将病人全身麻醉，再把病人浸泡在冰水中，待病人体温降至32℃以下，然后手术。这种方法不仅费力费时，看起来还挺惨，病人往往会有并发症。"现在既然已经掌握了肝脏解剖的第一手资料，为何不能在常温下作肝切除手术呢？"在人性化理念的驱动下，吴孟超首先在动物身上成功进行了"常温下间歇肝门阻断切肝法"实验，同年他在临床上也相继取得了成功，打破了在常温下肝脏切除手术的禁区。其独创性在于通过间歇性阻断进入肝脏的血供，不仅提高了手术的安全性，而且可以

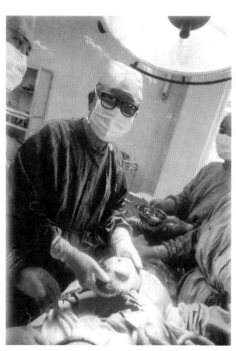

"又摘下一个大瘤子！"（吴孟超提供）

在常温下施行肝脏手术，简化了过程，减少了创伤。这种技术创新很快被医学界推广，使广大肝癌手术患者受益。

1960年3月1日，由吴孟超主刀为一位中年女患者成功切除了肝肿瘤，成了二军医大第一附属医院的第一例成功肝脏手术。

禁区被打破以后，吴孟超在理论研究上再接再厉，于1961年发现了"正常和肝硬化肝脏手术后生化代谢规律"，并据此提出了纠正肝癌术后常见的致命性生化代谢紊乱的新思路与新策略。

1963年5月，吴孟超与同事们又成功地为一名患者实施了中肝叶切除术，突破了肝脏手术"禁区中的禁区"。中肝叶手术的成功，标志着中国肝脏外科已跻身世界先进行列。因为长在肝脏中叶的肿瘤切除是最棘手的，那里是肝脏各类管道的"集散区"，还有肿瘤切除后两个肝切面的处理，这是世界上从没有任何"高人"敢碰的禁区。"说我胆子大敢闯禁区，其实在手术上我一向是小心翼翼，慎之又慎的。"吴孟超之所以敢做肝中叶切除术，说到底是因为有过硬的

努力学习，提高医术，不断创新（吴孟超提供）

解剖理论与实践，更重要的是他始终将裘师的教诲装在心里，努力将病人"一个一个背过河"，而不顾个人的荣辱得失。

"医术虽有高低，医德最最要紧"。崇高的医德和精湛的医术，源于吴孟超"救死扶伤，治病救人"的职业自觉。在吴孟超看来，"医本仁术，医学是一门以心灵温暖心灵的科学。医生之于病人乃子女视于父母，其首要不在于手术做得如何流光溢彩，名响四方，而在于如何向病人奉献天使般的温情。"在吴孟超的心里：一名好医生应该眼里看的是病，心里想的是人。始终把病人看作是大写的"人"，才能不把医院开成药铺，才能不把病人当作摇钱树。凡是由他亲自操刀的手术，每次结扎缝合都坚持用手、用线，他常不厌其烦地对年轻医生说："我们要多用脑和手为病人服务。用一次缝合器械，'咔嚓'一声1000多元就花掉了，那可是一名农村孩子几年的读书费用啊！我吴孟超用手缝线可分文不要。"

多么人性化的换位思考，多么富有人文关怀的情操！在吴孟超的

吴孟超陪同联合国官员参观院史室（吴孟超提供）

医学和管理"辞典"里明明白白地录下了：病人生病已经是非常不幸了，为了治病他们可能已经花光了家里的所有，有的还负债累累。我们当医生的，一定要设身处地为病家着想，替病家算账。正是如此精打细算，在他领导的东方肝胆医院切除一个肝脏肿瘤的手术费、治疗费等均低于全国平均水平。东方肝胆医院也赢得了国内外病人的极大关注和声誉。

长时间手术后的饥渴（吴孟超提供）

2008年5月12日，突如其来的汶川特大地震牵动了所有人的心，也牵动了吴孟超院士的心。5月15日，上海吴孟超医学科学基金会立即为灾区捐赠价值500多万元的抗休克、血容量扩充等的急救药品。心系灾区的吴孟超还在第一时间内组建了第二军医大学东方肝胆外科医院医疗队，日夜兼程赴重灾区救助伤病员。自己虽无法亲赴第一线，却时时牵挂着当地百姓，对医疗队遇到的疑难重症病人，吴孟超都带领留院的专家亲自组织远程视频会诊……

至今，年逾九旬的吴老只要没有重大的会诊或出差，几乎每个工作日都会步履轻盈、满脸微笑地走入东方肝胆医院的开刀房，他曾自嘲："这可能是我的手术依赖症。"这几年，吴老每年主刀完成的高难度大手术不下200台，连年富力强的医生都难以做到。2010年初，为《科学的道路》申报国家科技进步奖，笔者曾与吴老家通电话，本想周日他应该在家，却是他夫人接的电话，"吴老去医院了"。师母让我劝他多歇息，少开刀。当我把这个意思向吴老表达时，他不假思索地回答："扯谈！别听她的。"语气之坚定，不容我细释。

这些都折射出吴孟超与病人的"肝胆相照"。

探索与传承　追求无止境

1963年，吴孟超一口气写了八篇系列论文，提交全国第八届外科学术会议。国内主流媒体也进行了相关报道，上海科教电影制片厂拍摄了《向肝脏外科进军》的科教片，发行国内外，得到同行的交口称赞。

科学的发展是循序渐进的，一个问题解决了，新的问题又会出现。临床医学家对疾病的认识和解决，也往往经过由临床到理论研究，再回到临床实践这样的循环，由此使认识逐步深入，水准逐渐提高。吴孟超率领的科研团队一步步解决了肝脏解剖、手术止血、术后并发症、中肝叶切除等难题后，1975年又成功切除了世界上迄今仍属最大的18

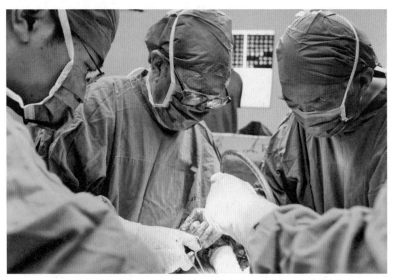

90岁高龄的吴孟超依然精力充沛，手术不停（2013年，方鸿辉摄）

千克的肝海绵状血管瘤。1982年，吴孟超还接诊了一位仅4个月大患肝母细胞瘤的女婴。说实在的，婴幼儿的肝脏切除术难度实在太大，一般的医院根本不敢接手，但吴孟超还是决定收下这名小病人。作了精心安排后，经过5个小时的精细手术，吴孟超从婴儿身上切下了重达600克（比婴儿的脑袋还大）的肿瘤。第二天，美联社刊发了通栏报道：中国成功实施了第一例婴儿巨大肿瘤的切除手术。当年的这名婴儿，如今已是一位亭亭玉立的大姑娘了。兴许是上苍的安排，她护

下午三点走出开刀房后，吴孟超才用午餐是常有的事（吴孟超提供）

校毕业后，被分配到大恩人所在的东方肝胆外科医院工作，这台手术也保持着世界上年龄最小的肝脏手术纪录。聊及当年的手术，吴老记忆犹新："我这个人做手术确实胆子比较大，虽然有难度，只要自己有把握，我总抱着尽可能为病人着想，能接受的尽量接受，从没有个人荣辱得失的念头。不过，事先我都要自己亲自检查清楚。婴幼儿的肝脏手术确实跟成人的难度不一样，手术做法也不一样，你比如说肿瘤长得很大，得看它肝脏的体积有多大，当然成人也要这样计算。那么

婴幼儿难度在哪儿呢？毕竟人比较小，耐受性差，风险也就较大，就这样。"高尚的医德将如此高难度的手术化为"就这样"的自如。

永不满足，勇攀高峰，是吴孟超执著的事业追求。他有战略家的眼光，更有勇士不知疲倦、永往直前的毅力和精神。在鲜花与掌声中，吴孟超的学术步伐迈得无比坚实……

继 1978 年在长海医院申请单独成立了列入正式编制的肝胆外科，实现了吴孟超人生事业上的第一次飞跃后，1993 年 5 月肝胆外科获准成立了

吴孟超在实验室（吴孟超提供）

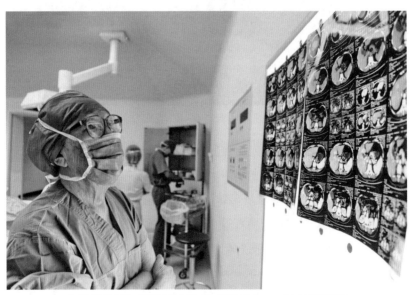

为病人开刀前，吴孟超必定会反复读片子（2011 年，方鸿辉摄）

长海医院的"院中院"，共200张床位。1996年8月，中国人民解放军总后勤部又批准独立建立东方肝胆外科医院和东方肝胆外科研究所，实现了他人生事业上的第二次飞跃。1999年医院又加以扩展，床位增至700张，使东方肝胆外科医院成为第二军医大学的第三附属医院。由此，吴孟超也实现了人生事业上的第三次大飞跃。

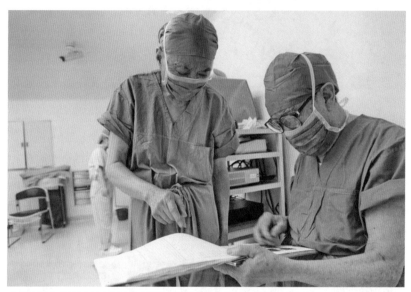

做手术前，吴孟超（右）与手术助手姚晓平再细读一遍病人的病史（2011年，方鸿辉摄）

自20世纪70年代起，吴孟超相继提出了肝癌外科治疗的一系列策略：对巨大肝癌的"二期切除"；对肝硬化肝癌的局部根治性切除；对肝癌复发再手术……而由他率先成功开展的小儿肝脏外科研究与临床实践，让中国肝胆外科的声誉更令人瞩目。吴孟超不仅是一名优秀的外科医生、战术型医学家，更是一名高瞻远瞩的战略型科学大家。他常自谦地说是一名"手术匠"，其实早在"科学的春天"里，他至少已从两个大的方面作了思考并全身心投入了——培养人才与开展基础研究。为了让更多肝脏肿瘤病人获益，吴孟超接受了全

在第十二届亚太地区肿瘤会议上作报告（1995 年，吴孟超提供）

国各地大量的进修医生，毫无保留地传授高超的技艺，并掷地有声地表示："为了诊治更多的肝癌病人，我的所有技术属于人类，我吴孟超没有专利！"

20 世纪 90 年代，吴孟超率领的科研团队在国际上首先成功地开展了高难度的腹腔镜下肝癌、肝海绵状血管瘤切除术，肝破裂修补术和肝动脉结扎术，并且在肝癌早期诊断、肝癌病理特征、肝癌标记物、肝癌的细胞免疫和基因治疗、生物信号传递、肝脏移植诸方面的临床与基础研究上取得了重大进展。这些学术与技术的创新，直接让患者延长了生命，改善了生存质量，使肝癌术后五年生存率由 20

吴孟超获得的部分学术荣誉
（左起：陈嘉庚医药科学奖、何梁何利基金奖、英国爱丁堡皇家外科学院荣誉院士，吴孟超提供）

世纪70年代末的16%上升到80年代的38.2%和90年代的48.6%，21世纪初已达到53.2%，其中最长患者存活46年，目前仍健在。2011年8月31日是吴孟超90岁生日。当天上午他依然精神矍铄地走进开刀房，医院破例地将两台高难度手术安排在两个手术室，它们也相继迎接这位德高望重的老院长来主刀。仅花三个小时，两台大手术均圆满完成，历史记录下这是吴老从医68年来的第14280台手术。截至2012年10月，东方肝胆外科医院已施行肝胆外科手术42300例，其中肝癌切除手术20200例，手术成功率达到98.5%。

吴孟超很善于利用国外先进的科研和教学资源，首创构建科研国际合作平台和人才培养的"哑铃模式"，为东方肝胆外科医院和军队培育并引进了不少人才。吴孟超敏锐地认识到，要从源头上杜绝肝癌的发生，得奉行"治未病"的思路；要从根本上提高肝癌的防治水平，必须依赖基础研究的进步。他很有见地地提出"要把基础研究放在比临床治疗更重要的地位"的战略思想，顶住舆论与各方的压力，在东方肝胆外科研究所内组建了中德合作生物信号转导研究中

关注学生的科研新成果（2007年，吴孟超提供）

吴孟超和裘法祖祝贺学生王红阳当上了院士（2005年，吴孟超提供）

心、中日合作消化道内镜临床研究中心、中美合作肿瘤免疫和生物治疗中心、沪港合作基因病毒治疗中心等四个在国际上具有较大影响的基础研究基地，开展了肝癌信号转导研究、肝癌的病毒及基因治疗，发现肝癌细胞的重要生物学特性，用生物治疗抗肿瘤，并首创两项肝癌疫苗技术。这些都折射出吴孟超与学术追求的"肝胆相照"。

国际著名肝脏外科学家、国际肝胆胰协会前主席说："吴教授对肝癌的基础研究和临床工作在中国和国际都处于领先地位，他的成就令全球同行瞩目和钦佩。"

孜孜矻矻造就人才梯队

肝癌是全球肿瘤致死率高居第三的恶性肿瘤，也是我国常见的恶性疾患。全球每年约有70万人死于肝癌，我国卫生部门统计数据显示，全国每年有近40万的肝癌新发病例，占全球肝癌病人总数的一半以上。作为一名有时代责任感的医生，吴孟超深感任重道远。

"我吴孟超不是'千手观音'啊，怎能对付得了这么多急需手术的患者？"这便是他组建人才梯队的本初动力。而医学科学的突飞猛进，也向吴孟超提出了必须组建学术梯队的大课题。为了学术研究的持续健康发展，吴孟超始终视造就人才梯队为其不间断的也是最核心的工作之一。无论科研和行政事务多忙，他都亲自带教学生。自1978年恢复硕士生全国招考以来，他主动请缨亲自带教的硕士生、博士生与博士后已近200名。他尤其注重高层次和创新人才的培养，学生中涌现出"中国青年科学家""作出突出贡献的中国博士学位获得者""长江学者奖励计划特聘教授""中国人民解放军总后勤部科技金星"以及上海市"十大科技精英"、上海市卫生系统最高奖——"银蛇奖"等荣誉获得者，他们中已有上百名成为教授。而由吴孟超学术梯队为国内外培养的肝胆外科中高级专业人才已达几千名，其中70%以上已成为全国各单位肝胆外科的学科和学术带头人。如今由吴孟超领导的肝胆外科研究队伍，已发展成"四代同堂"、老中青俱全、硕士以上学历占90%的技术密集学科，展现了国内外同类学科少有的技术和科研阵容。他的人才培养实践以及提出的崭新机制，

吴孟超（左二）认真为前来咨询的病人作答（吴孟超提供）

得到了教育部、科技部和国家自然科学基金委的大力推广。

年逾九旬的吴孟超，仍不知疲倦地将自己的德、识、才、学毫无保留地传授给他们，并积极创建条件，让学生脱颖而出。吴孟超培养每一位研究生，首先关注的是教会他们如何做人，然后才是做事与做学问。凡是他的学生都明白，恩师一贯倡导的是医乃仁术，行医是实践仁爱之道的修炼过程，因此要当一名好医生，必须要有德行，有爱心，有人道，有济世的品格；凡从医者必须具备三种精神，那就是无欲无求的献身精神，治病救人的服务精神，求实求是的科学精神；还要有丰富的临床经验与精湛的技艺，两者相辅相成，缺一不可。凡是他的学生也都明白，恩师最讨厌的是缺乏仁爱之心，以牟利为目标的行医，治病先看病家的地位、财富，对权势者或富人用心、对报酬丰厚的事用心，而对贫者轻忽甚至粗心；医术不精，不通医典，用药不上心，甚至误用乱用或不假思索地为病人用贵重药品；开刀不细致，甚至频出事故；抬高自己，贬低同行；侥幸治好一位病人则飘飘然，到处吹嘘，若治不好，则把责任推诿旁人或同行，甚至背地里诋毁同事或同行。

科普报告后，吴孟超与杨雄里为听众题词（1997 年，方鸿辉摄）

"桃李满天下"的吴孟超2008年荣获上海十大教育功臣称号，可谓实至名归！今天的东方肝胆外科医院和研究所已被国内外学界公认为是中国肝胆外科人才起飞的"黄金高地"。凭着吴孟超的人格魅力，我国不少肝胆外科的精英都凝聚在他的周围，共铸肝胆外科的辉煌。如今吴孟超的科研团队仍在不断吸引有志于肝胆外科的青年才俊。

除了组建人才梯队，吴孟超还不忘投入科普工作。经常受邀到各地作科普报告，撰写科普文章。他明白科学研究和科学普及，如车之两轮、鸟之两翼，缺一不可。这些年来，粗粗统计一下他拍摄的科普影片、撰写的科普文章、接受媒体的采访、作各类科普报告和医学咨询等医学普及工作，也足以出版一部厚厚的肝胆科普文集。

60多年来，吴孟超的肝胆学术团队已由最初的"三人小组"，发展成专科、研究中心、研究所。他所组建的东方肝胆外科医院（三级甲等医院）和肝胆外科研究所，成为迄今国际上规模最大的肝胆疾病诊疗中心和科研基地，起到了推动我国乃至世界肝脏外科发展的作用，并使我国在该领域的研究和诊治水平居国际领先地位。

吴孟超为方鸿辉编辑的《中国科学院院士自述》题词（1996年，凤鸣摄）

2006年年初，吴孟超联合了汤钊猷、顾健人、闻玉梅、郑树森、杨胜利、王红阳等六位院士，向国务院提交了"集成式开展肝癌研究"的报告，得到了国家领导人的高度重视。同年吴孟超荣获2005年度国家最高科学技术奖。2010年12月，国家发改委正式批复国家肝癌科学中心项目的可行性研究报告。2011年10月12日举行国家肝癌科学中心项目开工仪式，选址在上海市嘉定区安亭镇东方肝胆外科医院的新院区。

2015年10月18日，落户嘉定安亭的新院——第二军医大学第三附属医院（上海东方肝胆外科医院）正式试运行。这是国内一次性建成的体量最大的三甲医院，占地397亩，建筑面积22.28万平方米，床位1500张。医院定位于立足上海、服务军队、面向全国，七位一体（军事卫勤、医疗、教学、科研、预防保健、康复、急救），国内先进的"大专科、小综合"研究型医院，按照三级综合医院标准建设。医院拥有上海首台第五代射波刀系统、全球最先进的能谱CT设备和全球领先的52环PET-CT等。30间手术室全部为空气净化手术室，其中6间为百级层流手术室，1间为数字一体化手术室。当然，安亭新院

第二军医大学第三附属医院（东方肝胆外科医院）安亭新院（方鸿辉摄）

最大的特色还在于其拥有肝脏外科手术和综合治疗领域有独到见解的顶尖人才，包括杨甲梅、杨广顺、俞卫锋、张永杰、赵学、何建、刘国勤教授等一大批肝胆疾病诊疗以及在骨科、心内科等方面有突出贡献的30多名各学科一流学者与专家，为病人提供综合性的医疗服务。与新院毗邻的国家肝癌科学中心也已竣工，该中心聚焦肝癌研究领域的重大科技攻关，为肝胆肿瘤的精准治疗提供支持，可谓交相呼应，相得益彰。这幅蓝图的勾画与软硬件的配置，总设计师就是吴孟超院士。安亭新院与国家肝癌科学中心，是他耄耋之年完满实现的事业上另一个大梦想，诚可谓吴老实现了人生事业上的第四次大飞跃。

2016年1月8日，94岁的吴孟超院士带领助手，在安亭新院亲自主刀为45岁的患者叶某成功切除13厘米×15厘米的右肝巨大肿瘤。这是新院试运行后开展的第一台肝胆外科手术，标志着新院外科手术的正式启动。

那些年吴孟超依然肩挑临床、科研、教学和行政四副担子，每天时间安排很紧，每周二的专家门诊雷打不动，还不时要去检查位于上海西北角的嘉定的国家肝癌科学中心和东方肝胆新院的工作。平时只要没有非去不可的会诊或会议，他几乎天天都会站在手术台前。"我经常是早晨八点半进开刀房，小手术能做两三台，大手术就做一台，从手术台上下来总差不多一两点钟了。"吴孟超平静地说道。

"吴氏穿衣法"——将手术袍高高抛起，双手顺势进了袖笼（2011年，方鸿辉摄）

2011 年 9 月 19 日，笔者亲眼目睹了吴老主刀为一位肝癌患者切除巨大肿瘤的全过程。肿瘤切除程序干净，动作利索，连最后的缝合都亲自做完，可谓一气呵成。如此高难度的肝脏手术，在耄耋之年的吴老手中却是如此娴熟。要不是亲眼所见，很难想象一位九十高龄的老人在手术室会如此精神抖擞，干净利索。

理智地思考，这样高龄的医学大家从事临床工作已十分罕见，而上台操主刀做肝脏大手术的，恐怕绝无仅有，这也真该录入世界吉尼斯纪录了吧！

60 多年的外科手术生涯，给吴孟超的右手留下了一个特别的标记：他的食指的指尖向大拇指方向蜷曲，而中指的指尖却向无名指方向蜷曲。摊开手掌，如果不刻意地并拢，食指和中指的第一节就会形成一个小小的"V"形。吴孟超看着自己的手，笑着说："60 多年了，每天要开刀、缝合、用手术钳，就变成这模样了。"这就是当年被朱镕基总理称为"国宝"的手！这个"V"形是 60 多年执著外科手术的标

吴孟超肝胆外科医学奖颁奖仪式后，吴孟超、裘法祖、谈家桢等与获奖者合影（吴孟超提供）

记，更是吴孟超肝胆外科事业有成的象征。跟在吴老身边的人都知道，他做手术时眼睛并不是总盯着手术部位，而是看着前方患者实测各项生理数据的显示屏，只见他的双手在腹腔里摸索游走，但经常是不费一刀一剪，就麻利地把肿瘤带着包膜完整地剥离下来。这些"手法"别说是摄像机，就连跟随他多年的弟子们也没悟透。

1997年，吴孟超将自己多年来所获得的各类奖金全部捐献出来，申请成立了"吴孟超肝胆外科医学基金"（目前基金已达1000多万元），设立了"吴孟超肝胆外科医学奖"，对全国各地在医学创新（尤其是在肝胆外科领域）上作出突出

国际编号17606号小行星被命名为"吴孟超星"的证书

贡献的学者进行奖励，当然对医学创新课题也给予奖励。迄今，该基金已奖励了60多位在医学领域作出创新性贡献的杰出专家。

这不也折射出医学教育家吴孟超与人才梯队的"肝胆相照"吗？

2010年7月26日，国际小行星中心确认第17606号小行星被永久命名为"吴孟超星"。2011年5月3日，国家科技部举行有关第17606号小行星命名为"吴孟超星"的仪式。苍穹中一颗闪亮的"吴孟超星"在永恒地运行，昭示每一位白衣"仁者"要始终为人类的健康事业肝胆相照。

2012年2月，感动中国组委会授予吴孟超的颁奖辞：60年前，他搭建了第一张手术台，到今天也没有离开。手中一把刀，游刃肝胆，依然精准，心中一团火，守着誓言，从未熄灭……

附录

吴孟超院士已95岁了（2017年），依然每周要亲自主刀多台高难度的肝胆手术，坐堂周二上午的专家门诊，主持着东方肝胆外科医院院长和研究所所长的日常实务，并亲自带教着多名研究生，还不时要跑到嘉定的东方肝胆新院和中国肝癌研究中心指导工作……究竟是什么力量，使这位年逾九旬的老科学家依然充溢如此的生机？

大医为人与处世

成功做事的前提——学会做人

成功手术后的喜悦

一个人不管有多聪明，多能干，背景条件有多好，如果不懂得如何做人，那么最终的结局很可能就是失败。做人是一门大学问，也是一门大艺术。很多人之所以一辈子都碌碌无为，那是因为活了一辈子都没有弄明白该怎样去做人。至于如何做事与做学问，有了如何做人来垫底，事在人为么！

看来，对每个人来说亟须解答的人生最大的问题也就是"怎样做人"。从吴孟超一生所走过的人生与学术道路——在坎坷中奋斗，在成功中继续努力，在仁者

医人中以行动所作的种种诠释……都毫无疑义地说明：吴孟超已经

医人中以行动所作的种种诠释……都毫无疑义地说明：吴孟超已经很高尚地解答了这个问题。

分析吴孟超在做事与做学问上能取得如此辉煌的成就，最关键的一点是他一生都在孜孜矻矻地寻求如何做人，他所走过的道路处处透射出他特有的做人通则与做人技巧。

做个有志向的人

一生坎坷的吴孟超，所踩踏出的科学道路，处处体现了自强、自立、自信、自超。他很早就立下了志向，用时髦的话叫作"有梦想"。

"我原先的名字叫孟秋，在念书念到一年级以后，我就觉得这个'秋'字不太好，有一点像女孩子的名字，我有一点不太服气。当时就想，'秋'跟'超'在福建口音中有一点音相近，于是我就把这个字改了，是我自己改的……"这应该是童年吴孟超从内心呼唤自强的信号——要做一名堂堂正正的强者，也是他性格中"自强"火苗在心灵的闪现。

更有意思的是，吴孟超一旦立志要"当一名外科医生"后，哪怕面对留同济大学医学院当小儿科医生这一旁人看来是"捧到了金饭碗"的好职位，也被他毫不迟疑地抛弃。要知道那是发生在中华人民共和国刚建立的上海，对初出茅庐的吴孟超来说是人生地不熟，找工作又是十分困难的时间与地点。于是，这位怀揣名校毕业证书的高材生成了踯躅街头的失业者。他就是这样一位不达目的不罢休、咬定青山不放松的倔汉子。他心里很明白：打垮自己的往往不是别人，而是自己，不要把一次失败就看成是人生的终结。

志向既定，成功的道路就得靠自己去闯。做人有困惑，做事有困境，世上没有一帆风顺的事，只看你有没有坚强的信心与坚韧的毅力。他敢于作出这样的抉择，正体现了心灵中有一种超越的志向和追求。由立志当一名外科医生的职业志向，以后进化为"医者仁心"的大医志向。

为实现这个人生志向，一旦有幸当上一名外科军医后，他便以充沛的精力、执著的坚毅和脚踏实地的努力，以仁爱之心挽救每一位他所施救的病患者，竟然从死神手中拉回了14000多名肝胆癌症患者的性命，这项事业是多么不朽！俗话说"救人一命，胜造七级浮屠"，吴孟超一辈子在奋不顾身地援救面临死亡威胁的这么大量的病人，该是胜造了多少"七级浮屠"？如佛家常说的"诸恶莫作，众善奉行"，吴孟超虽不是佛教徒，但他毕生在奉行众善。只有践行了"仁者爱人"的做人准则与志向，吴孟超才会有如此坚定的"仁者大医"的追求，才推动他作出了一系列创新成果，才取得了一系列肝胆事业的飞跃，也才支撑他九十高龄依然能高高地扬起生命的风帆。

现今的年轻人往往功利地混淆了两个概念，将一个人的职业志向等同于人生志向。由此导致不少人为追求外在的成功、光鲜的社会地位和令人羡慕的高收入而无休止地"炒鱿鱼"，走花灯似的频频跳槽，到头来生命的意义又会有多大的光辉？

吴孟超的成功做人，首先体现在好男儿早立志，敢于自己拍板，不怕失败，不轻言放弃。成功时，从不

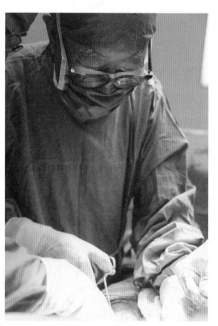

年逾九旬的吴孟超手术动作依然极其利索（2013年，方鸿辉摄）

得意忘形；失败时，更不会灰心丧气。他也从不怨天尤人，抱怨命运不公。面对"山重水复"之关卡，勇创"柳暗花明"之境界，始终用信心去战胜一切困难。欲成就人生一番事业，就要敢担当，干大事，揽难事。立个志向，持之以恒；树个目标，人生才有前行的方向。

做个有仁爱之心的人

"德不近佛者不可为医，才不近仙者不可为医"。真正的"佛"和"仙"我们都没有见过，我们所看到的是慈眉善目的全心全意为患者尽力的好医生——吴孟超。

孙思邈在《大医精诚》中谈论医德时，要求所有从医人员必须做到两点：第一要"精"，即要有精湛的医术，因为医道是"至精至微之事"，从医者必须"博极医源，精勤不倦"；第二要"诚"，即从医者要有崇高的品德修养，具一颗"见彼苦恼，若己有之"感同身受之心，能策发"大慈恻隐之心"，方能发愿立誓"普救生灵之苦"。真所谓精诚所至，金石为开，允"精"允"诚"，乃为大医！

吴孟超所走过的从医道路，得到了恩师裘法祖教授为医之术的指导和为医之道的熏陶。"裘老师常说：治疗病人犹如将他们'一个一个背过河'；对待功、名、利禄要'一身正气、两袖清风、三餐温饱、四大皆空'……这些富含人生哲理的话语，同先辈们说的'医乃生死所系，非仁爱之士不可托也'有异曲同工之妙啊！"他还常说："从医这么多年，我时时记住裘老师讲过的一句话——医术有高低，医德最要紧。"

正是这些为人之道的人文情怀，使吴孟超获益匪浅。往后数十年从医生涯中，他一贯待老师敬若父母，待病人不分贵贱，待战友心地坦诚，待学生甘为人梯。"做医生在品格上至少要具备三种精神：

慈眉善目的精诚大医（2013年，方鸿辉摄）

无欲无求的献身精神，治病救人的服务精神，求实求是的科学精神。"吴孟超时时处处都体现了这三种精神。

每年的大年初一清晨，作为院长的吴孟超总会第一个赶到病房，向全院上下所有病人和值班医务人员拜年，将新年的第一声祝福送给他们。

1986年，吴孟超任第二军医大学分管医疗科研和外事的副校长后，由于手术、科研、带教研究生、肝胆外科主任等工作还兼着，实在忙得连气都喘不过来，领导决定不再让他"出门诊"，但名声在外，疑难高危病人还是牵挂着大医吴孟超，竟连连发生"拦路求医"的事件，甚至深夜开会回家，还有病人等在家门口求医……这些求医者往往是肝癌晚期或手术难度极大者，或外院不肯接收的危重病人，而且往往又都是没有"门路"的贫困者。"只要你吴孟超看过了，摸过了，哪怕死了，我也闭眼都闭了。"

吴孟超没有抱怨，而是深深地自责，"不出门诊，在一定程度上阻断了我与患者的联系，这些病人需要我呀，这也是他们对我的信任呀！"不管肩上有四副担子也好，五副担子也罢，立即重启吴孟超专家门诊，定在每周二上午，数十年雷打不动。

"哪里人呀？""做什么的？""家里几口人呀？"……吴孟超看病

先同患者聊家常。温馨的话语，平等的交流，让患者面对大医的紧张心理得以放松。听完患者的诉说，看了患者曾经做过的各项检查资料，就细细询问患者目前的症状，若需检查，他会细心地拉上屏风，冬天还会把手搓热，轻轻摁下病人的腹部，轻声询问病人哪里有触痛点。作完检查，他习惯地弯腰将病人的鞋子摆在最适宜病人下床穿着的位置。若能够做 B 超明确诊断的，绝不做其他昂贵的检查，而且他还会亲自为病人做 B 超。

东方肝胆外科医院的所有员工都从心底理解吴孟超院长常说的："不能把医院开成药店，把病人当作摇钱树""一名好医生应该眼里看的是病，心里想的是人""医本仁术，医学是一门以心灵温暖心灵的科学"……

仁爱与善良是人性光辉中最温暖、最美丽、最让人感动的一缕，就像一盏明灯，既照亮了周遭的人，也温暖了自己。仁爱与善良会相

每周二上午的吴孟超专家门诊是雷打不动的（2013 年，方鸿辉摄）

互感染和传播，也推动了吴孟超的肝胆事业走向成功，走向辉煌。

做个身心健康的人

1964年，清华大学为年过八旬的体育老师马约翰先生开庆祝会，因为他已经为清华大学整整服务了50年，几乎所有在清华上过学的学生都曾接受过马先生的教诲，或许在每天的体育锻炼中，或许在体育课的课堂中，他就在你的身边，虽不那么起眼。时任清华校长的蒋南翔认为，马先生用自己的人生书写了清华的一种传统，号召清华学子向马先生学习，并提出一个最质朴也最有感染力的口号——为祖国健康工作50年。

人生苦短，很难有两个50年。事实上，从"二十弱冠"到"年逾古稀"的50年，几乎也就是一个人的一辈子了。人这一辈子该干

与患者门诊交流告一段落后，吴孟超会亲自为他们做B超（2017年，方鸿辉摄）

什么？吴孟超的回答是：与祖国同命运，只有在"大我"中才能实现"小我"。但是，要达成这个目标并非是一件易事，尤其是中国老一代的知识分子，多风雨多磨难，能健健康康度过中年且在学术上有所建树已是天大的幸事。"为祖国健康工作50年"对大多数知识分子来说或许仅是一种奢望，30年还有可能，40年已凤毛麟角，50年更是遥不可及。不少优秀的精英，中年早逝已不鲜见。但是，吴孟超实实在在地做到了"为祖国健康工作70多年"，而且做得很辉煌。如今已93岁高龄的吴孟超依然把每天的时间安排得密不透风。

这里所谓的"健康"包含两个方面：心智健康和体魄健康。

从心智方面来看，吴孟超一辈子牢记《易经大传》中"天行健，君子以自强不息""地势坤，君子以厚德载物"的精粹，以建立自己强健的心理和完整的人格。真正有见识的"君子"当知天时、任时命，顺"天道"——自然规律。而"厚德载物"就是要像大地那样广博宽厚，容纳万物，这也是国人修身养性的积极方面。厚德的本意就是要加强道德修养。中华民族是一个非常崇尚道德的民族。五千年来，无论世事如何变化，勤俭、忠义、谦让、孝顺都是亘古不衰的美德，多少古圣先贤更是视之为传家宝。大凡成功的人，往往也都是德行高尚的人，心理健康的人。吴孟超就是有这种教养的，往往不以术而以德，往往不以谋而以道，往往不以权而以礼，来成就其事业的。

有教养的人在自己独处时，超脱自然，会管好自己的心，在与人相处的时候则为他人着想。"假如我是他"则是吴孟超待人处世的永恒守则和美丽的心灵换位艺术。与人为善，淡然从容，宁静致远，自我反思，则事事放心、顺心。

遵照中央军委调整领导班子应遵循革命化、年轻化、知识化、专业化的精神，1985年总后勤部部长洪学智将军通过与吴孟超的反复接触，很理性地意识到吴孟超这位小个子专家非同寻常，正是他希冀寻找的第二军医大学校长的最佳人选，便直言相告，希望他挑起这副重担。同样理性的吴孟超秉直回复："首长，我是个医生，我希望做临床。"洪部长一时以为吴孟超"真怕干不好"或是大专家固有的谦虚，姑且让他再考虑考虑吧。谁料两个月后在北京，洪部长再次同吴孟超谈这件事时，心系肝胆外科事业的吴孟超便斩钉截铁地回复："部长，我真的干不了。"在外人看来这是求之不得的大好机会，却被吴孟超放弃了。因为他心中早有大志向——要攻克肝癌。再诱惑人的权重位高都对他没有任何吸引力。他就怕担任一校之长而干扰了他心中宏图大略的实现。经过激烈的"讨价还价"，1986年吴孟超才很"被动"地担任了第二军医大学分管医疗科研与外事的副校长，并被破例地应允他兼任肝胆外科主任。连任两届后，绝不"恋栈"，又全身心地扑入他心爱的肝胆事业。这种心理是何等健康！

2005年冬天，吴孟超被推荐参评国家最高科学技术奖，上级派

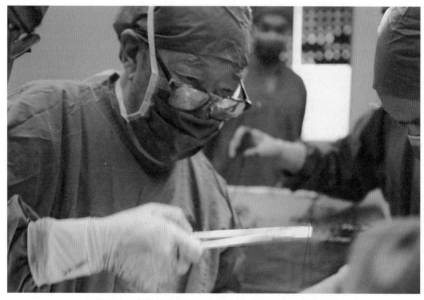

吴孟超连手术的缝合操作都自己完成（2013年，方鸿辉摄）

人对他进行实地考核，确定第二天上午与他谈话。机关考虑到这是件大事，取消了他原定的手术。吴孟超得知后，坚持手术不能推迟。考核组的同志感到不解：这是个什么病人，怎么这么重要？

下午谈话时，禁不住温和地问了一句："吴老，上午在给谁做手术呀？"吴老说："一位河南的农民，病得很重，家里又穷，乡亲们凑了钱才来上海的，多住一天院，对他们都是负担。实在抱歉，让你们等我了。"考核组的同志听了肃然起敬，这种感动是从心底迸发出的。单凭这一小小的举止，已足以大大褒奖。由此，我们也可洞见这位国家最高科技奖获得者的健康的心理。

这就是吴孟超，一位把患者的生命看得比天还大，把老百姓的利益看得高于一切的人！一位真正与病人肝胆相照、与医学科学事业肝胆相照、与人类健康生存肝胆相照的人！一位确确实实配得上大

作为泰斗级肝胆医学大家，吴孟超珍惜每一次的会诊和病例研讨，并视之为学习和提高的大好机会（2012年，方鸿辉摄）

写的人，配得上获得国家最高科技奖的大医！

至于说到吴孟超的体魄健康，他没有留过洋、啃过洋面包，自然也没有养成打网球、打高尔夫球等高雅运动的习惯。他年逾九旬，仍能猛虎下山般有活力，完全得益于日常不停地思考与劳作，以手术、讲课、实验、著述等轮番辛劳，以达到健体的效果。俗话说"心灵手巧"，其实"手巧"也促进"心灵"。这里的"心"乃是指"大脑"。只要脑健，身体自然健。

数十年兢兢业业，他还练就了过硬的"站功""饿功""憋功"。一台大手术常常要连续站七八个小时，饿着肚子不能进食（高度紧张往往也体察不出饿与渴），哪怕术前再少喝水也难能七八（甚至十来个）个小时憋着尿。2011年采访程月娥护士长时，她说到"开完刀就要洗一个澡，这几乎也是所有外科医生的惯例。吴老开完刀也总要

2012年5月，吴孟超带着两个女儿到他在云南求学时常去的国立西南联合大学旧址参观，回忆当年的峥嵘岁月（吴孟超提供）

洗个澡出手术室。可是，过春节放长假他不开刀了，会觉得很难受，他总是觉得不踏实，因此会来医院查好房再洗个澡，权当做过手术了，兴许是过个瘾吧！"

也许读者会认为，吴孟超平时的饮食恐怕是"超级"的，否则何以有如此神奇的精力？

吴孟超的大女儿吴玲说，"我爸吃的很简单。他对生活一点要求都没有，吃没有要求，穿没有要求，住也没有要求，都没有特殊要求……"他每天早晨自己煮（现在由阿姨帮忙）一瓶脱脂牛奶，放入几粒枸杞，待梳洗完后，再泡入几片曲奇饼干，就当早餐了。上午若连续两台手术，一般下午 2 点左右在医院吃手术餐，但他从不吃自助手术餐，食堂会为他煮一碗稀饭（地瓜稀饭，南瓜稀饭或红枣稀饭）当主食，而辅食往往就是炒得很清淡的蔬菜或一小块鱼，然后就是半根香蕉。若手术在上午 11 点前结束，吴老就会回家吃午饭，吴

每一次采访结束后，吴孟超都高兴地与采访者方鸿辉合影留念（2012 年，吴月明摄）

玲说："中午如果回来的话，就大半碗米饭，然后烧一个荤菜，有时候炒两个素菜，我们三个人（指吴孟超和女儿吴玲以及保姆）一起吃。晚上的话就烧一锅稀饭，喝喝稀饭，菜都要很清淡的，不吃太油腻的，有时候就只喝稀饭，有时候吃点阿姨做的饼或食堂买的馒头什么的。"护士把自己做的糖醋大蒜头或生姜片送他，他倒是很喜欢吃的，而且家里常备从铺子里买来的酱大蒜头和酱生姜片。

吴孟超能有如此健康的体魄，同他注意养生是密切相关的。当然，同他一辈子存好心、做好人、有个贤惠的妻子与和睦的家庭，让他欢喜充心、愉悦映脸、乐观向上，更密切相关了。

诗人歌德赞叹道："这些人是不平凡的天才，他们在经历一种第二届青春……"

生理年龄的青春诚然可贵，而能永葆心理年龄的青春，就更难能可贵了。吴孟超肌肤虽已衰老，然而他对科学事业的执著与热情依然不减当年。因为他明白：岁月悠悠，衰微只及肌肤；热忱抛却，颓唐必至灵魂；忧烦、惶恐、丧失自信，定使心灵扭曲，意气如灰；生命是如此短促，"攻克肝癌，还有许多事情要做，必须争分夺秒"！

这就是令吴孟超充溢勇锐之气的源泉。

青春，对于年逾九旬的科学泰斗吴孟超来说是永存的，毕竟他有"深沉的意志、恢宏的想象、炽热的情感"。

苍穹中一颗闪亮的"吴孟超星"在永恒地运行，昭示每一位白衣"仁者"：要始终与人类的健康事业肝胆相照，要做一位有良心的好医生！

不断学习、探索与审美，既是修身养性的胜境，也是事业成功的源头活水。

谷超豪

（方鸿辉摄）

谷超豪（1926—2012） 数学家。1948年毕业于浙江大学数学系，1953年起在复旦大学任教，1957年赴苏联莫斯科大学进修，获科学博士学位。回国后任复旦大学教授。1980年当选中国科学院数学物理学部委员（院士）。历任复旦大学副校长、中国科学技术大学校长。长期从事偏微分方程、微分几何、数学物理等方面的研究和教学工作。在一般空间微分几何学、齐性黎曼空间、无限维变换拟群、双曲型和混合型偏微分方程、规范场理论、调和映照和孤立子理论等方面匀取得了系统、重要的研究成果。特别是首次提出了高维、高阶混合型方程的系统理论，在超音速绕流的数学问题、规范场的数学结构、波映照和高维时空的孤立子的研究中取得了重要突破。撰有《数学物理方程》等专著。研究成果"规范场数学结构""非线性双曲型方程组和混合型偏微分方程的研究""经典规范场"分别获全国科学大会奖、国家自然科学奖二等奖和三等奖。曾获得2009年度国家最高科学技术奖。2009年8月，经国际小行星中心和命名委员会批准，国际编号为171448的小行星被命名为"谷超豪星"。

人生几何学几何

——谷超豪的诗性数学人生

诗人与数学家似乎是风马牛不相及的两类人。

诗歌属艺术门类，基本上是情感的产物。做诗无疑要靠形象思维，因此诗人必须具备自由驰骋的思想，有天马行空的想象，会无中生有的创造。数学则属自然哲学，是一门严谨的工具学科。数学所探寻的是自然界本质的原理与规律，是数与形的表达，必然是理性思考与逻辑推理的结果。

数学家讲究的是严谨的假设与缜密的推理，必须具备做学问的一丝不苟的作风，具有将扎实的基础不断予以深化、拓展以逐步逼近真理的能力。再说，诗歌与数学所用的是两套完全不同的语言系统：做诗采用的是人们日常生活的语言；数学则采用描述自然的特有语言——数、形与一整套严密的逻辑推理符号。

那么，情感与理性能协调吗？这两种气质能在同一个人身上和谐地统一吗？

在数学家谷超豪身上，我们找到了答案。

数苑从来思不停，穿云驰车亦有成。

且喜高空得孤子，相互作用不变形。

谷超豪院士（谷超豪提供）

在"谷超豪星"命名仪式上（谷超豪提供）

这是中国科学院谷超豪院士在担任中国科学技术大学校长期间写就的一首诗。当年（1988—1993），他经常要往返于上海与合肥之间，年过六旬，科研、教学与行政三副担子沉沉地压在肩头。上帝给每个人的时间都是每天 24 小时，不会因为你位高权重而有任何优待，这就迫使谷超豪将兼有的诗人的奔放与科学家的缜密完美地融合起来，追求简洁、对称与和谐，就成了他思考与处理科研、教学与行政问题的准则。在繁忙的科研工作之暇，甚至在出差公务的路途中，他也会惜时如金地调动大脑皮层中可致利用的相关信息，综合并交错地思考、碰撞，令创新成果迭出。上述精妙的诗篇就是他在飞机上思考"孤立子"问题时的偶得。可见，谷超豪确实具有诗人与数学家的通感。

若要寻找数学家与诗人间的通感，其实还是能觅到一些端倪的。我们不妨从诗歌与数学探寻的本质与表达的形式来作些比较。诗歌与数学公式、定律，都能表达纷繁复杂的社会与自然的现象与规律，化繁杂为简洁，抓住核心，推陈出新。可以说，它们都是创新的思想成果。诗人情感奔放的背后，是在追寻做人之理，处世之道，所谓"诗言志"，它与数学探寻的自然之道、万物之理同出一辙。而且，它们在智慧反映与形式表达上与美学的三大特征——简洁、对称、和

谷超豪在复旦大学办公室思考（2002 年，方正怡摄）

谐，也是完全相通的。尤其是诗词表达的弹性与无言之美，总以含蓄暗示、若即若离而引人入胜，它与数学表达的简洁、本质与深刻又何其相似乃尔！因此，谷超豪认为：诗歌"比别类文学更严谨、更纯粹、更精微"，与数学理论能"从尽可能少的假设和公理出发，用最简洁的形式，概括尽可能多的经验事实"，在表述上有异曲同工之妙。难怪有人赞美数学定律、公式和理论之美是"用数学语言写就的诗"，或简称之"数学诗"。

谷超豪还认为：数学与古体诗词的相通，除了两者都用简洁的语言来表达丰富的世界外（譬如射影几何学采用直线、点、相交性等一些简朴的概念以描述丰满、完善的理论），数学还极其重视对称，这与古体诗中的"对仗"又是多么相似！

谷超豪将诗人的浪漫、自由驰骋的思想，与数学家的严谨、一丝不苟的逻辑，这两种气质和谐地熔铸一身，体现了数学大师特有的做人、做事、做学问的思维方式，他的辉煌数学人生也因此而充满了诗情画意。

下面，我们循着谷超豪不同年代的诗作，来探寻这位数学大师诗性的数学人生。

读书明真理，宣誓向红星

往 事 自 述

（一）

稚年知国恨，挥笔欲请缨。

读书明真理，宣誓向红星。

隐身刀丛里，埋首纸堆深。

谁知胜利日，国事又惊心。

（二）

杭城柳色新，众志已成城。

学社名求是，文章抒激情。

喜逢故乡客，重作联络人。

黑夜见灯塔，奔走为黎明。

（三）

大海波涛涌，何复惜此身。

通衢双轮过，厂所单人行。

科技须保护，教育宜更新。

喜见天明朗，会师情谊深。

　　这首《往事自述》写于1988年，中共上海市教育卫生工作委员会和市委组织部"同意恢复谷超豪同志脱党期间（指重新入党前）的党籍，党龄从1940年3月起连续计算"的复议决定，令诗人激情澎湃，回忆往事而直抒胸臆。

　　1926年5月15日，谷超豪生于浙江永嘉县城区（现温州市鹿城区）。1933年春，谷超豪进瓯江小学接受启蒙教育，由于之前他曾在一所私塾里读过两年语文和算学，故直接插班到二年级下。瓯江小学是温州当地一所高水平的学校，少年谷超豪在这里养成了良好的学习习惯，接受了正确知识与正直为人的启蒙。

　　当时，正值日寇加紧对华侵略，整个学校的教学活动也充分体现了爱国救国

读初中时的谷超豪（谷超豪提供）

的主题,尤其是在语文、常识等课程中,渗透着近百年中华民族被侵略、遭欺凌的内涵,使少年谷超豪"稚年知国恨,挥笔欲请缨"。多年以后,谷超豪依然能清晰地回忆:"我高年级的语文课是徐达之先生教的,他所选用的教本不是通常使用的教材,而是一本称为《给年少者》的文集,是由读书生活出版社出版的,内容大多取自进步作家的著作,呼吁团结抗日,呼吁人民奋起,对我们有很大的激励作用。书中还附有许多扣人心弦的图片,直观地显现中国人民抵抗侵略的英勇气概。"学校的周会活动,则鼓励学生自编自演各种富有教益的短剧,谷超豪努力参与其中。他们还经常合唱《五月的鲜花》《锄头歌》《开路先锋》等歌颂先烈、申诉劳苦的进步歌曲,这些都在谷超豪幼小的心灵中激发了向上的情操,播下了革命的种子,朦朦胧胧地知道该"怎样做人"的道理。

当然,瓯江小学也让少年谷超豪学到了"世界上没有什么神仙,刮风、下雨、打雷、闪电等都是自然现象"。尤其是在学校的礼堂里,一条孙中山先生的格言,谷超豪还记得清清楚楚——青少年要立志做大事,不要立志做大官。尽管日后事业的需求,推谷超豪当上"大官",但少年谷超豪心中的大事就是"救国"和"科学发明",即此生要做两件大事:一是要做科学家;二是要做革命家。现在看来,谷超豪的一生确实脚踏实地地实现了他年少时所立下的志向:热爱科学,以国家的需要为己任。真可谓"读书明真理,宣誓向红星"。

瓯江小学的教学活动也激发了少年谷超豪对数学的兴趣。还在三年级时,张竹钦老师将分数化为循环小数时,1/3 居然可以写成 0.333333…,使谷超豪大为惊讶,也令他思考得更深入。在后来做算术应用题"鸡兔同笼""童子分桃"时,同伴们都觉得挺困难,而谷超豪除了能熟练运用算术解法外,还进一步尝试用代数方法来解了。从四年级开始,谷超豪还津津有味地阅读起历史小说,凡能弄到手的图书诸如《三国演义》《东周列国志》他都反复阅读。以后，家里请了一位老先生教"夜学"，又让谷超豪读了《千家诗》《诗经》等典籍，这也为他打下了较扎实的古典文学基础。出于对周围世界的新奇感和强烈的求知欲，谷超豪从小就对各类课外读物爱不释手，大量的阅读不仅使他增长了知识，也感悟出学科间的联系。

1938 年，谷超豪转入温州中学初中部。开学不久，老师在课堂上发问：一个四边形，每边边长都是 1，面积是否是 1？谷超豪不假思索地答道"不一定是 1"。道理很简单，把这个四边形压扁成直线了，面积就变 0 了。谷超豪的发散思维得到了老师的赞扬和鼓励，而老师的启发式教学，也令谷超豪学习的主动性更强了，对数、形等逻辑判断能力也更强了。

谷超豪还记得：初中一年级暑假，正当他看武侠小说入迷时，他的哥哥谷超英给了他三本书——艾思奇的《大众哲学》、伊林的《十万个为什么》和别莱利曼的《趣味数学》。整个暑假他将这三本书反复阅读，尽管尚有不少疑难，但还是初步了解了什么叫"唯物论"，什么是"辩证法"，懂得科学与日常生活是密切相关的，而且使他钻研数学的劲头更大了。

朝着努力使学养丰厚、文理贯通目标进发的谷超豪，从青少年时代起就显示出较同龄孩子聪慧与懂事的特点，艰苦的抗战环境又让他意识到"国家兴亡，匹夫有责"。从初中开始，他就不由自主地投身抗战宣传，加入进步组织——

青年时代的谷超豪（谷超豪提供）

"九月读书会"，研读起毛泽东的《论持久战》，开始相信马克思主义，相信唯物辩证法，跟着老大哥一起搞革命活动，诸如在温州市区张贴标语，下乡宣传抗日……在初中三年级时，谷超豪就加入了中国共产党（那年他才 14 岁）。真可谓"隐身刀丛里，埋首纸堆深"。

1943 年，谷超豪从温州中学高中部毕业后，考入浙江大学龙泉分校，9 月份到龙泉进入数学系求学。那年，因温州中学中共党支部书记被捕，谷超豪失去了与党组织的联络，但他为党的事业奋斗的意志依然是不动摇的。除了学好数学专业外，谷超豪的精力很大一部分倾注于如火如荼的学生运动之中，诸如发起成立"求是学社"，邀请马寅初等民主人士来校演讲以揭露官僚资本对中国经济的危害，组织"六一三"反内战游行，发起组织"温州大专学校学生暑期联谊会"，将英国轮船赶出瓯江等。尤其是在 1946 年下半年浙大总校迁回杭州后，在总校和杭州分校两股进步力量的汇合中，谷超豪发挥了

谷超豪在家里辛勤耕耘（2006 年，方正怡摄）

谷超豪与胡和生的结婚照（1957年，谷超豪提供）

很大的作用。1948年，谷超豪重新履行了入党申请，并于3月得到批准。真可谓"喜逢故乡客，重作联络人。黑夜见灯塔，奔走为黎明"。1948年下半年，谷超豪在浙大发起组织了旨在吸引爱好科技的学生以从事学术交流和进步学生运动的"求是科学社"，当年的100多名社员中，不少人日后为新中国的建设作出了大贡献，其中胡海昌、潘家铮、杨福愉、沈允钢、沈家骢、韩祯祥等都当上了中国科学院或中国工程院的院士。

值得指出的还有1948年冬，当得知国民党国防部雷达研究所从南京迁到杭州后，谷超豪根据党组织的指令，成功地策动该研究所人员的起义，打破了国民党国防部妄图将雷达研究所进一步南迁台湾的梦想，使人民解放军顺利接管了该所的人员、装备和所有器材。"喜见天明朗，会师情谊深。"

人生几何学几何

昨辞匡庐今蓬莱，浪拍船舷夜不眠。
曲面全凸形难变，线素双曲群可迁。
晴空灿烂霞掩日，碧海苍茫水映天。
人生几何学几何，不学庄生殆无边。

这首写于 1986 年的《乘船去舟山讲学》，形似诗人对当时中学生中流行的"人生有几何，何必学几何"打油诗的新释，其实倒是对不懈努力的谷超豪数学人生的心境与写照。

要在数学中不断攀登高峰，必须对数学有持久的兴趣。从小学起，谷超豪已被数学的魅力所倾倒。到了中学时代，随着阅读能力的提高，课外阅读成了谷超豪的最爱。谷超豪还清晰地记得当年读刘熏宇的著作《数学的园地》令他着迷的情形：在听中学物理课时，谷超豪自以为对速度、加速度的概念已牢固掌握了，然而读了《数学的园地》后，他惊奇地发现，精确的速度概念要用微积分才能表达。为了能精确表达，必须跨入微积分领域。由此，他自学的兴趣越发浓厚了。在大学一二年级时，由于家乡沦陷，谷超豪被困在家里，他便找来了 Gousart 的 *Mathematical Analysis* 自学，反复阅读和演算的结果，让他深入地了解了数学分析法，掌握了射影几何的初步知识，也尝到了自学的甜头。

大学高年级时，谷超豪有幸得到了苏步青和陈建功先生的栽培。

莫斯科大学校长彼得洛夫斯基院士祝贺谷超豪获科学博士学位（1959 年，谷超豪提供）

在莫斯科大学博士论文答辩会上报告（1959年，谷超豪提供）

那时，谷超豪除了按课程进度学习外，还有机会参加苏步青和陈建功先生主持的讨论班。凡参加讨论班的成员都要攻读指定的论文并回答专家的提问。当年浙大有一个规定，一位学生不能同时参加几何讨论班（苏步青主持）与函数论讨论班（陈建功主持）。然而经过苏先生和陈先生的研究，由于谷超豪与张鸣镛两位同学在几何与分析两方面均有潜力，破格地允许他俩可同时参加这两个班。这对日后谷超豪能在这两个方向上均有建树作了铺垫。

念书之外，苏步青先生还鼓励谷超豪做研究。一次，苏先生在讨论班讲解三次空间曲线时，提到该曲线的某些性质还有待阐明。说者无意，听者有心，谷超豪课后经过钻研，果然把这些性质给证明出

谷超豪与学生洪家兴（左）讨论问题（谷超豪提供）

来了。苏先生除了欣喜，还加以鼓励。从此，谷超豪除了努力打好基础外，就不断尝试做一些带有创造性的课题。

　　大学毕业后，谷超豪留校任教。先是被分配在图书馆，在谷超豪眼里这是一个求之不得的美差，就像老鼠掉进了米缸，有机会终日与书为伴。后来院系调整，谷超豪就随苏先生到了复旦大学，主要研究方向是微分几何。

　　1957年，在苏步青和陈建功先生的推荐下，谷超豪与夏道行获得了去莫斯科大学进修两年的机会。在莫斯科大学，谷超豪不仅参加了由菲尼柯夫和拉舍夫斯基教授主持的两个微分几何讨论班，还参加了以莫斯科大学校长彼得洛夫斯基院士为首的偏微分方程讨论班。在去苏联之前，苏步青先生曾对谷超豪说，李－嘉当的许多工作都被后人充分发展了，但其无限变换群的理论还需要有人去进一步探索，不过难度挺大。在莫斯科大学，谷超豪的确找到了研究这项理论的良好条件，他能每隔两三周就对有关问题做一次汇报，用了一年时间就写成好几篇论文，后来将这些思想成果予以汇总，构成了谷超豪的博士学位论文——《李－嘉当变换拟群的通性及其对微分几何的应用》。1959年7月，谷超豪顺利通过答辩，直接破例被授予物理－数学科学博士学位。

　　学成回国后，谷超豪迎来了学术的丰收期，尤其是研究流体力学中的

谷超豪、胡和生与学生在复旦数学楼前（1987年，谷超豪提供）

偏微分方程，取得了一系列国际领先的成果，也培育出像李大潜那样的杰出专家。眼见自己的学生能独当一面地不断深入开掘了，谷超豪又去开拓新的领域了，诸如研究当时学界一致认为有很大难度的混合型偏微分方程。以后，谷超豪又在多元混合型方程的边值问题中有意外发现，做出重要突破。

对于谷超豪的"转向"，学生洪家兴院士打过一个形象的比方："他带着大家探索、开路，而且会在找到一条通往金矿之路后，就把金矿让给跟随他的年轻人去继续挖掘，自己则带着另一批年轻人去寻找另一座金矿。"旁人往往不能理解：这不是自找苦吃吗？谷超豪的回答却很简单："因为我的科研时间有限，我在研究中发现吸引我的新领域，而学生们又能在原有领域独当一面、有独到见解时，我就鼓励他们做下去。"他还补充道："要引导年轻人做最有前途的研究，用最好的内容和方法启发他们。"这种育人思路和风格，必然使谷超豪从教60年在先后培养的学生中，至今已有9位当选了中国科学院院士或中国工程院院士。春色满园，桃李遍地，正是谷超豪学问之道的硕果体现。

正当谷超豪研究成果迭出之际，史无前例的"文化大革命"开始了。由于谷超豪的研究课题大多属于基础理论范畴，因而遭到了全面否定。然而，作为"笑倾骄阳不零落，护育精华无

第一次与杨振宁（前排右二）合作进行规范场研究的复旦大学全体人员（谷超豪提供）

闲空"的数学家，谷超豪依然寻找机会不断实践赤子报国之愿。

1973年，上海的一些航天研究者到复旦大学，希望谷超豪跟他们合作，帮助做导弹发射的空气动力学问题。当时，复旦的科研体系遭到"四人帮"的严重破坏，经过多方努力，掌权的造反派才允许谷超豪组织起一个小组，研究"超音速弹头附近气流计算"。不过，造反派规定谷超豪只能"从旁协助"，不算正式成员。谷超豪可管不了那么多"规矩"，全身心投入其中。那时，复旦数学系只有一台每秒能算几万次的"719"计算机，而且该机没有自动保存功能，一旦停电或机器故障，数据会全部丢失，必须从头算起。为此，谷超豪只能半夜去机房，因为只有那个时段电源较稳定。常常一算四五个小时，还提心吊胆地怕出故障。诚如谷超豪说的"人道数无味，我道味无穷"，在那样的环境下，钟爱数学的谷超豪还做得那样有滋有味。功夫不负有心人，最终还是解决了难题。谷超豪欣喜地将力学知识与计算

谷超豪与年轻教师周子翔、丁青讨论数学问题（2001年，谷超豪提供）

数学相融合，做出实际设计需要的数据，检验了一位数学家的学科通透和交叉贯通的能力。

接着，谷超豪又有机会与杨振宁一起做了规范场的研究，并取得了丰硕的成果。谷超豪清晰地回忆："最早和杨振宁先生接触是1974年，那时他还继续做规范场的工作，他是规范场的创始人。这一理论被称为杨－米尔斯理论。杨先生是从物理观念出发做的规范场，后来接触到数学界人士，有人告诉他规范场跟微分几何有密切关系，于是杨先生就想知道具体是什么样的关系。他知道复旦大学的微分几何还是相对有实力的，所以提出要跟复旦大学的数学家们合作搞规范场的研究。"由于谷超豪是微分几何的学术带头人之一，合作项目自然由谷超豪负责。项目组由物理系和数学系的一些教师组成。他们先听杨振宁作报告，然后讨论。对杨振宁第一天提出的问题，当天谷超豪与胡和生就做出两项研究成果，这大大出乎杨振宁的意料：复旦居然有人懂他的东西，有人与他有共同语言。谷超豪的团队不光对数学有兴趣，对物理也有兴趣，双方的共同语言很快建立起来，研究也很快深入并取得实质性进展。不久，国际权威杂志 *Physical Review Letters*（1980）就请谷超豪写文章，并希望用中文做摘要。这让谷超豪喜出望外，毕竟在此之前国际杂志还从来没有用中文做摘要的先例。

正当合作研究取得新进展时，中国科学技术大学要聘请谷超豪去当校长了，这让他举棋不定。作为

当了校长还坚持给学生上课（谷超豪提供）

学者,谷超豪深怕行政工作与学术研究难以协调,但苏步青和杨振宁先生都支持他去,谷超豪三思之后也就从命上任了。"我认为学问绝不能停,一旦停下来要再恢复就很困难了。"因此,谷超豪尽管每天只能少做点,但绝不停顿,把凡是可利用的时间边角料统统利用起来,哪怕坐飞机、火车的碎片时间也都充分利用,诚可谓"数苑从来思不停,穿云驰车亦有成"。在肩挑科研、行政、教学三副重担的年头,谷超豪居然得出了有关孤立子理论的 Darboux 变换的系统结果,找到了一个普适性公式,对许多孤立子方程都适用。这不能不说是一个奇迹!

法兰西科学院的肖盖院士研究谷超豪的工作后,发现谷超豪的科研有四大具有个性的风格——独特、高雅、深入、多变。其实,大凡成功的科学家都会具备前三者,唯独"多变"倒是谷超豪学术风格的一大特色。他的学术重点曾多次发生重大转变:从早期随恩师苏

人生几何学几何的院士夫妇(2002 年,方正怡摄)

无锡春雪（1988年，谷超豪提供）

步青院士专攻微分几何；留苏归国后转向偏微分方程，并在超音速绕流、混合型方程组等方面作出了世界领先的成绩；之后又一头扎进数学物理的前沿，与杨振宁先生就规范场理论的合作研究也作出了不少成果。微分几何、偏微分方程和数学物理是当今核心数学最活跃的三个分支，谷超豪却能先后涉足这三大领域，并且能在这三个方向及其交汇点上均获得国际认可的突破性成果。因此，谷超豪能荣获2009年国家最高科学技术奖，也是实至名归的必然。

"从年轻时起，我研究数学是由兴趣吸引的，把追求数学当作自己的兴趣。后来又知道数学对认识自然，改进生产力有很大作用，动力就更大了。做学问就像下棋，要有大眼界，只经营一小块地盘，容易失去大局。不在一个课题上做深入的研究，就可能流于空泛和肤浅。所以在做学问时，一方面要巩固基础，力求创新；另一方面则要有广博的知识。若两者皆备，就能够成功。我现在仍在朝这个目标努力，虽然我年纪大了，但是学问还是要继续搞下去，希望能在有生之年还能为数学研究作出自己的贡献。"

"人生几何学几何，不学庄生殆无边。"是啊，人生虽有限，但可以去探索无限的学问。

乐育英才是夙愿

和 苏 师

半纪随镫习所之，神州盛世正可为。

乐育英才是夙愿，奖掖后学有新辉。

校园朝朝印健履，京华季季换征衣。

世局动荡信念在，不羡群贤汇钓矶。

这是谷超豪写于1998年的《和苏师》。

1946年，苏步青先生完成台湾大学接管任务后回到浙江大学，谷超豪有幸聆听了仰慕已久的微分几何大师苏步青的演讲。但是，那次演讲并没有涉及数学，令谷超豪感到失望。好在从第二年暑期

中国科学院学部大会时谷超豪夫妇与路甬祥院长（左）等合影（2005年，钱莹洁提供）

开始，由学生自己读文章作报告的"数学研究"课程让谷超豪有机会直接求教苏步青先生，苏先生为谷超豪指定了 Eisenhart 的微分几何引论作为报告的主题；四年级时，谷超豪又修习了苏先生的综合几何课，从此将谷超豪引入了微分几何世界。

1948 年，谷超豪大学毕业，因学业优秀又具有独立的科研能力而获得苏步青的赏识，并让他留校做助教。由于临近解放，作为中共地下工作者，谷超豪的工作自然十分紧张。但他坚持听苏步青和陈建功先生的课，继续着他钟爱的数学研究。

杭州解放后，谷超豪奉命投入"中国科协杭州分会"及"科联浙江分会"的繁忙工作，但依然坚持不懈地去听苏先生为研究生讲授的"一般空间微分几何"课程。那时，苏步青与谷超豪既是师生关系，又是"科联"主席与秘书（兼党组书记）的关系，相互间特别融洽。1951 年 5 月 4 日《人民日报》发表了"革命青年要向科学进军"的社

胡和生、谷超豪祝贺老师苏步青教授 90 寿辰（1991 年，谷超豪提供）

论，触发了谷超豪回归浙江大学的愿望。是恩师苏步青帮谷超豪向相关部门做了工作，才使谷超豪顺利回归数研队伍。以后，又是苏先生和陈先生的努力，送谷超豪留苏深造……

苏步青曾说："人家都说'名师出高徒'，我看还是'高徒捧名师'。我自己并没有什么了不起的地方，倒是你们出名了，把我捧出了名。但是，我要说，有一点你们还没有超过我，那就是我培养了一代像你们这样出色的数学家，而你们还没有培养出超过自己的学生。"这种崇高的师道，诠释了一个深刻的哲理：教师的天职——培养超过自己的学生。因此，教育界有识之士把"能培养超过自己的学生"的教育现象称为"苏步青效应"。

复旦数学系的三代数学大师——苏步青、谷超豪夫妇与李大潜的"苏门三代"佳话就折射出了"苏步青效应"。他们之间虽有明确的传承关系，但更注重的是与时俱进的个人创新。在师道传承的坚实基

谷超豪与胡和生夫妇（2002年，方正怡摄）

础上，个人孕育的崭新发展更令学界关注。李大潜院士曾儒雅地表示："我的两位恩师在学术上造诣精深，成就卓著，他们是确保'复旦薪火，代代相传，生生不息'的本源，也是复旦数学系实力的印证。他们不仅一直鼓励和支持学生们创新和超越，而且还不断开拓自己的研究领域，一直是带着'传承＋发展'的眼光来做学问的。如果安于接受前人的衣钵，那么，'君子之泽，五世而斩'，复旦数学的传统也不会绵延至今。"

作为中国微分几何学派创始人的苏步青院士，在国际数学界享有"东方第一几何学家"的美誉，在身处"文化大革命"的磨难岁月，还开创了计算几何的新学科。谷超豪与胡和生院士曾是苏先生创立微分几何学派的中坚力量，他们不仅研习了现代微分几何，还进一步转向了偏微分方程的研究，后来又在数学物理领域开创了学术上的辉煌。而李大潜则在偏微分方程方面得到谷超豪先生的严格训练，

四位院士在巴黎（左起：胡和生、谷超豪、苏步青、李大潜，1982 年，谷超豪提供）

并在拟线性双曲组的领域中接过了谷先生的接力棒，开始了自己的系统研究。后来，又在苏步青和谷超豪的鼓励与支持下，赴法国深造，在法国现代应用数学学派创始人里翁斯院士的指导下，走进了应用数学这一广阔的领域。而今他们又薪火相传地继续栽培着一代又一代的年轻俊才，"乐育英才是夙愿"就是他们的写照。

数学是一门在非常广泛的意义下研究自然和社会现象中的数量关系和空间形式的科学。要在数学的蔚蓝天空下自由翱翔，除了展开基础研究与应用研究的双翅外，还得展开科学与人文的双翅。

在数学的殿堂里遨游了数十载的谷超豪深深体会到：数学不仅是一种研究自然与社会的得心应手的工具、一种国际通用的语言、一门博大精深的科学，它更是一种文化。复旦三代数学大师——苏步青、谷超豪夫妇与李大潜都是对中外传统文化情有独钟的学者。

1982年，苏步青作了《同谷超豪、胡和生、李大潜游巴黎作》：
万里西来羁旅中，朝车暮宴亦称雄。
家家塔影残春雨，处处林岚初夏风。
杯酒真成千载遇，远游难得四人同。
无须秉烛二更候，塞纳河边夕阳红。

三代学人同时到法国巴黎访问，在富有诗意的塞纳河边，他们以诗佐酒，赋诗抒怀，成了数学界一段风流佳话。

10年后的1992年，谷超豪重游故地，思绪万千，又吟唱《巴黎

谷超豪、胡和生在研究与探讨（侯艺兵摄）

之夜》：

> 此行不觉独行苦，但忆惜行四人同。
> 艾菲金光壮夜色，塞纳银波逐晨钟。
> 灯船穿梭天桥下，飞车织网地道中。
> 不羡花都繁华地，多重孤子上高空。

作为学养丰厚的数学大师，谷超豪曾写了大量有哲理的诗篇。诸如1987年写的《致和生》：

> 数苑共游三十年，风雨同舟情更添。
> 不期老来更忙碌，问君何时可偷闲。

谷超豪、胡和生夫妇与学生洪家兴合影（谷超豪提供）

表达了三十年风雨同舟的情感。相隔四年，在胡和生当选为中国科学院院士后，他又深情地写下了《贺和生》：

苦读寒窗夜，挑灯黎明前。

几何得真传，物理试新篇。

红妆不须理，秀色天然妍。

学苑有令名，共庆艳阳天。

笔者不由得想起钱学森院士在90多岁时，曾说过这样一段极富哲理的话："我现在年纪大了，别的问题都不考虑了，就考虑大问题，就是怎么培养创造性人才，就是艺术与科学相结合。"作为中国科学泰斗的"航天之父"，钱学森没有谈他钟情的"三论"、没有谈他一辈子投身的火箭事业，而是念念不忘怎样培养一流人才，创一流大学，并根据自身走过的科学道路和历史上大凡有所作为的人才成功的经

谷超豪夫妇与邓明、方鸿辉合影于复旦大学数学系办公室（2002年）

历,情有独钟地阐述了:要培养时代需求的创造性人才,艺术和审美活动非常重要,毕竟这是能激发人才的想象力,能激发出大跨度综合思维能力的,而思维的拓宽恰恰是科学创新不可或缺的基底。这就是我们现在探讨得十分热火的"科学与艺术相结合"。谷超豪科学人生的辉煌不就是一个明证吗?

"半亩方塘一鉴开,天光云影共徘徊。问渠那得清如许,为有源头活水来。"这是谷先生最欣赏的南宋理学家朱熹的一首脍炙人口的名诗。这首诗道出了一种修养的胜境,正是不断学习、探索与审美活动给我们带来了"源头活水",也是大数学家谷超豪诗性数学人生的"源头活水"。

谷超豪认为:"诗能用非常简洁的语言,来表达非常丰富的内容。"对于谷超豪创作的大量脍炙人口的诗篇,他只是淡淡地表示:"诗词有很多严格的规律,这个规律我也没有时间去学,我只是兴之所至,偶然想到几句话就写出来罢了。"融数学家与诗人于一体的谷先生就是这般谦虚与好学。

说着说着,谷先生随口就吟唱起来:

人言数无味,我道味无穷。

良师多启发,珍本富精蕴。

解题岂一法,寻思求百通。

幸得桑梓教,终生为动容。

天下没有任何事比自己的工作被同行专家所引述并加以赞许，更令人感到高兴了！

张香桐

（张香桐提供）

张香桐（1907—2007）　神经生理学家。1933年毕业于北京大学心理系。1946年获美国耶鲁大学医学院生理系哲学博士学位。后进入美国约翰·霍普金斯大学医学院生理系从事博士后研究；1947年至1952年应聘回到耶鲁大学医学院航空医学研究所工作；1952年至1956年在纽约洛克菲勒医学研究所从事科研。1956年底回国。1957年被选聘为中国科学院学部委员（院士）。历任国家科委生物组组员，中国科学院上海脑研究所所长，联合国世界卫生组织中国专家咨询团神经医学顾问，第二至第六届全国人大代表，国际脑研究组织中央理事会理事及多本国际学术刊物编委。作为中国科学院上海生命科学研究院神经科学研究所顾问及俄罗斯、比利时等国科学院外籍院士，长期从事神经生理研究，首先提出大脑皮层运动区是代表肌肉而不是代表运动的观点；提出视觉通路中三色传导学说；发现"光强化"现象，被世界生理学界称作"张氏效应"；1950年首次发现树突电位；对针刺镇痛研究也有突出贡献。曾经获得国际神经网络学会终身成就奖、陈嘉庚基金"生命科学奖"、何梁何利基金"科学与技术进步成就奖"等多项奖励。2020年经国际小行星命名委员会批准，316450号小行星被命名为"张香桐星"。

297

深沉的意志　炽热的情感

——张香桐百年坎坷寻找脑之道

耄耋老人充满青春锐气

诞生于 1907 年 11 月 27 日的神经生理学泰斗——张香桐院士，2007 年 11 月 4 日安静地逝于上海，走完了整整百年的坎坷之路。

进入耄耋之年后，张香桐理应颐享天伦之乐，然而老骥伏枥，志在千里，他依然充满青春锐气，有使不完的劲，做不完的事。只要身体没有不适，几乎天天早晨按时出现在上海生命科学院神经科学研究所的办公室，读论文、会友人，或写出访随笔，或写科普文稿，或

张香桐与重孙女在一起（1987 年，张香桐提供）

学习与思考是张香桐的嗜好（2003 年，方鸿辉摄）

写往事回忆……忙得不亦乐乎，生活得有滋有味。百岁老人的心中充满着生命之欢乐，事业之追求。

张香桐有诗人般的激情，有童稚般的纯真。诚如歌德所赞叹的："这些人是不平凡的天才，他们在经历一种第二届青春……"

"青春不是年华，而是心境；青春不是桃面、丹唇、柔膝，而是深沉的意志、恢宏的想象、炽热的情感；青春是生命的深泉在涌流。"（塞缪尔·厄尔曼语）生理年龄的青春诚然可贵，而能永葆心理年龄的青春，就更难能可贵了。张香桐肌肤虽已衰老，然而他对科学事业的执著与热情依然不减当年。因为他明白：岁月悠悠，衰微只及肌肤；热忱抛却，颓唐必至灵魂；忧烦、惶恐、丧失自信，定使心灵扭曲，意气如灰；生命是如此短促，"还有许多事情要做，必须争分夺秒！"这是令张香桐充溢勇锐之气的源泉。

青春，对于百岁科学泰斗张香桐是永存的，毕竟他有"深沉的意志、恢宏的想象、炽热的情感"。

人生的历程往往由机遇决定

张香桐常说："人生的历程往往由机遇决定，不由自己的意志去安排，犹如深秋落叶随风飘荡，不知所终。"

张香桐生于华北一个凋敝农村的贫农家庭，直到1921年他14岁时才有条件进正规小学读书。为了维持学业，他做过各种苦工，才得以读完大学。当时连做梦也没想到自己还会有机会出国留学。这个神话般的故事需从20世纪30年代说起。

1933年，张香桐从北京大学毕业后，留校做心理系汪敬熙教授的助教。汪先生支持并鼓励张香桐做关于"刺猬听觉反射运动"课题的研究，指导他跨出科研成功之路的第一步。通过不懈努力，聪慧的张香桐学会了如何设计实验，如何进行研究，如何写科学论文……以后，又随汪先生来到南京中央研究院心理研究所。

"刺猬听觉反射运动"等课题所取得的一系列成果的兴奋，激发了初出茅庐的青年张香桐有了强烈的科研冲动，也令他理智地认识到：神经解剖学是神经生理学的基础，没有坚实的解剖学基础，将来绝对不可能成为一名出色的神经生理学家。兴许是命运的关照，这时研究所里正好聘来了一位具有国际水准的、精于神经组织学技术的赵翰芬先生。张香桐抓住这个机遇，努力跟赵师学习整套的神经组织学解剖技术，逐步掌握了组织切片染色技术，获得了对脑结构深入研究的手段，也为日后独立开展脑科学研究打下了良好的基础。

张香桐在寓所向来宾展示其书法作品（1999 年，张香桐提供）

正当张香桐如痴如醉于人类及各种哺乳动物耳蜗形态学的比较研究之时，"七七事变"爆发了，日本侵略者相继占领了上海、苏州，进逼南京。研究所大部分成员都惊慌而逃，以寻求安全。张香桐因无家室之累，与另一位年轻实验助理员朱亮威自告奋勇，要求留下来，担负起将三维的耳蜗模型等科研器材予以原地深埋的工作，同时筹划并承担将所内的图书及大部分仪器运到内地去的重任。

当时正值盛夏，历年来费尽心血制作的大量形形色色的耳蜗模型用的材料均是石蜡和蜂蜡，高温下会变形，如此玲珑的模型一旦变形，就会失去科研的价值。情急之中，他们决定将这些蜡制模型用棉花包裹后装入大瓷缸里，再用石板封固，将这些大瓷缸一个个深埋于研究所东侧的一块空地下。本想一旦把日军赶走后，可将它们挖出来。谁也没料到抗战打了这么长时间，日寇又是如此残酷地轰炸与扫荡。直到1957年，张香桐回国后才有机会重返南京，对于他来说，寻到原研究所旧址并挖出梦寐以求的各类耳蜗模型是头等大事，但遭受日寇狂轰滥炸后，当年深埋的宝贵模型已荡然无存了。这令张香桐极度失望。

1937年8月的一个傍晚，张香桐他们刚装完箱，研究所的一角就被日军炸弹击中，垮了下来。等张香桐从剧烈震荡与烟灰弥漫中恢复意识之后，发现自己半身已被埋于碎砖乱瓦之中，奇迹般地生还且并未受伤，只是眼镜被冲击波刮走，不知去向了。

张香桐与同伴历经艰险把研究所的图书、仪器向大西南迁移，从此开始了战乱中颠沛流离的生活。眼见饿殍遍野，民不聊生，一种屈辱、绝望与愤怒的情感吞噬着他的心。正义和激情驱使张香桐毅然卷起行李，买了一张从桂林北上的长途汽车票，打算投奔延安，北上抗日。经过十多天颠簸，总算到达了贵阳，刚住进小客栈，他的钱包和行李就被盗走了。连客栈的房钱也付不起，又怎能买下一程的车票？严酷的现实将张香桐的幼稚和莽撞击得粉碎。张香桐沮丧地在贵阳街头踯躅，疲倦与饥饿又向他袭来。

正在惶恐之中，一只大手落在张香桐的肩膀上，他下意识地反应：我遇上警察或流氓了。回头一看，不觉一惊，原来是他中学与大学的同窗，时任贵阳教育局的局长。通过那位同窗的介绍，张香桐又有幸与昔日的朋友——时任贵阳医学院解剖学教授的齐登科和生理学教授的王志均联系上了。不久，他们便推荐张香桐去薪金较高的安顺陆军军医学校教书。

紧紧抓住天赐良机

求知欲强烈的张香桐在教书的间隙常去贵阳红十字会图书馆阅览，无意中读到了约翰·福尔顿的《神经系统生理学》，为其学识所倾倒。不知天高地厚的张香桐居然给这位神经生理学大师写了一封信，表达了去他的实验室学习的欲望。其实，他当时写这封信，完全是一时意气。张香桐在信中情不自禁地流露出对福尔顿教授的钦佩，并天真地表示：倘能在这位神经生理学大师的身边从事科研，那该有多么幸福啊！周遭的同事嘲笑他的异想天开："连你这样一个穷光蛋也能到美国去留学，那太阳肯定会从西边升起了！"

谁知三个月后，张香桐确确实实地收到了约翰·福尔顿教授的电报和回信：如果能自筹路费到达美国，将给你一份奖学金。

连连获得如此机遇，真乃人生之大幸。张香桐明白：这是天赐良机，稍纵即逝啊！

有准备的张香桐紧紧地抓住了这个机遇，迅捷卖掉他仅有的衣物，包括珍藏多年的一部 *Schaff's Textbook of Physiology*。办妥一切手续，整整折腾了半年多，终于踏上了赴美留学之路。可见，机遇确实偏爱有准备的头脑，但问题在于你能不能抓住这"可求不易得"的机遇，年轻的张香桐在兵荒马乱中还是理智地抓住了。

"如果年轻时没有憋着那股敢冲敢拼的劲头，眼前的一切也就无从谈起了。"回忆往事，张香桐用右手握拳撞击着左手的掌心，动情地说道。

1943年3月24日，张香桐抵达耶鲁大学，从此踏上了另一段漫长的寻求神经生理学知识的人生之旅。

耶鲁大学医学院生理系设立的猿猴脑外科手术室，是完全按照人类脑外科手术标准建立的，曾经开展过大脑前额叶切割等一系列重大科研实验。张香桐如鱼得水地利用起这个优越的学习环境，在医学院严谨学术作风的氛围中，系统地接受了脑外科手术的基本训练，掌握了脑外科手术的一系列特有的技能，诸如"上皮下直线藏针缝合法"等，这些知识与技能为他日后进行的中枢神经系统外科手术和相关实验的研究，打下了坚实的基础。

入耶鲁大学医学院不久，福尔顿教授就对张香桐说："如果你愿意的话，并能顺利通过耶鲁研究生院的入学考试被接受为博士生，我可以帮你申请补助金并减免你的学费。"至于入学考试，由于研究生考试委员会考虑到张香桐曾在被国际学术界承认的国立"中央研究院"工作过多年，还发表过一些有水准的论文，经批准可以免除笔试，但必须立即通过两门外语考试。好在张香桐在北大求学时，第二外语已初学了法语，而平时又自学了德语，尚能阅读一些专业文献。

张香桐在美国耶鲁大学获博士
学位（1946年，张香桐提供）

于是，张香桐鼓起勇气进入了试场。法语的试题是翻译法国生理学家克劳德·伯尔纳的《生理学研究引论》第一章，德语试题是翻译德国解剖学家爱丁格尔的《人类与动物中枢神经器结构讲义》绪论，要求在规定的时间内都译成流畅的英语。考试对于勤奋的张香桐来说如同过盛大的节日。功夫不负有心人，多年的努力在考场上便见分晓，张香桐顺利地办完入学手续，成了耶鲁大学研究生院的正式博士生。那年，张香桐已36岁。

　　张香桐到耶鲁以后，花极大的精力在灵长类动物蛛猴的神经生理学研究上。他做了大量的实验动物尸检，积累了丰富的病理解剖数据与经验。因此，他的博士论文题目也顺理成章地定为"以蛛猴之尾为例论述中枢神经系统的分段分层和部位投射"，并获得福尔顿教授和执行导师的首肯。也由于论文中的资料都是亲自实验的结果，提出的见解都有一定的独创性，其答辩的结果当然令所有评委满意，因此张香桐的博士论文被全体评委一致通过。作为论文评审委员的耶鲁大学医学院神经解剖学家哈罗尔德·波尔教授在张香桐答辩通过后，兴奋地同他握手并致贺："我很遗憾，你不是在我的实验室获得博士学位的。"还随即转身对福尔顿教授说："我是多么希望我的实验室也有像张这样的学生啊！"

意 外 的 奖 励

　　1992年10月，张香桐接到中国电子学会的一封意外来信：受"国际神经网络学会"委托，拟乘11月在北京举行国际神经网络会议之机，授予张香桐"终生成就奖"。

　　这份意外的奖励令年逾八旬的张香桐十分惊讶。国际神经网络学会是由全球从事电脑研究的工程师们组成的一个民间学术团体，张香桐与这个学会似乎从没发生过任何关系，自己对电脑的发展也没作过任何贡献，是否是一种同名同姓的误操作？直到看到表扬辞，方才释然。

　　张教授自1950年开始所做的多种关于大脑皮层神经元树突电位的研究报告，形成了一种划时代的重要标志。他为树突电流在神经整合作用中起重要作用的这一概念，提供了直接证据。而在这以前，人们一直以为，动作电位是脑内信息的唯一向量。张教授的这一成就，为我们将来发展使用微分方程和连续时间变数的神经网络，而不再使用数字脉冲逻辑的电子计算机奠定了基础……为了张教授对于我们有关生物神经网络的理解所作出的重大贡献，国际神经网络学会谨愉快地表示出对他的崇敬。

事情还得从张香桐戴上博士帽之后说起。

纵观当时神经生理学发展的趋势，张香桐明白：神经系统活动的主要表现是其电变化，若不以其电变化为研究对象，是不可能揭示神经生理之奥秘的，而自己在神经电生理学方面的基础还较薄弱。有鉴于此，张香桐在得到福尔顿导师的应允和推荐下，去位于巴尔的摩的约翰·霍普金斯大学医学院伍尔西实验室进修，足足学了一年，干了一年。这一年的理论学习与实践操作，使张香桐既掌握了电子学理论，又学到了诱发电位技术，还完成了不少极富意义的工作，诸如有高度创新性的"直接电刺激锥体束引起的大脑皮层上逆流电反应

惜时如金，终身学习（1998年；方鸿辉摄）

的分布""蛛猴大脑皮层感觉区的功能组织"和"肌肉神经传入纤维的分析"等。值得一提的是，"肌肉神经传入纤维的分析"当初并没有列入计划课题之中，只是张香桐在赴巴尔的摩途中路过纽约，顺访洛伊德博士时无意中谈起的话题。年轻力盛且思维活跃的张香桐敏锐地感觉到该话题的科学意义，当即与洛伊德决定合作研究这个课题，双方各自在两地用"双盲法"测了猫后肢28条肌肉神经及其四五千根神经纤维，得出了令人信服的一致性结论：支配大腿上肌肉的感觉神经纤维的直径较支配小腿上肌肉的神经纤维为大；支配伸肌神经纤维的直径较支配屈肌神经纤维的为大；支配白肌纤维神经纤维的直径较支配同一肌肉的赤肌纤维的为大。并证明每条肌肉的传入神经纤维，依其直径大小为准，分布曲线都有三个高峰……这项神经生理学研究成果被美国出版的《神经科学百科全书》推崇为：自公元前300年至1950年的2250年间对神经科学作出的重要贡献之一。

1947年，张香桐应聘回耶鲁大学后，用熟练掌握的电生理学方法开展了一系列有关神经生理学的研究，相继发现了大脑皮层与丘脑之间的巡回线路，提出了视觉诱发电位与三色传导的假说，发现了被誉为"张氏效应"的"光强化效应"……尤其是在树突功能研究的科学征途中，张香桐留下了许多不可磨灭的足迹，诸如以较弱的电流直接刺激大脑皮层可有选择的兴奋锥体细胞的顶树突，来系统研究树突电位，进而发现了逆向皮层反应中的树突电位，找到了树突与轴突在功能活动上的主要差别，发现了两种不同的突触兴奋，并找到了"单个电刺激施于大脑皮层表面后大脑皮层兴奋性变化"简洁优美的数学表达方式……其实，张香桐从20世纪20年代开始就断断续续地进行了有关大脑皮层生理学的研究，而从50年代开始，几乎倾全力于树突功能的研究，相继发表了9篇很有影响力的论文，已成了国

张香桐相信勤思有助健康
（2003年，方鸿辉摄）

际神经生理学知名度很高的学者。

1956年，满怀建立我国自己的神经生理学实验基地的愿望，张香桐回到了上海。由于一个接一个政治运动的干扰和科研经费困难等原因，实现科学梦的道路实在坎坷又漫长。经过六年的努力，终于在20世纪60年代初才初步建起了我国第一个神经组织培养实验室，还成功地培养成活人类大脑皮层单个神经元，并追踪观察其生长发育达142天之久。在电生理实验室的配合下，张香桐终于又获得了观察研究神经元树突功能的简陋条件，相关科研活动相继取得了一系列成果。

20世纪信息技术的突飞猛进，"电脑人脑化"（即现今所谓的"人工智能"）是发展的必然方向，首要的任务是必须弄明白"人脑是如何思维的"，这在很大程度上有赖于彻底认识神经元树突的功能及不同突触连接的原理。张香桐在20世纪上半叶研究树突功能的时候根本不可能料到，树突功能会同日后人类创造的智能化计算机有"瓜葛"，也从没指望50年后国际神经网络学会会向他颁发"终身成就奖"。

获奖后的张香桐深有感触地说："一种基本理论研究的价值及其社会意义，往往不是立即被人们所认识与重视的，必须等到社会文化及其他与之相关的分支科学都发展到某一程度时，它的光芒才会开始发射出来。"可见，自然学科基础研究的起步，往往受好奇心的驱动，并不会（也不可能）料到日后能派什么用处。功利性太强的研究也往往出不了成果。这在科学史上已屡见不鲜。

"你的帽子上又多插了一根鸡毛！"

针灸起源于中国，如何将这种传统医学技术纳入现代医学，是神经生理科学家的责任。多少年来，正确揭示针刺镇痛现象的机理一直是对神经生理学家的一个挑战。张香桐敏锐地感到：以针刺代替药物麻醉产生镇痛效应，说到底是神经生理学的课题。对此，神经生理学家绝不能熟视无睹或袖手旁观。

为了获得针刺麻醉的第一手资料，以真切了解针刺镇痛的生理机制，1965年5月，当时已年近六旬的张香桐果断地向上海市卫生主管部门申请，要求在自己身上进行一次不用任何麻醉药物，只靠针刺来镇痛的左侧肺切除的全真模拟手术。申请被批准后，张香桐在上海江湾第一肺结核病院外科手术室实实在在地体验了一次真切的

张香桐接受国外记者采访（张香桐提供）

针刺镇痛模拟"手术"的全过程。

那天张香桐身上足足扎了 60 多根银针。模拟"手术"后很长一段时间，被针刺过的上、下肢仍不能自由活动，左手几乎完全丧失了运动功能，甚至连自行打领带、扣扣子都不行。张香桐的老保姆在一旁怜悯地说："我不明白你为什么去自讨这份儿苦吃？"

张香桐却不以为然地笑道："以一人之痛，可能使天下人无痛，不是很好么？"

不入虎穴，焉得虎子。作为一名神经生理学家，张香桐通过实践与亲自体验，真切地认识到针刺镇痛是两种不同感觉传入中枢神经系统的相互作用的结果。

张香桐研究团队所取得的揭示针刺镇痛机理的科研成果，引起世界广泛关注，在美国兴起了针灸热，日本、瑞典等国纷纷邀请他们去作报告。张香桐本人则相继被聘为巴拿马麻醉学会名誉会员、比

张香桐亲自做电生理实验（1965 年，张香桐提供）

利时皇家医学院外籍院士、国际痛研究协会荣誉会员等。该项科研成果也相继于1978年、1980年分别荣获全国科技大会成果奖、中国科学院科技成果奖一等奖及1980年度"茨列休尔德奖"。

"茨列休尔德"意即人类正在跨越进入世界统一文化的"门槛"。该大奖的授奖典礼于1980年7月15日在美国波士顿举行。那天，张香桐荣幸地见到了他的师母。自1956年学成归国后，由于众所周知的原因，张香桐跟恩师——福尔顿教授失去了联系，恩师不幸于1960年仙逝。张香桐耿耿于怀的是，一旦有机会重返美国，定要去答谢恩师。那天，由恩师的侄女——耶鲁大学海洋学教授莎丽·惠特兰博士开车从纽海文护送师母到授奖会场。张香桐与师母久别重逢，悲喜交集，不胜今昔之感。80多岁高龄的师母为张香桐的科研工作又能荣获国际学术界承认表示祝贺，并风趣地说："我非常高兴，能看到你的帽子上又多插了一根鸡毛！"（凡对自己部落作出贡献的人，

年逾九旬的张香桐不停地学习与思考（2002年，方正怡摄）

印第安人酋长会在其帽子上插一根鸡毛，以示表彰）

这一幕，令耄耋之年的张香老在同笔者交谈中依然兴奋不已，依然记忆犹新，就像昨天刚刚发生的事件这般清晰。

更值得一提的是，张香桐科研团队的针刺镇痛科研成果还得到了国际科学史大家——李约瑟博士的认可。在李约瑟与鲁桂珍博士共同撰写的《天针——针灸历史与理论》付梓之前，他们执意要张香桐作中文题词，刊于卷首。张香桐却以"佛头置粪，未敢造次"予以婉辞，但李约瑟博士执意索词，张香桐只好从命。这是当代著名科学史家对张香桐科研团队研究成果的充分肯定与赞许，令张香桐感到无限欣慰。提及此事，张香桐仍会兴奋地说："天下没有任何事比自己的工作被同行专家所引述并加以赞许，更令人感到高兴了！"

这话多么富有哲理。

思考质疑与辛勤笔耕（2002年，方正怡摄）

不图安逸与惜时如金

回顾百年人生旅程，张香老最大的安慰是不曾浪费过一天时间，即使在艰险的战乱中，也不曾中止过科研。

在抗日战争期间向大后方转移的日子里，张香桐总随身携带显微镜和切片标本，一有空闲就观察和研究。凡从事神经解剖学研究的人都深有体会，那是一门极其枯燥乏味的课程，要背出数以千计的以拉丁文命名的专门术语，熟记它们的结构位置、大小和功能。青年张香桐在漂泊动荡的环境中，不仅全记住了，并构筑了一幅立体图景。在躲避敌机空袭的山洞里，他曾观察到大量白昼潜伏、晚间出洞觅食的蝙蝠，经仔细研究，写出了《斜方体的比较研究》论文，提出了蝙蝠的这种极端灵敏的听觉定位能力及控制飞行的机能，都跟其

张香桐亲笔题词赠中国科学院上海分院图书馆徐如涓馆长（张香桐提供）

斜方体的解剖学特点有关，这项研究对现代航空雷达技术颇有启迪。而张香桐的关于刺猬脑干细胞核团的专著则是抗日战争时期在广西柳江上游的一座江心小岛上完成的。那时，作为研究所的图书与仪器守卫者，张香桐独自住在一座破庙里。他摆开了脑切片机和显微镜仔细观察标本，结合西洋写生技巧和中国工笔及水墨画艺术手法，精心绘制了40多幅有关刺猬脑干的细胞图。这些做法，看似傻乎乎的，却真正铸就了张香桐过硬的科研功力。因此，日后他多次深有感触地对青年朋友们说："你们的主要任务是学习，不必过早、过高地要求自己在科学上一鸣惊人，应尽可能抓紧点滴时间，多学些基本知识，掌握一些专门技术，为将来顺利开展科研，打下一个较为坚实的基础。"

1987年，张香桐应邀参加美国国立卫生研究院建院100周年纪念活动。会后他到威斯康星访友，不料途中发生车祸，左腿及胸部四

张香桐代表上海脑研究所与美国国立卫生研究院签订谅解备忘录（1983年，张香桐提供）

根肋骨骨折。在孙女家卧床疗养期间，可算是张香桐一生最清闲的日子，无所事事令他感到若有所失，整天躺在床上岂不虚度光阴？一天，外国朋友来探望张香桐，看到墙上挂着的他书赠孙女的《朱子家训》，请他解释词义。那天，正巧时任上海市政府领导的陈至立率团出访美国，获悉张香桐卧病在床也来慰问。听着张香桐用英语娓娓道来的《朱子家训》，便希望张香桐康复后把《朱子家训》英译出来，向世界传播中华民族的人文理念。对惜时如金的张香桐来说，出于对民族文化精粹的崇敬，何不趁卧床之机，做些中外文化交流工作？张香桐推敲再三，在保留原作文化内涵的前提下，尽可能体现"洋诗"的韵味，竟在美国孙女家卧床疗养期间译出了《朱子家训》。

译文得到上海市有关专家与领导的首肯。回国后，居然被印成精美的小册子，作为馈赠外国友人的中国文化珍品，彰现了中华民族的人文精神。事后，张香桐风趣地问道："我这个'不务正业'之举，是不图安逸抑或是惜时如金？"

多么可爱的老人！

执著地普及脑科学

20世纪90年代初，笔者为编《中国科学院院士自述》一书去向张香桐约稿。年过八旬的老科学家十分健谈，天南地北无所不聊，除了神经生理学和脑科学外，连书法、绘画、诗词、散文也很在行。作为泰斗级脑科学家，张香桐不仅发表了大量学术论文，还热衷于科普写作，旨在让脑科学研究的前沿与进展让公众也能理解。譬如他发表于《红旗》杂志1980年8月号的《开展大脑研究　提高民族智力》一文，整整占了13面；同年还在上海科学普及出版社出版了《癫痫答问》的普及读本；1992年又在上海科学普及出版社出版了《癫痫

中国科学院上海脑所的吴健屏、冯林音代表全所职工贺张香桐 90 华诞（1997 年, 张香桐提供）

答问》的修订本。在《中国科技翻译》第 5 卷第 2 期（1992）上, 他还饶有兴趣地探讨了科普创作的一系列理论问题——《言之无文　行而不远》。他身体力行, 在科学传播上力争言之有物, 行文生动有趣, 而且能抓住一切时机, 不懈地用通俗易懂的语言讲述深奥的学问和他的科学感悟。

有几次上午去拜访他, 已到了午餐时间, 笔者肚子里已在唱"空城计"了, 可张香老谈兴正浓, 再怎么提示"该用午餐了", 他依然逻辑严谨、思路不乱地吸引你把他的话听完。是人老话多, 抑或是对普及脑科学知识的痴迷?

令笔者记忆最深的是: 在张香老应邀为上海人民广播电台做健康咨询节目的第二天, 我正巧去他办公室, 他兴致勃勃地大谈脑研究如何关系到我们中华民族的智力水平。作为我国脑科学研究的开拓者, 他认为中华民族在历史上所以能创造如此灿烂的文明, 就是因为我们的祖先有比较发达的大脑，这可从周口店人到蓝田人等一系列考古研究中获证。但往后，中国人的大脑能否更加聪明、更加发达，必须引起我们足够的重视，毕竟全社会脑健康已出现了不少亟待解决的问题，如环境问题、心理问题、社会老龄化问题……作为一名充满人文关怀精神的科学泰斗，张香桐言辞恳切地说："千万不能歧视阿尔茨海默病（Alzheimer disease, AD，又叫老年性痴呆症）患者，他们应得到加倍的关怀。以前我们周围确实没有那么多痴呆者，那是因为在大脑还没有出现萎缩前，人已去世了，再说环境的污染也没有今天这么严重……我劝老年人要多动手多动脑，脑健康是身体健康的保证，尤其要多看书，别老沉迷于扑克与麻将，过于激动与兴奋对于有心血管疾病的老人尤其不利。我想，长时间在电视屏幕前度日，也不是一种健康的生活方式。毕竟电视有声有色，有音响有场景，有画面有文字……不如适量阅读纯文字读本或听听广播，它们只有文

张香桐在脑研究所办公室听方鸿辉介绍文稿（1996年，方正怡摄）

字或声音，需要通过你的大脑去将文字或声音转换为形象和场景，这种脑力操练有助于脑健康……"

多么有人文关爱的情感，多么有科学家的社会责任感，又多么言之有理啊！张香桐对科学普及一贯充满激情，撰文技巧又能化艰深于易解，阅读张香老肺腑之言的科普作品，总能觉得科学与人文是这样的水乳交融。我们不是孜孜以求"科学与艺术相结合"吗？看看耄耋之年的泰斗级大家的科普激情，听听他老人家的中肯话语，看看他的科普作为，我们应该能悟出一点什么吧！

张香桐不仅对记者、编辑不厌其烦地传播其科学人文情怀，甚至连小朋友的提问，也总能不厌其烦地拨冗回函，予以娓娓道来的详细解答。诸如1987年2月5日，张香桐就曾给上海川沙城厢镇小学六年级学生乔颖回信，以通俗易懂的描述和措辞解释了"什么叫多动症，神经科学是属于生物学还是医学"这样深奥的问题。

作为上海科普作家协会荣誉会员的张香桐为协会题写"科普万岁"（2005年，方鸿辉摄）

笔者原本频繁地去中国科学院脑所，是因为每次去拜访张香老总能得到他老人家许多指点和教诲。尤其是拜读了他写的不少出访随笔，深深地被他开放的思想、前瞻性的创见和优美的行文所折服。在策划"科苑撷英"丛书的时候，就将张香桐出访随笔连同王梓坤的"成才纵横谈"、杨福家的"大学之道"等列为第一辑。笔者的想法也获得张香桐的首肯。可是没过两年，等选题批复后正式去脑所联系时，相关的所领导却告诉我：目前只找到了张香桐出访东欧的零星几篇，由于办公室搬迁，有关他出访西方国家后写就的一些文稿暂时没找到，以后再说吧！说实在的，随着他年近百岁，这几年要去脑所拜见张香老也确实没那么容易了。至今尚未让张香桐的这些美文得以出版，确实很无奈，也很遗憾。夙愿没能实现，因此也没能让广大读者欣赏到脑科学泰斗出访随笔中妙语联珠的话语、精彩深刻的见地和幽默哲理的发散思维……

不过，作为神经生理学界泰斗，张香桐对科学传播一如其脑科研之执著与追求，还是多么地令后生起敬啊！

2005年12月6日，当笔者将上海科普作家协会首批荣誉会员证书送至98岁高龄的张香桐院士手中时，他兴奋地在签收本上挥就了"科普万岁"四个遒劲的大字。这又多么地耐人寻味呀！

我有一个梦。要圆梦，就得抓住每个稍纵即逝的机会。

林元培

（方鸿辉摄）

　　林元培　桥梁设计专家。1936年2月8日生于上海，祖籍福建莆田。20世纪50年代中期进入上海市政工程设计研究院从事桥梁设计研究工作，1984年升任该研究院第二任总工程师。目前任上海市政工程设计研究总院资深总工程师。1989年被授予国家首批中国工程设计大师，还荣获1994年度茅以升桥梁大奖。2005年当选中国工程院院士。长期从事桥梁工程理论研究和工程实践，主持设计特大型桥梁20余座，包括完成了黄浦江上的南浦大桥、杨浦大桥、徐浦大桥和卢浦大桥四座桥梁的设计。在斜拉桥设计理论、施工控制理论、节点构造设计及施工工艺诸方面均有突出贡献。主持设计的嘉陵江石门大桥获1991年国家科学技术进步奖一等奖；上海南浦大桥获1994年国家科学技术进步奖一等奖；上海杨浦大桥获詹天佑土木工程大奖；上海徐浦大桥获国家优秀设计金质奖；重庆李家沱长江大桥获1999年国家优秀设计金质奖；东海大桥获2007年国家科学技术进步奖一等奖；上海卢浦大桥2004年和2008年还分别荣获美国尤金（EUGENEC. FIGG, JR）奖和国际桥梁协会"杰出结构奖"。2007年获得何梁何利基金"科学与技术成就奖"。2015年1月，中国科学院紫金山天文台将该台发现的国际编号为210230号的小行星誉为"林元培星"，以表彰他在桥梁设计与建造中的不断创新。

魂牵浦江彩虹

——林元培的造桥思维与艺术

"我有一个梦"

自古以来,桥总是与梦相连。从神话中牛郎织女的"使鹊为桥",到现实生活中形形色色的大桥,都跨越江河、湖泊、大海、高山,变天堑为通途,化梦想为现实。

20世纪50年代中期,林元培进入了上海市政工程设计研究院,作为一名技术员,跟随工程界前辈脚踏实地地学习桥梁设计与施工。前辈们常常在闲聊时,流露出没有机会造大桥的遗憾,就像进入和平年代的将军,有着无仗可打的失意与无奈,这在青年林元培的脑海中留下了深深的印象。久而久之,在黄浦江上造大桥也成了林元培梦寐以求的愿望。

黄浦江江面最狭窄处也有400多米宽,在黄浦江上架桥不能像南京长江大桥那样每隔160米设一个桥墩,毕竟黄浦江是繁忙的黄金水道,有重要的

林元培始终有造大桥的梦（2011年,方鸿辉摄）

变天堑为通途、化梦想为现实的林元培（2011 年，方鸿辉摄）

港口，若建了桥墩，行船很容易撞在桥墩上而酿成事故，南京长江大桥的桥墩不知道曾被撞了多少次，结果总是以沉船告终。因此，要在黄浦江上建桥，必须是大跨度的桥梁，而国人以前从未留下造大跨度桥梁的实际经验，其技术难度可想而知。

"我有一个梦"是20世纪的名言。

机遇偏爱有准备的头脑，也时刻提醒林元培要有超前的"预先谋划"。多年的工程设计与实践，林元培体悟最深的是：做工程容不得丝毫马虎，"当一名工程师和当一名科学家是有区别的。科学家实验失败了还可以下一次再来，再改进，不断探索。工程师却没有下一次，假如工程出了问题，就是巨大的财产或生命的损失……"因此，工程师是不允许做不成的，要么干脆说不做了，若做就必须要成功。

古人云：预则立，不预则废。林元培理智地抓住每一个稍纵即逝的机会，在圆梦的征程上，紧紧抓住每一个宝贵的学习机会与实践机会，主动出击，积累经验。

林元培早年做桥梁理论研究工作，由于当时没有电子计算机，工程中的力学问题必须用近似方法求解，最后只能借助计算尺或手工计算，解决了一系列工程难题。多年持之以恒的研究奠定了深厚的

思考是林元培最大的嗜好（2009年，方鸿辉摄）

理论基础，而学科的触类旁通又使林元培不仅基础理论更扎实了，还总是带着工程实践思考，悟出不少桥梁设计与施工的门道，在理论与实践之间做了完美的"接口"。

1963 年，林元培就有过一次大胆的壮举——叩开同济大学桥梁学界泰斗——李国豪院士（当时称中国科学院学部委员）办公室之门，对李先生 50 年代创建的"斜交各向异性板弯曲理论"提出异议。李先生没有门户之见，也没有轻视眼前这位只有 27 岁初出茅庐的后辈，他在倾听和分析后，觉得眼前这位年轻的桥梁设计师很有见地，是一块可雕塑的"好料"。李国豪院士在鼓励并肯定林元培质疑的同时，还给予他许多具体的指导。这一切都给了林元培更大的自信。勤奋的钻研、不停的思考，在李国豪院士的理论发表十几年后，林元培提出了崭新的"斜交构造异性板弯曲理论"，经模型试验证明与理论推导完全吻合。李国豪院士得知这一信息，兴奋地给上海市政工程设计院写信，肯定了林元培的科研成果，还把这篇论文发表在由他主编的《上海力学》杂志上。1978 年，李国豪院士在瑞士国际学术年会上把林元培的论文推荐给国际桥梁与结构工程学会。第二年，林元培在论文被会刊刊载的同时，还被邀请出席该会的学术年会。

林元培夫妇抱着孙子游外滩（1995 年，林元培提供）

要圆梦，还必须能带着问题去悉心实践。作为"有心人"的林元培很有策略地先从一些中、小型桥的设计与施工上专题地去提出问题，从解决这些专题问题中积累经验。

林元培曾不止一次地把他

的造桥策略向笔者介绍："我把凡是今后造大桥可能遇到的问题，都超前地提出来，作为大专题，然后分解到一个个中、小型的桥梁建设项目上去探索，去检验……"

林元培造大桥的梦在国庆30周年来临之前终于有望启动了。

上海松江有条叫泖港的河，要在河上造一座桥，河面宽200米。摆在设计师面前有好多桥梁的形式可供选择，泖港大桥能不能做斜拉桥呢？因为这是农村河流，河上的行船都很小，从经济角度考虑兴许没有必要造200米一跨的斜拉桥。但是，若能在200米的内河上建起一座斜拉桥，无疑对日后在黄浦江上造斜拉桥是一次实实在在的实战演练。这就好像参加奥林匹克比赛前的热身赛，教练光说而队员不战，真上了赛场，问题就会一大堆。当时市里也同意了造斜拉桥的想法，而且前面写明是"试验桥"。这个前置词宽容地表明这是一次探索，但工程师的素养使林元培心里明白，哪怕一丁点儿小毛病也不该发生。力求找出设计与施工中的一系列问题，是那时林元培全身心予以关注与思考的，期望积累经验以防今后在黄浦江上造大

林元培（右三）是工地上的"智多星"（林元培提供）

桥时出差错。对泖港斜拉桥的设计理论是有认识的，但实际操作必须慎之又慎。好在当时已有了自己的电子计算机，只不过这台电子计算机挺笨重，占了好几间房间，运算速度虽不理想但还能凑合着用。林元培借助这台计算机还是解决了施工工艺与流程的诸多问题。如今回忆起来，林元培依然清晰得像昨天刚发生的事，"这些工艺与流程啊都是头脑里的东西，头脑里的东西能不能付诸实践就要在这个 200 米跨度上体现，这就像考试一样，检验你够格不够格，还缺些什么。泖港斜拉桥是在 1980 年完成的，花了近 3 年时间。这个项目的水平在乎你一跨能做多少。我们内环线高架虽绵延几十千米，但其技术含量并不高，毕竟跨度小，多做几孔就把它接成几十千米了。像南京长江大桥一孔 160 米，在当时国内也算是很大的跨度了。我们的泖港斜拉桥一下子就冲到 200 米跨度，桥虽然小，也没有长江大桥那么重要，但从跨度的技术水平来看，表明我们有能力超越自己。毕竟当时国外的大跨度水平也不过是 300 米。"林元培十分自得于第一次斜拉桥的成功实践。

林元培把造桥的课题带到家中（林元培提供）

造桥有三个关键点：结构构造的可靠、施工工艺的可靠以及结构分析的可靠。只有满足了这三项要求，才能将设计付诸实践。"泖港大桥是很好的案例，我们设计完了以后去施工，做完通车了，没有什么问题，说明我们建造斜拉桥的构造是正确的。我们团队首次研制出拉索的锚头及其防腐体系，有了拉索的锚头，我们建造的斜拉桥的拉索就可以更换，时间久了，把旧的拉索换掉，可保证大桥的使用期限。施工工艺倒是一个大难题。大桥施工时，下面不能使用支架，因为搭了支架会影响在建桥梁下面的船只通行。泖港大桥的施工中我们成功攻克了这一难点。最后一环是结构分析。当时计算机在国内刚刚起步，我们的计算机不仅体积大，而且输入数据很不方便，只能用纸带一点点地输入，不过这台落后的计算机对我们的设计还是有用武之地的。在工程人员的努力下，我们自主研发了一套桥梁结构控制与分析程序，理论计算与实测结果相差无几。跨径 200 米的上海泖港大桥在团队全体成员的努力下首次获得成功，成为中国真正意义上的大跨径斜拉桥，为南浦大桥的建造打下了坚实的基础。"

1984 年，林元培被提升为上海市政工程设计研究院总工程师，怎样从战略高度推进技术、攻克难点以早日圆梦的愿望也更强烈了。"机遇由不得你，但是你的准备工作要做好呀！我明白必须要有更多的斜拉桥实践，毕竟斜拉桥具备大跨度的优势，而其他的桥型，像苏州河上已经建成的这些桥型，都到不了这个跨度。因此，那段时间凡能够做斜拉桥的，我都尽量做斜拉桥。"

这时，机遇又来敲林元培的门了。上海开始建新的火车客站，要在恒丰路上建一座小小的桥，林元培下意识地要造斜拉桥。考虑能让自行车爬上桥，桥面就不能做得太厚。由于这座桥是建在铁路京沪线上，火车要在桥下通过，而上海是软土地基，承重后往往会沉降，沉降过大，火车会撞在桥梁上，所以处理好地基才能使这座斜拉桥长期岿然不动。看来，这次的主题是解决地基的沉降问题。为处理好地基，林元培就提出打80米深的钢管桩。"从理论上说，这个80米的钢管桩应该能打下很坚固的基础，不过得让实践来检验我们的设计思想是否合理。日后一旦有机会造黄浦江大桥时，桥总是由基础和上面的构造联合起来的，如果桥下的基础现在取得了经验，那么将来我就能腾出精力设计上面的桥了。"多么有"心机"呵！

当然，上海火车新客站的恒丰路斜拉桥还是对洳港大桥的拉索锚头和防腐体系作了改进的。30多年的运行表明：该桥不仅至今没有超越规定的沉降率，而且拉索的防腐体系也完好无损，还圆满地解决了自行车的通行问题。以后，林元培造南浦大桥、杨浦大桥，也都用钢管桩来对付上海的软土地基，因此不必再花过多时间去研究地基问题了。

地基问题解决了，造桥的难度还要向前推进。接下来的一个机遇就是在广州造珠江上的海印大桥。这座斜拉桥跨度虽然小（还没有超过洳港斜拉桥），但桥的宽度要达35米，跟日后的黄浦江大桥相

上海火车新客站的恒丰路斜拉桥（林元培提供）

当，所以对这座桥的桥面等发生的一系列困难，林元培团队也都很有策略地圆满处理了。海印大桥顺利完成后，林元培又接到在重庆嘉陵江边建石门大桥的项目。这次机遇非常好，是建单索面独塔斜拉桥，其单悬臂长 230 米。林元培马上智慧地推算：若做双塔，对称布置就是 460 米，刚好是黄浦江江面狭窄处的宽度。面对这样可遇而不可求的机会，林元培当然格外用心。桥面合龙那天，他从上海飞抵重庆，刚刚到达位于山上的重庆大学招待所，来不及放下行李，听说大桥已经合龙的喜讯，就急忙奔到走廊上，往大桥方向极目远眺，由于过度兴奋，只觉眼前一黑，什么都看不见了，但他的两只手却情不自禁地握着栏杆，越抓越紧……事后有人问林元培为何如此激动，他反问："怎能不激动？石门大桥的合龙，意味着我们在黄浦江上造斜拉桥的技术准备更充分了。"1989 年，重庆嘉陵江边石门大桥顺利竣工，1991 年这个项目还获得了国家科技进步奖一等奖。嘉陵江上的石门大桥，以及陆陆续续所造的不少大桥，都为日后水到渠成地建造黄浦江大桥作了铺垫。这时，林元培对造黄浦江大桥已胜券在握了。

珠江上雄伟的海印大桥（林元培提供）

单臂 230 米的重庆石门大桥（林元培提供）

浦江天堑变通途

　　1990 年，中央批准开发上海浦东。要开发浦东就要过江，要过江不是建隧道就是造大桥。上海市政府决定先建南浦大桥，要求一年半完成设计，1989 年开工，三年内一定要建成通车。当年，我国要自行设计并建造跨度在 400 米以上的黄浦江越江大桥，难度实在不小。当时，加拿大已经建成了跨度 465 米的安娜西斯斜拉桥，而南浦大桥的造桥贷款来自亚洲开发银行，日本是亚洲开发银行的大股东，因此，日本和加拿大都表示愿意派人参与设计。而李国豪、项海帆等桥梁专家认为，中国人完全有能力在黄浦江上造桥，最后领导拍板黄浦江大桥设计由中国人自己承担。

　　黄浦江上架桥，林元培团队已苦苦等待了整整 20 年，他们理直气壮地接下了重任。设计方案通过并开始打地基不久，林元培接到康平路一个电话，要他马上过去，原来是朱镕基市长找他：老林啊，你到底有没有把握办这件事，这是性命攸关的。我国开发浦东，要是做了半天，闹出什么事故来，这怎么了得？……当时林元培对造南浦大桥的回答是有80%的把握。实际上，林元培心里有数，基本上没问题，但作为工程师，话是不能讲"满"的。因为南浦大桥是要建成一座叠合式的斜拉桥，而林元培在嘉陵江造过的是混凝土斜拉桥。不管什么结构，毕竟是座大跨度的斜拉桥，总体上说有80%把握，当然还有20%的风险。

叠合式423米跨度的南浦斜拉桥就像加拿大的安娜西斯大桥，其实那座桥还是有缺陷的。但是，由于国内信息不畅通，开始并不知道，直到南浦大桥开工之前派人前往加拿大考察学习，才发现桥面上有裂缝，当然车子还是可以走的。假如这个问题留在南浦大桥上，不仅团队的设计牌子都让它砸掉，还会影响桥梁寿命。"哎哟，真把我急死了，因为我们这个设计图纸有很多方面都是参考安娜西斯大桥做的。当时真是急得不知所措，我们的工程师朝思暮想做这个项目，若桥面有裂缝，怎么交待？我赶到加拿大仔细考察并实地拍照，回国后认真地研究这座桥有裂缝的原因。因为它是一块混凝土板，下面是钢梁，钢梁跟混凝土之间是有销钉的，上面有裂缝后，雨水、雪水渗进去会把销钉都腐蚀掉，本来可以用100年的，结果十几年就不好用了，其严重后果不堪设想。这个工程是我负责的，要改就得我改，

重任在肩　运筹帷幄（林元培提供）

不改的话，将来出毛病我得承担责任。"林元培找出了安娜西斯桥桥面裂缝的四个原因，相应地在施工及结构上采取了四种可靠的措施。当时的首要问题是马上修改图纸，前方工地还在施工，天天需要图纸，耽搁一天就是几十万元的开支。林元培带着有100多名工程师的建桥团队夜以继日地修正方案，争分夺秒地修改了1000多张图纸。但改了以后，问题能不能规避呢？林元培就在计算机上模拟，计算结果显示，按照加拿大的方案设计果然会有裂缝。

1991年，南浦大桥终于建成，造价8.2亿元人民币，桥梁主跨423米，属当年中国跨度最大的斜拉桥。1993年获国家科学技术进步奖一等奖。最让林元培骄傲的是，如今南浦大桥已经投入使用30多年了，并没有出现过一道结构性裂缝。实践证明所建成的南浦大桥是可靠的。南浦大桥顺利通车后，林元培的信心更足了。

南浦大桥还没有完工，林元培已开始筹划建杨浦大桥了。杨浦大桥一跨就有600米，而林元培团队建桥的跨度本事只有400多米，

南浦大桥雄伟的身影（林元培提供）

这个 400 多米也是花了 10 年时间在嘉陵江、珠江、黄浦江上拼搏才得到的，现在跨度又要拓展 200 米，究竟有没有把握？当时有两种方案：一种是把"南浦方案"搬过去，一跨 400 多米，面对 600 多米的江面，不得已要将一个墩子放到江里，

林元培与团队成员共商设计方案（2010 年，方鸿辉摄）

但在江里建造墩子要比在陆地上施工时间长，工作面打不开，而且造价贵。另一种方案是将两个墩子都放到岸上，造价较低，时间也快，但跨度达 600 多米是创世界纪录的，意味着要承担较大的风险。足足两个星期令林元培寝食不安，他梳理思路，分析数据，改进设计，

600 米跨度的杨浦大桥的雄姿（林元培提供）

以科学的态度和对人民负责的精神，用120%的努力去克服这20%的风险，带领团队齐心协力，果然如期顺利建成了600米跨度的杨浦大桥。林元培所创新的杨浦大桥桥塔拉索锚固区构造、箱型钢梁设计和大跨径斜拉桥整体稳定理论，也开创了世界造桥史上的先河。

1994年，改革开放的总设计师邓小平登上杨浦大桥时曾感慨："喜看今日路，胜读万年书！"

"杨浦大桥建完以后，就开始筹划徐浦大桥了。徐浦大桥的跨度没有杨浦大桥那么大，仅590米，比杨浦还少了12米，那个时候应该说是很有把握办这件事了，我把它交给年轻人，造就梯队么！就这样短短几年，我们完成了黄浦江上三座大跨度斜拉桥的建造任务。"

如今，三座斜拉桥如同六把巨大的竖琴楚楚动人地矗立在金色的黄浦江上，阳光令竖琴熠熠生辉，春风拨动着根根琴弦，为改革热

创新的东风拨动着杨浦大桥的琴弦（林元培提供）

土的浦东奏响一曲曲时代的交响乐。

国内桥梁界盛行以规模和尺度的超越来体现自身技术的创新，似乎只要跨度最大、数量最多、尺度最长就是"天下第一"，就是"桥梁之最"。林元培团队尽管客观上创造了当时不少国内乃至国际桥梁史上的第一，但林元培清醒地意识到：桥梁尺度上的突破并不代表建成了最难的桥梁。桥梁建设应以技术突破来论英雄。因为建桥是要运用技术的，有时凭借落后的技术也能建成破纪录的大桥。只有遇到了真正的挑战，而且通过克服困难提出了新的方法，创造了相应的先进设备，并获得了成功，或者发现了旧工艺和设备的缺陷，有了重大的改进，才是真正的技术创新。

黄浦江上的第四座大桥是卢浦大桥。考虑到浦江上已经建了三座斜拉桥，能不能从城市景观考虑，建一座更有特色而又美观的大桥呢？"南浦大桥的顺利通车，使造价低、工程进度快的斜拉桥被广泛认可。之后的短短几年，另两座斜拉桥——杨浦大桥、徐浦大桥又陆续在黄浦江上崛起。然而，当卢浦大桥的设计对外招投标时，我却唱起了'反调'：既然现在经济条件好了，为什么不选择造型更美观的拱形桥呢？"

于是，林元培提出了建拱型桥的方案：6 车道，日交通量 8 万辆。其风格跟斜拉桥完全不一样，前者

林元培陪同外国专家行走在杨浦大桥上（林元培提供）

林元培在卢浦大桥建设工地上（林元培提供）

如彩虹般飘逸，后者却像竖琴般端庄。很欣慰，这个造价仅比斜拉桥高 10% 的方案中标了。

当时世界上有两座 500 米左右的拱桥可以参考：一是 1930 年建成的澳大利亚 503 米的悉尼海湾桥；二是 1977 年建成的美国 518 米新河谷桥。但这两座拱桥都是桁架拱，该技术起源于 20 世纪 30 年代，其结构特点是构件繁多，造型复杂。这主要是受制于当时施工起重能力小（只有几十吨），构件要在工厂轧制，断面较小，故承重能力亦小。现在已进入 21 世纪，技术水平今非昔比：悬臂施工起吊能力至少可达 300 吨；20 世纪 50 年代以前桥梁构件不允

跨径达 550 米的卢浦大桥主拱合龙前（林元培提供）

许焊接,目前这种约束已取消,可以制造足够大的构件,一根构件可抵得上从前的几十根,结构可大大简化。

因此,中标以后,林元培没有采用悉尼海湾桥那样的桁架式结构。考虑到上海是软土地基,无法抵抗巨大的水平推力,必须在两边跨处设置两个半拱,在桥面上设置钢束平衡推力(类同于斜拉索构造);拱的断面采用箱形构造,这在南浦大桥、杨浦大桥、徐浦大桥上已实践过,是移植了一项成熟的结构技术。在施工工艺上采用已有数十年制造经验的钢结构制造。在安装方面则采用斜拉桥的安装技术,用斜拉桥起吊工艺,达到300吨以上起吊能力。在结构分析上推导出新的 14×14 的单元刚度矩阵,计算结果表明其稳定安全系数为2.3。也就是说,林元培大胆采用焊接工艺连接桥体,用大构件合龙技术,将斜拉桥、拱桥、悬索桥等不同的桥梁施工的最优工艺融入跨径长达550米的卢浦主桥建筑中。经过团队的不懈努力,果然如期顺利建成了造型优美、犹如长虹卧波的卢浦大桥,成了当今世界第一钢结构拱桥,也是世界上跨度最大的拱形桥。2003年卢浦大桥顺利建成。

如今,百米高的拱桥横跨黄浦江,充满诗情画意。天上的彩虹虽

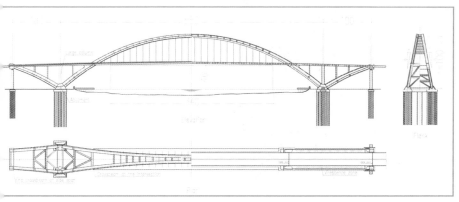

主拱550米、拱高100米的卢浦大桥结构(林元培提供)

犹如卧虹的卢浦大桥（林元培提供）

美，地上的拱桥更艳。天上的彩虹转瞬即逝，地上的卢浦却能跨越时空，见证勤劳人们恒久的创造力。2004年和2008年卢浦大桥分别荣获美国尤金奖（EUGENE C. FIGG，JR）和国际桥梁协会"杰出结构奖"。

2010年的世博会选址在南浦大桥与卢浦大桥间的广阔地带。东有巨大的竖琴——南浦大桥，西有高悬的彩虹——卢浦大桥，江水金光闪闪，隔岸景观相映。大桥提升了上海的艺术品位，也构筑起各国人民友谊的纽带。

卢浦大桥获美国尤金奖（2004年）

卢浦大桥获国际桥梁协会"杰出结构奖"（2008年）

"卢浦、南浦两座大桥，跨越浦西浦东，连接起世博园的美丽。每次走进园区，抬头望去，我都感到十分欣慰。设计这两座桥时，我并没有想到如今会跟世博园遥相呼应，现在想起来也是一种缘分。"

以后，林元培团队马不停蹄地又投入跨外海的东海大桥的建设，从南汇直达洋山深水港，全长32千米。其主要困难是外海风狂浪高，一年365天中只有180天可以施工，但工期又很紧，必须与港区建设同步完成。因此，林元培团队采用了"下部构造施工工艺决定设计，上部构造大尺度大起重量大规模预制拼装"的设计思路，于2005年按时建成了我国第一座跨外海的东海大桥。

海峡两岸变通途

为筹划上海世博会公众参与馆的"相约名人堂——与院士一起看世博"活动，笔者又一次来到位于中山北二路上海市政工程设计院林元培"大师工作室"。在林元培办公室的墙上悬挂着他所设计的桥梁代表作的照片：1991年建成的南浦大桥和1994年建成的杨浦大桥，夜色下它们好像两把巨大的竖琴；2004年建成的卢浦大桥则宛若一道美丽的彩虹；而2005年建成的全长32.5公里的东海大桥蜿蜒曲折，像一条伏在海面上的巨龙……

林元培大师虽年过七旬，依然精神矍铄，思维活跃，语言幽默。他指着墙

国际桥梁与结构协会主席致颁奖辞（2008年，林元培提供）

上的照片，如数家珍般介绍黄浦江上那一座座宝贝桥梁。从52岁设计南浦大桥，到69岁设计东海大桥，林元培在17年的时间里设计了总造价200多亿元的桥，几乎每座桥都创造了我国桥梁建造史上的奇迹。他却反复强调："这并不表明我的水平比前辈们高，只是我的机遇比他们好。前辈们相继退休了，我接班后恰好赶上浦东开发开放的好年头。这些架在江上的桥梁叱咤风云，日复一日见证着上海创新发展的好势头。如今每天平均有近十万辆车从这些桥上驶过，实践表明，它们的质量是可靠的，这一点我聊以自慰。"

林元培还告诉笔者："几年前，走在南浦大桥上的时候，我曾经对孙子这样说：等你长大了，爷爷已经过世了，但这座桥不会过世，这座桥还有300年桥龄，你孙子的孙子也照样看得到。就像一座纪念碑一样，我不在了，但我造的桥依然在，这就是我最高兴的事。"

人老了，总不免感叹；人老了，也总不免怀旧与思乡。

林元培祖籍福建莆田，隔着海峡向东眺望便是祖国的宝岛台湾。

"乡愁是一湾浅浅的海峡，我在这头，大陆在那头。"

林元培如数家珍般介绍黄浦江上一座座桥梁（2010年，方鸿辉摄）

东海大桥上激情澎湃的林元培（2006年，方正怡摄）

余光中的这首诗，两岸同胞都很熟悉，也很有同感。让海峡变通途，已成为两岸中国人共同的梦想。其实，林元培多年前已为此实地踏勘，运筹帷幄了。因此，当笔者请教林大师有没有可能造跨台湾海峡的大桥时，他马上接过了话题："关于台湾海峡通道已经开了好几次会了。连通祖国宝岛台湾的途径无非两种——造桥或者建隧道，这

林元培偕妻子、儿子登上东海大桥（2007年，方正怡摄）

林元培携孙子参加工地的义务劳动（林元培提供）

都需要两岸工程师的共同合作。而在工程真正启动前，多做技术准备才是关键。"

若采用造桥方案的话，林元培认为大致有三条线路：一是北线，即平潭至新竹；二是中线，即莆田至台中；三是南线，即厦门至高雄。林元培说："北线跨海线路约100公里，水深大概五六十米，不会超过80米，属浅海，为跨海峡桥梁工程实施提供了可能。"据一些资料初步显示，北线区域埋藏的花岗岩、页岩等岩层较为完整，地震发生的可能性较小。而中线、南线的基本勘察资料目前很少，对其工程实施的可行性尚难进行判断。因此，他较深入研究的跨海峡方案是平潭至新竹的北线大桥。

"海峡两岸之间通道将来肯定不止一条，我提出的10车道100公里长的平潭至新竹的北线大桥方案，基本上2小时即可到达彼岸，是一条比较便捷的两岸通道。这项工作在实施时虽有困难，但技术上是可行的。"林元培认为，桥梁构造在水深40米以下，可采用梁桥、钢构、拱桥、斜拉桥等形式，而水深40米以上则可采用悬索桥，其跨度不超过3500米。前几种类型的

林元培与本文作者之一方正怡在东海大桥上留影（2007年，方鸿辉摄）

桥梁国内已有成熟经验，后者的悬索桥则有意大利3300米跨度的墨西拿海峡大桥经验可参考。

应该说，建一座跨越台湾海峡大桥的技术已经没有很大难度了，但大桥建成后，怎么抗地震、台风、大雾等自然灾害，倒是设计中必须关注的大问题。

"让海峡变通途"是林元培的又一个梦想
（2011年，方鸿辉摄）

林元培认为，对于地震，近年来已有实施直径5至6米桩的技术与设备，为大型深水基础形式提供了更多选择。当受地震冲击力时，大直径桩比小直径桩有更强的耐受力，但大直径桩仍是易受破坏的部位，如何保护基桩不受破坏，仍是一个值得研究的重要问题。至于抵御台风与大雾，林元培提出一种很大胆的创新思考——过桥车辆在浓雾、强风等恶劣气候条件下，都能安全畅通的全天候通道方案——将车道从敞开桥面移至箱梁内，这样就可以不受浓雾、强风的影响，让车辆安全平稳地过桥以抵达彼岸。通俗一点来说，也就是让过海车辆在一个长达100千米的"箱体"内运行。当然，这个"箱体"可不是简单的箱子，除了有可以正常行车的路，箱

林元培在美国匹兹堡国际桥梁会议上演讲
（2004年，林元培提供）

体内还必须配备如信号灯、标志线、通信、车辆运行监控等设施。如果箱内突发堵车、消防等事故，有先进的报警、救援及抗灾系统与应急措施。在箱体环境方面，还必须有排气通风、照明供电、防水与给排水等各种系统。

另外，在大海上经历海风冲刷，悬索桥钢缆难免会腐蚀，如何防腐及换索也是一件棘手的事情。林元培认为，按他设计出来的海峡大桥可能多达 30 孔左右，海上钢索的防腐十分重要。"总不能因为有一孔悬索锈蚀把全部 30 孔左右的钢索都换掉吧！"必须像斜拉桥那样，哪根拉索坏了就换哪一根。因此，还必须革新现有悬索桥构造，使之达到可换索的目的。

"不久的将来，可全天候、低能耗通往海峡的另一端，这样便捷的海上通道不是梦！"林元培很有信心。

32 千米蜿蜒曲折的东海大桥（航拍资料）

让林元培的家乡与宝岛台湾的天堑变通途，我们深信这个梦想也一定能成真。

为表彰何梁何利基金杰出获奖科学家献身科学事业的崇高理想和重大贡献，在全社会弘扬科学精神，鼓舞科学技术工作者努力攀登科学技术高峰。何梁何利基金评选委员会和南京紫金山天文台协商，后者同意以拥有命名权的小行星，为获得何梁何利基金最高奖项——"科学与技术成就奖"的科学家命名。为此决定将一颗由中国科学院紫金山天文台于2007年9月11日发现的国际编号为210230号的小行星命名为"林元培星"，并于2014年7月向国际小行星委员会提出首批申请。2015年1月5日获国际小行星命名委员会批准。自此，浩瀚银河中再添了一颗被冠以中国科学家姓名的小行星——"林元培星"。曾领衔主持南浦大桥、杨浦大桥、徐浦大桥、卢浦大桥、东海大桥等重大项目的上海市政总院资深总工程师林元培获此殊荣。

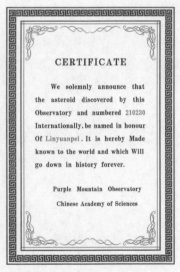

中国科学院紫金山天文台誉名"林元培星"的证书（林元培提供）

人的创新思想和能力的培养必须从青少年时期开始，而团队协作精神也是不可或缺的重要素养。

范滇元

（方鸿辉摄）

范滇元　激光物理学家。1939年2月18日生于云南昆明，祖籍江苏常熟。1962年毕业于北京大学电子学系，1966年研究生毕业于中国科学院。现任中国科学院上海光学精密机械研究所研究员、技术委员会主任。曾兼任国家"863计划"第八领域专家委员会顾问、中国光学学会激光专业委员会顾问，总装备部科技委兼职委员。1995年当选中国工程院院士。连续从事高功率激光装置的研制及运行。作为主要技术负责人之一，先后研制"大型单路""星光Ⅰ""神光Ⅰ""神光Ⅱ""神光Ⅲ"等大型钕玻璃激光系列装置，成功应用于激光聚变、X射线激光、高压状态方程等前沿科学研究，产生一批国际先进水平成果。在高功率激光的基础理论、关键技术、总体系统设计、工程研制等方面，取得一系列重要成果。曾获陈嘉庚技术科学奖、光华工程科技奖、中国科学院科学技术进步奖特等奖、国家科学技术进步奖一等奖、二等奖和上海市科学技术进步奖一等奖，以及国家有突出贡献中青年专家、全国优秀科技工作者等荣誉称号。发表论文、报告250多篇，培养硕士及博士50多名。

在地球上造小太阳的人

——范滇元寻找"神光"的足迹

这是一道绚丽的神光——在十亿分之一秒的瞬间，所发射光的瞬时功率不亚于全世界电网发电功率的总和；这是一道眩目的神光——目前，只有美国、法国、日本等少数国家能发出这样的光华……

这是 2002 年 5 月 15 日，《解放日报》头版头条采访文章——《为了"神光"的凝聚》的起首句。

追寻"神光"的范滇元，既不是奔月的嫦娥，也不是敦煌壁画中飞天的神仙，而是一位脚踏实地、为人类寻找新能源而孜孜以求的激光物理学家。

范滇元在"神光"实验室（2011 年，方鸿辉摄）

精于阅读，勤于思考的范滇元（2011 年，方鸿辉摄）

小闹钟开始的原子梦

1939年2月18日，范滇元生于云南昆明，作为长子，父母为他取名"滇元"。其实，范滇元的祖籍是江苏常熟，难怪现在他的话音中还带有很重的常熟口音。那年头正值抗日战争，范滇元的父母从上海来到当时的"大后方"。跟随父母相继辗转重庆、成都、桂林、长沙、贵阳……一路颠沛流离的困苦深深地烙在他稚嫩的心灵上，尤其是在贵州独山的那段令人难忘的日子，至今还常在他脑际浮现：从前线开回来的破坦克在窗外隆隆驶过；童年时患了痢疾，贫病交加，痛苦万分；出生不久的弟弟取名为"望平"（希望和平），却差一点送人……这一幕幕，催人泪下，不堪回首。

在"解放区的天是明朗的天"的欢歌声中，范滇元开始了少年生活。不再像读小学那样，不得不转五六所学校，他整个中学时代都是在江南水乡的一座小城——江苏常熟度过的。生活虽清苦，学校也没有优越的条件，却成了范滇元一生中最难以忘怀的岁月。尤其是读到杜甫"国破山河在，城春草木深"的诗句，唤起对童年时国难的回忆，感慨万千，下决心好好学习，长大后献身科学，为国争光。至今，他依然忘不了语文老师声泪俱下地讲解《记念刘和珍君》时的情景；忘不了陆游的"死去原知万事空，但

范滇元在莫斯科大学前留影（1983年，范滇元提供）

悲不见九州同"的《示儿》绝唱；更忘不了魏巍的《谁是最可爱的人》那悲壮的颂歌……正是这些人文素养的熏陶和时代风云的洗礼，深深地激起了少年范滇元洗刷国耻后扬眉吐气的共鸣，激发他热爱生活，珍惜时光，努力学好本领，以报效祖国的情怀。

1956年，范滇元中学毕业那一年，全社会正提倡"向科学进军"。在选择大学志愿时，他毫不犹豫地选择了物理学。范滇元对物理学的兴趣缘于刚读初中时发生的一件事：他家有一只小闹钟每天提醒他起床，有一天突然不走了，他摇晃了几下，走了起来，但一会儿又停了，而且怎么摇也不动了。少年范滇元又怕又急，到了晚上大着胆子把它拆开，一看还挺复杂的，捅了几下，还是不走。他更急了，又不敢告诉母亲，这可是家里的一件贵重物品啊！范滇元把小闹钟按原样装好，第二天晚上、第三天晚上……继续打开钻研，基本看清了它的结构，但还是不能使它转动起来。星期天便跑到新华书店，欣喜地找到一本有关钟表原理的书，终于弄清发条的力是通过推动摆轮

范滇元陪同88岁的父亲登黄山始信峰（2002年，范滇元提供）

再传到齿轮上的。问题可能出在摆轮上！回家仔细地检查，终于查出是摆轮的轴略微脱出轴承斜卡在轴承的侧边所致，把它重新装正后小闹钟又嘀嗒嘀嗒地响起来了。成功的喜悦强烈地激起了范滇元对物理学的兴趣，物理课的成绩也越来越好了。

尤其令范滇元感动的是，实际上他母亲早就发现他在摆弄小闹钟，但并没有责怪甚至阻止他，而且一直没有当面和他提起这件事。只是有一次她和亲戚谈话时说：让孩子去研究研究吧，爱迪生小时候也把家里的钟拆来拆去，后来成了发明家。天下父母都有同样的望子成龙之心，范滇元的母亲就是用这种开明、宽容的方式把他引向科学研究之路的。这对当前急功近利的家庭教育是否有启示呢？

范滇元的父亲则用另外的方式开导孩子。他给范滇元买了不少科普读物，其中令范滇元最爱不释手的是一本从俄文翻译过来的科普小册子《原子能电站》。范滇元从头到尾仔细地阅读了几遍，原子物理学所呈现的奇妙微观世界深深地吸引了他。原子核的能量不仅能造原子弹，而且能用来发电，更打动了少年范滇元的心，萌发了他为人类寻找新能源的冲动。他决心要学好原子物理，并在高考时大着胆子第一志愿报考北京大学物理系。使他义无反顾地做这一抉择的另一个关键因素是居里夫人的事迹。当时学校每年纪念一位世界文化名人，1956年纪念的是居里夫人。范滇元如饥似渴地阅读介绍居里夫人的文章，不仅由衷钦佩她发现放射性镭的坚韧不拔的科学精神，而且也被她淡泊名利的高尚情操所感染：居里夫人放弃专利，把发明贡献给全人类；她把诺贝尔奖章挂在女儿的脖子上；她向中学老师深深地鞠躬，把荣誉的鲜花转送给老师……当他们班被评为先进集体后，作为班长的范滇元就建议用"居里"来命名，并且把"居里班"三个字刻印在毕业纪念册上。范滇元一直珍藏着这本纪念册，它同那本《原子能电站》的小册子一起伴随他走上了科研之路。

　　回首自己青少年时期所走过的路，所受到的爱国主义教育，至今铭记在心。我觉得对当今每一位中学生来说，首先要学习和培育的是为国家繁荣富强而奋斗的精神，然后才是学会好的知识。知识学习，在中学阶段、大学阶段和研究生阶段，有不同的要求，在中学阶段基本上还是老师教你学，人家把已经消化的嚼得很细的东西给你，但是再往下走，必须培养自己的独立学习能力，不能一直指望老师把知识原原本本教给你，要有能力自己去消化学得的知识，这样才能真正成长起来。我想对年轻人讲，你们非常重要的任务是学习，但是你们要会学习，就是要主动培养独立学习知识的本领，学会思考和质疑，还要培养创新的思想和能力。我国学生普遍具有的特点同时也是缺点——那就是听话、迷信权威、缺乏独立思考的能力，更没有质疑的胆量。没有质疑，哪来创新？独立思考与敢于创新的能力就是我们的教学中最缺乏的。但是，人的创新思想和能力培养必须从青少年时期

范滇元宣布"2010中国光学重要成果"入选名单（2011年，范滇元提供）

开始，否则踏上社会就很难适应了。当然，对青少年来说还要有团队精神，不具备这种精神，学生的素养也是不全面的。集体主义和团队协作精神要引起学校充分重视，并能非常生动地予以引导。

在地球上造小太阳

1916 年，爱因斯坦创立了广义相对论，并揭示了一个极重要的自然法则——质能关系，即 $E=mc^2$。其中 m 为质量的变化量（Δm），c 为光速（即每秒 30 万千米），故 c^2 就成了一个数量级大得惊人的量！这个关系式表明：在一定条件下，质量可以转化成能量。而原子核物理的研究又告诉人们，核聚变生成物的质量小于其参与聚变前物质的量，这种质量的变化量 Δm（质量亏损）会转变成能量释放出来。我们知道，由 1 个质子和 1 个中子组成的原子核叫做氘核，由这

读到好书时的喜悦（2011 年，方鸿辉摄）

种原子核构成的原子就是氘原子，即重氢。如果原子核包含 1 个质子和 2 个中子，就叫氚核，即氚元素的原子核。氘和氚都是氢的同位素，而氦原子核在正常情况下含有 2 个质子和 2 个中子。它有时只含 1 个中子，这种元素叫氦 3。拿氘核和氚核举例，它们若能聚合成较重的氦原子时，就会产生一个阿尔法粒子并放射出一个高能中子，还释放出 17.6 兆电子伏特的能量。尽管一对原子核聚合后所释放的能量有限，但亿万对核聚合时所释放的能量就大得令人难以置信了。人类最熟悉不过的核聚变就发生在太阳内部。从太阳释放出的巨大能量就是由核聚变产生的，地球上所有生物体都时时刻刻受到这种核聚变的恩惠。没有核聚变，人类和周边的一切生命体都不复存在。多少年来，物理学家一直试图在地球上实现类似的核聚变，期望制造出这样的聚变反应堆来产生能量。如果这个努力能实现，地球上供人类生存的能源就一劳永逸了。因为核聚变的最基本原料氘和氚都可以在地球上获得，海水中就含有约 0.015% 的重水，其中就含有氘，而氚可以方便地通过锂和中子的反应生产出来，再说地球上锂的储量很大。不妨作一个估算：1 千克氘可产生 3.5×10^{14} 焦耳的能量。而每立方米水中约含有 30 克氘，而地球上总水量约为 1.386×10^{18} 立方米，即氘的总储量可高达 4.158×10^{16} 千克。假如能使这些水中的氘都用于聚变，那么所蕴含的聚变能约为 1.46×10^{31} 焦耳。据联合国权威部门统计，目前全世界每年的能量消耗约为 1.22×10^{21} 焦耳。那么，地球上的氘所蕴含的能量足以供人类享用 100 多亿年，这个年份数比地球现有的寿命还长。再说，核聚变还有一个最大的优点，那就是它不会产生很多放射性核废料。

多么诱人的核聚变能呀！但是，自 2011 年 3 月 11 日在日本东北地区发生 9 级大地震，从而造成福岛核电站的严重核泄漏至今难以收拾的局面，人们普遍"谈核色变"。

其实，福岛核电站采用的却是核裂变装置，其原理是：当来自外部的中子撞击铀 235 核后，重核裂变成较轻的原子核，会产生新的中子和热能，而飞散出来的中子又会与邻近的铀 235 核以及裂变后的新核撞击，形成链式反应。这些不断发生的重核裂变会产生巨大的热能，靠这种热能使水沸腾形成蒸汽来推动涡轮机工作，以驱动发电机发电。问题是重核裂变反应堆采用的核燃料铀 235 裂变后会生成许许多多不稳定的且带极强放射性的物质，它们在进入稳定状态（约 20 万年）前，还会射出 β 射线等衰变产物，形成长期的核污染。再说，这些重核裂变反应堆一旦运营不善或遭遇灾变等发生泄漏，其放射性物质会弥散到空间、水体、土壤或沾染在衣物、食品上，若进入人体会对健康造成极大的威胁，这确实是不容忽视的对人类生存有极大危害的大问题。说得概括一点：任何裂变核电站的安全设计都要能经受住突发事故和自然灾害的袭击；仅仅考虑核电站设计的 40 年安全运行期间，而忽略 20 万年核废料处置的安全，也是对子孙后

航拍切尔诺贝利核事故后昔日的繁华之地已变成"鬼城"（资料图片）

代的极不负责。目前世界各国在运营的核电站基本上都是重核裂变反应堆，无论是切尔诺贝利还是福岛的核泄漏都已对人类生存的环境造成了很大的伤害。譬如1986年4月26日凌晨切尔诺贝利核电厂的爆炸，就造成12.5万人死亡，350万人患病。近40万人不得不离开家园，约16万平方千米——相当于我国山东省那么大的地方，已经不适合人类居住了。这次事故的代价高达3580亿美元，是当时苏联生产的全部核电的总价值的许多倍。[①] 理解更透彻一点，裂变核电站就像一把高悬于人类头上的达摩克利斯之剑。就拿核电大国美国来说，现有104座核反应堆，一座100万千瓦的核电站一年约产生30吨高能核废料，40年运营下来就是1200吨，若这些核废料处置不当导致泄漏，其剂量足可以毒死1200亿人，可以让全人类死20遍！也许有人会说，只要对报废的核反应堆用钢筋水泥厚厚地"封死"，就万无一失了。然而最高质量的混凝土一般寿命也仅为100年，那么百年后曾被"封死"的核废料都将毫无遮拦地裸露出来。就只能一次次重复再封，相对于20万年污染期，至少也得反复"封死"2000次！眼下，对高能核废料的处置有三个去处：丢到海里，送到太空，或深埋地下。从实践和法规来看都行不通。

　　日本福岛核泄漏事故危害迄今仍没有结束，核污水每天会被排入海洋，事故的处理简直是一场没有终点的马拉松！有鉴于此，德国（核能发电占31%）、瑞典（核能发电占39%）计划在今后二三十年里逐步取消核（裂变）能发电；法国也削减了核能发展计划的一半。不过，若能合理解决好核电站的选址、安全运营与核废料的处置诸方面问题，眼下聚变核电能还是可以造福人类的。

---

　　① 泰勒·米勒:《在环境中生存》,汤姆逊学习出版社,2004年第13版,第338页。

相比核裂变，核聚变几乎没有因放射性核废料污染而带来的环境问题，聚变反应物是干净的。但是，要实现轻核的聚变，必须使两个裸露的原子核直接碰撞。由于原子核均是荷正电的，欲让它们能接近并发生核反应就必须克服相互间巨大的静电斥力。计算表明，每个燃料核至少要有 15 千电子伏的动能，方能克服这种静电斥力。与此动能相当的温度高达 1 亿摄氏度，从而这些燃料核都是以高温等离子体状态存在。所谓等离子体，是指一种离子和电子从原子中分离而各自呈现自由状态，但宏观上是电中性的物质状态。这也是自然界存在的与固态、液态和气态并列的第四种物质态。问题是这种等离子态在高温下会迅速膨胀发散而阻断聚变反应。如何把高温高压等离子体约束住，就是人为的核聚变远远难于核裂变实现的关键点。若能突破这个关键点，那么，核聚变的梦想就能实现。在自然界，太阳是靠巨大质量产生的引力，把热核燃烧的火球"约束"住（称之为"重力约束聚变"）；在地球上，聚变成功的例证就是氢弹

中国的全超导托卡马克核聚变实验装置（资料图片）

核物理学家王淦昌（范滇元提供）

的爆炸，但氢弹毕竟是破坏性的。如果能在可控条件下有序地释放聚变的能量，那就可以造福人类，提供几乎取之不尽的能源了。

为此，各国一流科学家都在为寻找理想的可控核聚变能量而日以继夜地努力着。他们先后提出了磁约束核聚变（托卡马克）和惯性约束核聚变等技术路线。当下，磁约束核聚变采用一个轮胎状的环形真空室，在环周围箍上能产生很强环向磁场的线圈，使等离子体能在高密度（10^{14} 离子／厘米^3）、高温度（1.5 亿摄氏度）状态下被约束在"磁笼"里有足够长（150 秒）的时间，以获得持续进行聚变反应的机会。

而惯性约束核聚变是采用高能粒子束来轰击由聚变燃料制成的靶丸，把它们在 10^{-19} 秒内压缩到足够紧密（10^{23} 离子／厘米^3）和高温，以发生聚变反应。然而不懈努力所带来的依然是成功与失败的交织、漫长征途的无奈。

20 世纪 60 年代初，激光技术的出现，给核聚变研究带来了新的动力和成功的曙光。各国科学家都尝试利用激光的"特异功能"，开创以高功率激光实现惯性约束聚变的崭新技术路线，可谓"山重水复疑无路，柳暗花明又一村"。

1964 年，我国著名核物理学家王淦昌院士独立地提出了利用激光实现惯性约束核聚变的思想，并具体建议了技术方案。所谓激光惯性约束核聚变，其原理是把氘和氚的混合体燃料装入毫米级直径的薄壳小球状靶丸内，当从外面快速射入高功率激光束时，靶丸表面物质因吸收大能量而向外喷射，形成的反冲压力（约为航天飞机推力的 100 倍）会将靶丸向心压缩，压力能达到 1 亿个大气压，靶心燃料被压缩到 20 倍铅密度，并在 1 亿摄氏度高温下点火而发生热核爆炸，并迅速扩展到整个燃料，从而释放出核能，这种能量的释放量远大于输入的能量。如果每秒钟能发生很多次这样的热核爆炸并且连续不断地进行下去，所释放出的能量可相当于百万千瓦级的发电站。位于美国加州利弗莫尔国家实验室的美国国家点火装置（NIF）已在 2012 年实现把 2.03 兆焦耳的能量通过 192 路激光束聚焦到一个直径仅 2.22 毫米的氘氚靶丸上，轰击后产生接近核爆炸时的温度和压力，实现了百倍能量增益的点火。

由此可见，大功率激光器是实现惯性约束核聚变的关键设备和技术。

按照这一技术思路，1965 年中国科学院上海光学精密机械研究所（简称上海光机所）在邓锡铭副所长的领导下，立项研制并应用作为聚变驱动器的高功率激光装置，为建立聚变核能电站迈出了基础

美国国家点火装置（NIF）靶室（资料图片）

性的关键一步。

钱学森院士曾形象地指出："你们的事业是在地球上造一个小太阳！"因为太阳的巨大能量来源于"聚变反应"，即两个氢核在高温高压下聚合成一个氦核并放出中子，其伴随而生的太阳能恩泽宇宙万物。而"人造小太阳"是要在地球上实现类似的聚变反应，旨在为人类带来新的清洁能源。

范滇元是幸运的。1962年北大物理系毕业后，他考入中国科学院电子学研究所研究生，学微波理论，以后又随导师到中国科学院上海光机所从事激光理论研究。1966年毕业后，留上海光机所，并于1971年参加激光引发核聚变的研究项目。可以说，范滇元踏准了节拍，生逢其时地历经了高功率激光装置从初创、开拓到快速持续发展的各个阶段，并为之作出了巨大的贡献。真是皇天不负有心人，相隔十几年后，范滇元终于圆了少年时代的原子梦，成为"在地球上造小太阳"科研大军中的一员。

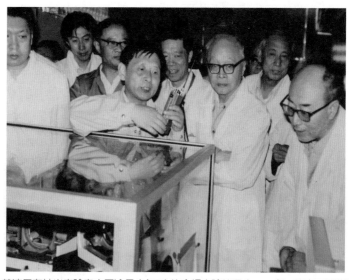

范滇元在神光实验室向王淦昌（右三）等介绍实验情况（1986年，范滇元提供）

20 世纪 70 年代初, 范滇元才 30 岁出头, 就有幸在余文炎研究员的带领下研制成功万兆瓦级 (10^{10} 瓦) 激光器, 连续几个月不分昼夜地进行打靶实验。1973 年 4 月, 实现了用高功率激光辐照低温含氘靶材, 首次获得中子发射, 这是我国激光聚变史上零的突破, 也从而跻身于国际先进行列。

1978 年在王淦昌先生的推动下, 中国科学院和中国工程物理研究院联合起来发展激光聚变研究, 提出建造输出功率为太瓦量级 (10^{12} 瓦) 激光装置的目标。当时称为 "激光 12 号实验装置", 即 "神光 I", 它是我国当时规模最大也是国际上为数不多的大型激光工程, 对我国开展激光聚变前沿物理研究具有重要的里程碑意义。范滇元作为主持此项工程的总体技术组常务成员、激光器系统负责人、总调试现场指挥和装置运行负责人, 与数百名科研人员一起, 在王淦昌、王大珩院士的指导和实验室主任邓锡铭院士的具体领导下, 成功地实现了预定的目标。

由范滇元负责激光装置总体设计的 "神光 I", 吸取了当时国内外成功的经验和失败的教训, 建立了强激光传输放大的理论模型, 在国内激光聚变驱动器研制上第一次实现了计算机数值模拟设计; 在关键技术攻关上, 突破了包括棒状和片状放大器系列, 电光、磁光和光电导开关, 像传递和空间滤波、面形公差自补偿和光束像散补偿等技术难题。

"神光 I" 装置连续运行 8 年, 进行惯性约束聚变、X 射线激光和极高压下状态方程等大量实验研究, 产生一大批国际先进水平的应用成果, 是我国激光技术发展上的一项重大成就, 标志着我国已成为具有高功率激光综合研制能力的少数几个国家之一。"神光 I" 项目 1988 年获首届陈嘉庚奖, 1989 年获中国科学院科学技术进步奖特等奖, 1990 年获国家科学技术进步奖一等奖。

陪同朱光亚参观实验室（1996 年，范滇元提供）

在"神光 I"成功的基础上，20 世纪 90 年代初，范滇元提出了"神光装置升级"——"神光 II"研制的倡议。作为项目负责人之一并兼总工程师的范滇元，从立项论证、总体方案设计到工程技术方案论证和工程组织实施，十年艰辛，马不停蹄，终于成功实现了 8 路激光的技术要求，实现 120 万亿瓦 /36 飞秒的峰值功率输出，全面达到并部分超过了原定设计指标，荣获了 2003 年上海市科学技术进步奖一等奖和 2005 年国家科学技术进步奖二等奖。

在"神光"系列研制过程中，范滇元在相关基础理论和新技术开拓上取得多项创新性成果，独立、合作和指导研究生发表论文和报告 200 多篇。其中，高功率多程放大理论及其技术（三通道双程放大器和组合式双程放大器），为大型激光系统的主放大器奠定了技术发展基础；空间域和时间域的光线矩阵理论，把几何光学的传输矩阵和物理光学的衍射积分结合于一体，形成了一种方便有力的理论工具，取得了用其他方法难以解决的若干结果，被国内外学术刊物和著作诸如 *Progress in Optics*、《矩阵光学》、《激光光学》等多次引用或译载。

21 世纪初，范滇元又不由自主地投入激光驱动器发展战略创新研究——研制"神光 III"巨型激光装置，这是我国光学和激光发展史上最大的科学工程。范滇元先后被聘任为 863- 惯性约束聚变主题总体技术专题专家组组长、"神光 III"项目总体技术专家组总工程师。在指导工程物理院的青年骨干完成"神光 III"装置概念设计和"原型装置"工程建造的同时,进一步针对激光聚变走向"点火"的中长期发展目标,开展了激光驱动器发展战略和总体技术路线的创新研究。实现聚变点火,对任何国家来说都是艰巨的科学任务,考虑到我国有限的财力和相对薄弱的工业基础,这更是严峻的挑战。范滇元带领一线工作的中青年专家团队,以中长期需求为牵引,提出了新一代聚变

陪同徐匡迪参观"神光"实验室(1993年,范滇元提供)

驱动器的发展战略和创新路线,以激光能量与功率的获取、以时空域光束品质的控制为基本思路,探索研究宽频带激光的产生、放大、传输和时空频特性全域控制的总体技术,相应地发展出一系列创新性技术和功能器件,诸如以超短激光脉冲为光源,通过超大模场单模光纤放大器和混合泵浦高能参量放大器预放大,以及紧凑型高通量多程主放大,高效率地获取高功率(高能量)激光;实施"全域主动控制"以保障强激光束在时间、空间、位相、光谱和偏振等特性的高质量,等等,从而较大幅度提高聚变激光系统总体性能价格比,为发展具有中国特色赶超国际先进水平的高功率激光驱动器作出了应有的贡献。

在科学道路上捷报频传的同时,范滇元又是"痛苦"的。诚如王选院士在《中国科学报》上发表的访谈录中说的:"当你立志献身科学的时候,你就不能过普通人的生活。"范滇元对这句话是深有同感的。王选的话,精辟地概括了由范滇元领衔的"在地球上造小太阳"的科学家生活的清苦,工作的艰辛,付出后的自豪以及继续奉献的决心。自 1971 年至今的 50 年,范滇元确实无法过"普通人的生活"。

每天十几个小时的工作，晚上 12 点以后才能睡觉，不能常回家，甚至连续一个月也回不了家，这些都是"在地球上造小太阳"的人的生活常态。哪怕在 1988 年晋升为研究员，1995 年被选为中国工程院院士后，范滇元依然过不上"普通人的生活"。更不用说在承担起国家"863 计划"第八领域专家委员会委员、"神光 Ⅲ"项目总体技术专家组总工程师、上海市政协常委等一系列重任后，他的工作节奏更快，责任更重大，更无法享受"普通人的生活"了。如今年逾八旬的范滇元依然如同一台不需要上发条的"小闹钟"，自觉地快节奏地工作着。

创新的艰难与恩泽

激光是 20 世纪最重要的创新成果之一，激光核聚变是激光最有创新性的应用之一。作为这一领域的领军人物，范滇元不仅领受着创新的恩泽，同时也领教了创新的艰难。

继承是创新的基础之一，继承的最好方式乃是认真读书，特别是要阅读经典著作和论文。正如邓锡铭院士所说："看戏要看梅兰芳，读书要读玻恩、狄拉克。"这与学马列要读原著有异曲同工之妙。20世纪 60 年代，范滇元还在中国科学院电子所读微波专业的研究生时，就仔细地阅读了电磁场理论相关名著及论文，获益匪浅，在学习期间不仅写出了创新的学术论文，发表在《中国科学》上，也为以后从事激光传输相关研究夯实了理论基础。转到上海光机所后，为了补充光学基础的不足，他又研读了《光学原理》《傅里叶光学导论》等光学名著，也写出了多篇学术论文，其中《用光线矩阵元表达的菲涅耳数和传递函数》等，被多次引用，并被编入不少教材之中。

其实，光有理论知识也是不够的，创新还需要深入第一线从积累的实践经验中获得灵感。在一定条件下，实践更有决定意义。创新的推动力、创新的灵感往往来自实践，成功则源于坚忍不拔的实干。实际上，创新也不都是美好的，更不会都以成功告终。实践表明绝大多数创新思路都会以失败告终，即便是最后成功的，也都历经种种磨难和曲折的结果。

作为激光的先行者和开拓者的美国科学家汤斯，从事这一研究多年，一直都没有结果。不少权威包括诺贝尔奖获得者都说他是在浪费钱，应停止研究，甚至在他做出氨分子微波激射器后，这样的声音还不绝于耳。然而汤斯坚持实践，终于取得了成功。直到晚年，这位曾荣膺诺贝尔物理学奖的激光科学泰斗依然在天文台参加第一线工作。尽管范滇元他们没有获得像汤斯这样杰出和耀眼的成就，但是在科学研究上要有所进步，也同样需要执著的努力和脚踏实地的不懈奋斗。

1974年，为了更充分地提取放大介质（钕玻璃）中的储能，提高总体效率，在余文炎的倡议和指导下，由范滇元具体负责，构思了一台新型的多程激光放大器。经过许多个日日夜夜的设计、计算和反复实验，终于成功地使激光束往返六次通过同一放大器，获得了高倍

"神光"两字由张爱萍将军所题（2011年，方鸿辉摄）

增益，激光系统总输出能量提高了一个数量级，激光打靶实验的中子产额也提高了一个数量级。这种多程放大型激光器现已成为国际上新建聚变激光系统的流行配置。20世纪80年代，在研制太瓦功率（输出功率达 10^{12} 瓦）的"神光 I"装置中，他们遇到了既要求有高功率的激光，又要求有高质量的光束的难题。在邓锡铭的指导下，范滇元从理论上和实验上证明了：为了达到总体上的高质量，除了国外采用的严格要求每个光学元件的每个表面都达到高标准外，还存在着另一条更适合我国的技术途径——对每个表面可以放宽要求，允许平度公差大一些，利用公差的正、负使不同表面的平度公差相互抵消，在总体上达到高标准。光学加工的技术人员根据他们的要求，摸索出主动控制平面公差正负的工艺，使这一新设想得以成功实现。在此基础上，他们又在成都光电所姜文汉研究员等的指导与合作下，进一步提出采用自适应光学新技术来补偿大型激光系统中光束位相的像差。在国际上首次将自适应光学技术引入高功率激光系统，针对系统特点作了精心设计，成功地实现了系统静态像差的补偿，以具

范滇元在中国科学院上海光机所的院子里（2011年，方鸿辉摄）

有中国特色的方式，达到了高光束质量的要求。目前，自适应光学技术已被国际上新建聚变激光装置普遍采用。

交叉和合作也是创新的源泉之一。在我国激光聚变发展历史上有一件值得回味的事。1964年，王淦昌独立提出激光聚变研究的创新思想。1965年在邓锡铭的主持下，上海光机所立项开展这一新领域的研究。经过8年努力，终于在1973年4月实现了我国"零的突破"——用高功率激光辐照含氘靶材，首次获得中子发射。他们在欢欣的同时，又犯了难：记录到的中子信号都不干净，总是在一个"大信号"波形的背景上叠加了几个"小毛刺"。到底"大信号"是中子信号，"小毛刺"是干扰信号，还是相反？有质疑却找不到答案。王淦昌得知后，指派中子专家王世绩研究员从四川到上海来帮助他们分析与鉴别。王世绩察看了实验现场和有关资料后认为，"大信号"才是干扰信号，而"小毛刺"倒具有中子信号的特点。在这一思想的指导下，经过反复判断和实验，最后确认"小毛刺"才是真正的中子信号，同时找到了产生"大信号"的干扰来源。如果不是与其他学科专家的联合，他们有可能在错误的导向下摸索，会走很多弯路。这使范滇元深深感到"学问"确实要立足于学，又要不断提问，没有质疑哪来创新？而创新又需要学科的交叉与协作。

1978年，在王淦昌的带领下，中国科学院和中国工程物理院联合起来进行激光聚变研究，有力地推进了研究工作的发展。学科交叉、合作交流不断地碰撞出创新的火花，取得了一批具有国际先进水平的成果。

人间正道是沧桑

大型激光装置"神光Ⅱ"是"神光Ⅰ"的升级装置，规模扩大4

倍，光束路数增至 8 路，能够输出 351 纳米的紫外激光，并立体地照射氘氚靶丸。

研制成功"神光Ⅱ"大型激光装置，是走向寻找新能源成功目标万里征途上的一座里程碑。作为"神光Ⅱ"的总工程师，范滇元回首往事，不胜感慨：挫折与顺利，失败与成功，沉重与欢乐……酸甜苦辣俱全。真可谓人间正道是沧桑。

到 1997 年，按原订合同，已近"神光Ⅱ"正式交付使用期限，几千万元的研究经费已将用尽，但"神光Ⅱ"还没有达标。用户天天跟在屁股后面催：啥时好用？全体研制人员忧心如焚。

屋漏偏逢连夜雨。关键时刻，我国激光聚变项目的倡始人王淦昌院士病倒，共同为"神光Ⅱ"拼搏的项目负责人邓锡铭院士患癌症住院。91 岁的王淦昌，每逢有人去探望，就会仔细打听"神光Ⅱ"的进展，并不止一次说："我们不比外国人笨，人家能做出来，我们为什么不能？'神光Ⅱ'一定要成功。"邓锡铭则念念不忘"神光Ⅱ"和我国激光聚变事业今后的发展，不停地思考着。一日清晨，他忍着

范滇元在实验室指导工作（2011 年，方鸿辉摄）

化疗的极度不适，奋笔三小时，一口气写下几大张纸，全是对"神光Ⅱ"研制和今后工作的建议。可以说，王淦昌和邓锡铭对"神光Ⅱ"牵挂到离世。

研制人员加班加点是寻常事，"我们核心团队从'神光Ⅰ'开始，不算全国几十个单位来合作研制的协作人员，光是主体的核心队员也有100多位，当然现在还不止。在'863'框架下参加这项工作的有上千人，这是一个很大的团队在共同努力。在做'神光Ⅰ'的时候，我们一大批人常常是连续几天几乎每天都做到凌晨一两点钟。所以在我们这个领域有了这样连续工作的传统，包括现在的年轻人在做'神光Ⅲ'原型的，也一直有这个连续工作的传统。"那时，范滇元更是无法常回家，住在嘉定光机所的宿舍。上小学的女儿只能寄托在妹妹家，妻子祝秀凤长期患病独居在家，夫妇俩只能靠每日中午电话传讯。1998年5月的一天，是周四，下午范滇元要到市区出席政协会议。周三晚上，他与妻子通电话："明天下午开完会回家。"周四上午，实验又出故障，中午上车前，按惯例他又往家里挂电话，想告诉妻子，会后不回家了，实验室离不开。家中电话铃响无人接。下午开完会已是4点多，返嘉定途中再打电话，还是无人接。"也许她去散步了？"到了嘉定，晚上7点多，再打，还是无人接。范滇元的心悬了起来："出事了？"

范滇元心急慌忙迅速赶回家，只见妻子已倒在床下，用手轻抚其面颊，她微微睁眼，轻轻说："叫救护车。"想不到这竟是妻子留给范滇元的最后一句话，随后她就陷入深度昏迷。10天后，她就去世了，才50岁。医生诊断，范滇元妻子是突发脑溢血。"我回家前，她至少已在地上坚持了八九个小时，她听到我电话铃响却无法接啊！……"范滇元痛苦地不能继续讲下去。我们完全能体会鲜花与掌声背后的科学家的汗水与泪水了。

回首 20 世纪 80 年代，在邓锡铭的领导下，开始研制大规模的 10^{12} 瓦激光装置，由范滇元自己负责总体设计，他确实已记不清有多少个夜晚是在计算机房度过的，也从来就没有周末或节假日的概念。在装置总调试阶段，作为现场指挥，范滇元不分昼夜连续工作在第一线，3 个多月没法回家。苍天不负苦心人，艰苦拼搏终于结出硕果，装置达到了预定指标，宣告胜利建成。王大珩院士在会上动情地说："人生能有几回搏，你们真是搏了又搏啊！"

装置建成后连续运行 8 年，在激光核聚变、X 射线激光等前沿物理领域做出了一批国际一流水平的研究成果，获得了一系列高等级的奖励。然而有谁知道有多少人为此付出了多大的代价？聊到此处，范滇元动情地说："直接参加研制工作的人员有 300 多人，10 多个协作单位，从立项到获奖，前后历经 10 年。许多人作出了无私奉献而没有索取回报。1989 年初，在获得首届陈嘉庚奖后不久，余文炎同志不幸去世，他没有来得及看到我们获得中国科学院特等奖和国家一等奖，更没有赶上院士评选，以他的学识和贡献，当在我之上，然而

范滇元侃侃而谈科研的艰辛与曲折（2004 年，方鸿辉摄）

他去了，没有得到他应得的荣誉。1991年，在一轮重要的物理实验刚刚做完后的第一天早上，装置运行负责人陈万年同志突然倒下，心脏停止了跳动。前一天晚上他还到实验室收拾整理，做结束工作的准备。我当运行组长4年多以后，把担子放心地交给了他。他忠厚、踏实，对工作尽心负责，干得很出色，不求任何索取，没有要求回报，最终倒在工作岗位上。不长的时间内，痛失良师益友，我为余文炎写悼词，我为陈万年致悼词，有一句共同的话，那就是要像他们一样，把他们所钟爱的、为之献身的激光聚变事业坚持下去、发扬光大。"

范滇元还告诉笔者，2007年我国公布了《国家中长期科学和技术发展规划纲要》，这个纲要是国家组织了上千位科学家花两年时间对今后20年我国科学技术发展方向认真梳理研究后提出的，规划纲要中还归纳提炼出了科学技术发展重大专项，而科学家们最初建议提出的有一两百项。"最后定了16项，代表了我们国家最重要的发展方向，而且具有带动性，激光核聚变就是其中的一项。一旦这个事我们做成了，能够实际应用，那全世界的能源不能说是用之不竭，但几乎是取之不

范滇元的院士风采（2011年，方鸿辉摄）

尽。也就是说，在千万年内，人类就不必再愁能源，这件事非常重大，不光对我们中国，对全世界、全人类的发展都是至关重要的。"

10 多年前，范滇元曾跟笔者说："如果我不是院士，或者我爱人没有病，你们还找不找我采访？我明白，这就很难说了。但是，我还是我，我还是同样一个人。所以我真诚希望少做一点锦上添花的文章，多做一些雪中送炭的实事，特别是对普通的中青年知识分子。从我们过来人的切身经历知道，从青年到中年都会遇到一个很困难的阶段：上有老下有小，待遇不高条件又差，而生活和工作的双重负担重重地压在身上。他们处于事业上最有贡献的时期，最需要关心、最需要理解和支持……"

范滇元的话语重心长，他期望媒体多呼吁：对青年人才尤其要关爱，要从政策上予以倾斜，使他们的生活与工作条件有一定的改善，让他们少有后顾之忧而能更好地发挥才干。毕竟这都是范滇元亲身经历过的坎坷，品尝过的艰辛，也是一名老科技工作者对振兴国家科技实力怀揣的拳拳之心。好在整个社会已对人才问题有了很大的共识。前不久在《文汇报》上展开的"倾听'青椒'"大讨论，已引起社会各方面的关注，政府也正在逐步推行一些切实可行的政策，以解决一部分青年才俊的科研与生活问题。从全局来看，国家还没有财力给所有人都提供相应的条件。怎么办？只能靠自身的努力，当然也有待于整个国家的经济发展，只有国家进一步富强了，才能从根本上解决问题。然而，国家的富强也只有靠每个人的努力奋斗。科教兴国，匹夫有责。

范滇元深情地回首："1962 年，彭真同志对我们应届毕业生说：'你们是青年中的佼佼者，在我们国家能够上大学读到大学毕业的是少数，是极少数，你们不要忘记与你们同时代的千千万万的同龄人，他们没有机会上大学，他们在比你们艰苦得多的条件下工作生活。'我觉得这段话也很值得今天的青年思考。不要光看到国外、中外合资企业等条件优越的地方，更要多看看绝大多数在农村、工厂、部队、边远地区的同龄人生活在怎样的条件下。我相信，一旦真切地了解了我们国家最底层的状况，每一位有志青年都会义不容辞地挑起振兴中华的重担。说实在的，科研往往'屡战屡败'，但是多年来人们还是以'屡败屡战'的气概，前赴后继百折不挠地奋斗。我想，成功之日，一定会出一部《人民感谢你》的电视片，记录中华民族新一代优秀儿女的奋斗足迹。我真诚希望通过年轻一代的努力，使我们国家在科技上也扬眉吐气，也祝愿年轻一代真正成为让'人民感谢你'的人。"

"神光Ⅰ"让范滇元花了十年心血，"神光Ⅱ"又让他整整拼搏了十年。人生能有几个十年？范滇元原想"神光Ⅱ"功德圆满后，可以回归"普通人的生活"了。但是，巨型的"神光Ⅲ"计划又马不停蹄地开展了，其规模比"神光Ⅰ"要大几十倍，是我国历史上最大的光学工程，范滇元又义无反顾地踏上了新十年的征途。

看来，范滇元从小闹钟开始的原子梦，会永远做下去……

同获"光华工程奖"的四位院士合影
（左起：龚惠兴、杜祥琬、钟南山、范滇元，范滇元提供）

在科学的道路上
能跨越坎坷，必须具备
"忠于人、勤于事"的
虚怀若谷的人文精神。

谈家桢

（中国科学院提供）

　　谈家桢（1909—2008）　遗传学家和教育家。1930年获苏州东吴大学理学士，1932年获北京燕京大学理学硕士，1936年获美国加州理工学院哲学博士。1937年应竺可桢校长的邀请就任浙江大学生物系教授，1949年后兼任理学院院长。1952年院系调整后任复旦大学生物系教授兼系主任，1961年起曾先后担任复旦大学遗传所所长、复旦大学副校长、生命科学院院长和校长顾问等职务。是中国遗传学会理事长、《遗传学报》主编、第15—17届国际遗传学大会副会长和第18届会长。1978年起任全国政协常委，1983年起任中国民主同盟中央副主席和上海市人民代表大会常务委员会副主任。1980年当选中国科学院院士，1985年当选美国国家科学院外籍院士和第三世界科学院院士，1987年当选意大利国家科学院外籍院士，1999年当选纽约科学院名誉终身院士。作为我国现代遗传学奠基人之一，在遗传学领域曾作出一系列重大贡献，尤其是异色瓢虫复等位基因嵌镶显性遗传和果蝇性隔离形成的多基因遗传基础的发现，引起国际遗传学界巨大反响。20世纪70年代末起致力于组织分子遗传学和遗传工程等研究，均取得重要成果。也是一位杰出的教育家，长期从事生命科学教育，培养了一大批杰出的科学家。1995年获求是科学基金会杰出科学家奖。1999年中国科学院紫金山天文台发现的国际编号为3542号小行星获国际批准命名为"谈家桢星"。

真理令人获得自由

——谈家桢的生命科学人生

人是谁创造的

1909 年 9 月 15 日（农历八月初二），谈家桢出生于浙江慈溪一邮务员家庭。从小随父亲工作的频繁调动而漂泊四方：台州、海门、舟山、南浔、杭州、百官、绍兴、龙泉和慈溪等地。尽管谈家桢的父亲文化程度不高，但是见多识广，深感子女教育对家庭及他们日后前程的重要性。谈家桢 5 岁那年，父亲调到舟山邮局，工作相对稳定后，便腾出精力教子女识字。他买了三把高脚凳，让谈家桢及其哥哥、姐姐坐上去，倾其所能地教他们认字，给他们以文化启蒙。谈家桢 6 岁时，父亲又调往海门邮局，便请了一位私塾先生上门为

少年谈家桢（1917 年，谈家桢提供）

他们继续讲授《千字文》《百家姓》等。直至 10 岁，谈家桢才有机会进入慈溪当地一所正规的教会小学——道本小学。两年后小学毕业，按父亲的意愿，要让谈家桢去上海或宁波学生意走经商之路，但悟性

谈家桢的风采（谈家桢提供）

很高的谈家桢对继续求学有强烈的渴望。在亲戚的劝说下，父亲才勉强答应让谈家桢继续读书。

12岁时谈家桢进了宁波的一所教会学校——斐迪中学。教会学校的学生都要读"圣经"，《创世记》中说：上帝创造了天地万物。谈家桢又听一些传教士说：上帝用泥土造了亚当，怕亚当在伊甸园过于寂寞，又造了夏娃，我们今天的人类就是亚当与夏娃的子孙……"上帝真有这么万能？""究竟是上帝创造了人，还是人创造了上帝？"这个大胆的质疑竟从小萦绕于脑际。在一次"人是谁创造的"课堂提问中，着实让少年谈家桢陷入窘境。面对外籍教员的提问，倔强的谈家桢不愿按"圣经"上的文字背诵，但又不知道该如何正确回答，只能抿嘴不作声。

东吴第三中学高中毕业时的谈家桢（1926年）

这样的表现自然招来教员的大声斥责。课堂上遭受的屈辱，令少年谈家桢下决心"将来我一定要圆满地给出答复"。正是这种潜意识引领并驱动着谈家桢往后的学术之路。

1925年，谈家桢转学到浙江湖州东吴第三中学高中部。受"五卅"运动的影响，血气方刚的谈家桢对外来侵略义愤填膺，成了学生自发开展的反帝爱国游行的领头人。

第二年，谈家桢以各科优异的成绩被免试保送，进入苏州东吴大学。那年头，达尔文的进化论思想和孟德尔的遗传学说已传入中国，并对中国的知识界产生相当影响。带着"人是谁创造的"疑惑，谈家桢对达尔文进化论表现出极大的热忱，并选择了生物学作为自己的专业。外籍教员泰斯克开设的"进化遗传与优生学"和"比较解剖学"都令好学的谈家桢着迷。2001年早春，笔者去采访年逾九旬的谈老时，他仍能兴奋地说："我这一辈子阅读过的书籍中，没有一本书像《进化遗传与优生学》那样令我着迷！"他把这本原版教材反反复复地精读了几遍，并做了密密麻麻的读书心得和注解，而今这本书页早已发黄的小册子依然立在他的书架上。也就在同时，他还如饥似渴地读完了达尔文的《物种起源》原版以及刘雄著的《遗传与优生》、陈寿凡著的《人种改良学》等生物学经典，对"人是谁创造的"答案已逐步清晰起来。

随着学识的增长，谈家桢对生物学的兴趣更浓厚了，探索的欲望也更强烈了，这一切都在引领他一步步地跨入生物学的殿堂，并憧憬：如果有朝一日能用遗传方法来改变人种"基因"，提高国人的体质和遗传素质，该是多么有意义啊！

谈家桢用三年半时间修满了四年的学分，在四年级时，他就兼任了大学生物学课的助教和桃坞中学生物学的教员。学有余力的谈家桢除继续刻苦研读图书馆的藏书外，还发动和组织同学们共同办起了东吴大学1930届的年刊，自任年刊社社长。同时还走向社会义务办学，兼任东吴大学青年会创办的惠寒小学的校长，免费招收贫苦家庭的孩子入学。可见，在青年谈家桢身上已体现出强烈的社会责任感。

想当中国的摩尔根

1930年夏获得东吴大学理学士学位后，谈家桢当然希望能进一步深造，尤其想升入燕京大学攻读硕士学位。由于学业优秀，外加有一定的科研能力，经东吴大学生物系主任胡经甫教授和洛氏基金社驻华代表祈天锡教授的大力举荐，谈家桢得到了洛氏基金社的奖学金，如愿以偿地进入燕京大学读研究生，师从第一位获摩尔根实验室博士学位的中国留学生——李汝祺教授。

李先生是当时该校唯一从事遗传学教学和研究的教授，他沿用了摩尔根实验室培养人才的"因材施教"和"教而不包"的方式，着重指导并培养谈家桢独立思考、独立解决问题的能力。谈家桢当年的研究课题是由东吴大学生物系主任胡经甫教授提出的——从事以亚洲瓢虫为实验材料的色斑变异遗传规律的研究，这个方向获得李师的首肯。那时候，谈家桢白天跋涉于北京西山的田野和森林，为瓢虫寻找饲料——蚜虫；晚上进行瓢虫杂交实验，观察其后代性状变异的状况。每天工作达十四五个小时。对于谈家桢的专注，同学们打趣地说："你是想当中国的摩尔根吧？"谈家桢笑而不语，但走摩尔根道路的志向是始终不渝的。

多年后，李汝祺导师感慨地说："我在谈家桢身上并没有花费很多精力，但他的工作做得那么出色！在一年半时间里竟搜集到那么多材料，做了那么多工作，又看了那么多参考书，这是出乎我意料的。"兴趣和志向已成了青年谈家桢向生命科学猛进的动力。师从李汝祺，谈家桢学到的不仅是科学

谈家桢（后排右一）赴美留学前在上海与父母兄弟合影（1934年，谈家桢提供）

知识和科研方法，更有李师"忠于人，勤于事"虚怀若谷的人文精神。

一年半后，谈家桢的硕士论文完成并得到导师的好评。遵师嘱，谈家桢将硕士论文拆成独立成章的三篇，其中《异色瓢虫鞘翅色斑的变异》和《异色瓢虫的生物学记录》与李汝祺导师联名发表在当时的《北平自然历史公报》上；作为硕士论文核心部分的《异色瓢虫鞘翅色斑的遗传》则由李师直接寄往美国加州理工学院的摩尔根实验室。很幸运的是谈家桢的这篇论文也得到摩尔根及其助手——杜布赞斯基的赞赏，他们推荐论文在美国发表的同时，也成全了谈家桢成为摩尔根"入室弟子"的愿望。

学而有幸遇名师

1934年，谈家桢告别了母亲和新婚的妻子，登上"胡佛总统"号邮轮，只身漂洋过海进入摩尔根实验室。

谈家桢与导师摩尔根院士合影于加州理工学院（1935年，谈家桢提供）

　　谈家桢学而有幸，连连得遇名师。当年已 68 岁的摩尔根指派杜布赞斯基教授具体带教谈家桢。作为基因学说的创始者，摩尔根既是一位学术思想超前的科学泰斗，又是一位极富组织才华的管理者。当年摩尔根的研究成果已蜚声全球，出于学术使命感，他花很大的精力培养来自世界各国有志于遗传事业的人才。被世人称为"蝇室"的摩尔根实验室群体，有一套独特的育人模式：摩尔根安排他的大弟子具体指导来自世界各国的留学生，如此一代又一代延绵不绝；研究课题则由留学生自己确定，导师只在关键点上予以指导；研究路线及文献资料全由留学生自己搜集与探索……这样的科研思想和方法能让

谈家桢与导师杜布赞斯基院士合影（1935 年，谈家桢提供）

学生的主动性和创新思维得以充分展现和发挥，这就叫"教而不包"。谈家桢学成后，曾对中美教学思想与教学方法作过比较，有感而发地说道：摩尔根实验室的"教而不包"的核心理念与我国贤哲的"师不必贤于弟子，弟子不必不如师"何其相似乃尔！

　　正值染色体遗传学的全盛时期，谈家桢探索起生命的奥秘。作为摩尔根"蝇室"实验群体中的一员，谈家桢必须在研究课题上与摩尔根实验室的研究主流保持一致。在研究材料上，他从原来在国内取材的异色瓢虫改为黑腹果蝇。后来的实践表明，果蝇果然是一种十分理想的遗传学实验材料。在攻读博士学位和博士后的三年时间

中，谈家桢在摩尔根的关心和杜布赞斯基教授的直接指导下，最初两年曾致力于果蝇种内和种间染色体遗传结构及相应的细胞遗传图的研究，试图弄明白基因在染色体上的位置及它们的排列。生性好动的谈家桢在这两年内潜心于"蝇室"，基本上谢绝一切与学术无关的社会活动，力争在有限的时间里获得尽可能多的知识。诚如他在回忆录中所说："我在远离故国的花卉草丛中，在奥地利神父孟德尔创

1935年美国加州理工学院的中国留学生（前排左起：袁绍文、谈家桢，左六为顾功叙；后排左四起：殷宏章、朱正元、范绪箕、钱学森，谈家桢提供）

建的遗传科学的崎岖小径间攀登、行进，寻求和探索生命的真谛。"接下来的日子，他又利用当时刚发现的果蝇巨大唾液腺染色体研究的最新成果，细致地分析了果蝇在种内和种间的染色体结构的变异情况，探讨了它们不同种的亲缘关系，深化了对进化机制的理解。

功夫不负有心人。在这段时期，谈家桢曾单独或与导师及同事合作发表了十余篇很有影响的论文，分别刊载于美、英、德等国的专业杂志上。1936年，谈家桢的博士论文——《果蝇常染色体的细胞

遗传图》答辩通过，被授予哲学博士学位。那年，谈家桢才 27 岁。

我是属于中国的

将近三年的留学生涯，谈家桢学到了知识，逐步掌握了科研的方法，体悟了什么叫"科学精神"与"科学思想"。尤其是身处"蝇室"的实验室群体，感受到科研团队应该互相尊重、互相包容、互相促进的重要性，尽管团队中有摩尔根这样的泰斗级人物，但在学术争论中大家在人格上是独立和平等的；可以为学术争得面红耳赤，但在事实面前只能心平气和、心悦诚服。因此，团队中没有人际隔阂，有的只是教学相长互为补充后获得的快感，以及人与人的相互尊重的真诚。对于摩尔根实验室的人文氛围和求实精神，70 年后谈家桢还是津津乐道："摩尔根的成就离不开他的研究集体，而他的助手和学生也分享到他的智慧与荣誉。"这恐怕就是我们当今强调的科学研究的团队协作精神，大凡成功的科研团队都很注重团队精神的造就。

在获得博士学位后，谈家桢继续留在摩尔根实验室任研究助理。他充分利用实验室融洽的学术氛围，博览群书，广涉遗传学各前沿领域，与各国学者广泛交流，学术上大有长进。年轻的谈家桢善于社交的基因

谈家桢（前右）与冯·卡门及其胞妹（中）以及钱学森等留美学子合影（1936 年，谈家桢提供）

这年头也顿时被激活了，他竟发起并组织了"美国—中国友好会"，还被推选为会长。该会的成员中有传教士、学者、工程技术人员等，虽然职业不同，但都对中国文化有强烈的兴趣，其中包括著名航空学家冯·卡门的胞妹等社会名流。

对谈家桢的学术能力和组织能力，导师杜布赞斯基教授都看在眼里，他深知谈家桢是一块有创新思维的科研好料，又是一位天才的战略型科研组织者。因此，爱才惜才的杜布赞斯基教授极希望谈家桢能继续留在摩尔根实验室一展鸿图，然而谈家桢已本能地激发出一种"报效祖国"的冲动，使他不得不抱歉地告诉恩师："我不能一味地钻在我所热爱的果蝇遗传学研究领域里。中国的遗传学底子很薄，人才奇缺。要发展中国遗传学，迫切需要培养各个专业方面的人才。我是属于中国的……"

1937年，谈家桢告别了摩尔根，告别了恩师杜布赞斯基，回到了祖国的怀抱。

唐家祠堂的追求

同年7月，谈家桢接受浙江大学竺可桢校长的聘书，任生物系教授。刚到浙大不久，上海爆发"八一三事变"，抗日烽火很快燃烧到了杭州。在日寇狂轰滥炸三个月之后，浙大不得不西迁。历经浙西建德，江西吉安、泰和，广西宜山，直至贵州遵义、湄潭。浙大生物系最终迁移到距遵义75千米的湄潭县城破落的唐家祠堂内。谈家桢在往后的一篇回忆录里说："耄耋之年，回首往事，似有模糊之感，唯独浙大西迁遵义湄潭的六年经历，仍记忆犹新。我深深地怀念遵义、湄潭的一山一水，她曾经哺育过我们这一代学人，也在异常艰辛的条件下，为新中国造就了一批栋梁之材。"

复旦大學

真理令人獲得自由

談家楨 二〇〇三年

谈家桢的人生感悟

谈家桢的深深怀念是有道理的，因为他的不少重要论文恰恰是在这种极其艰难的环境中诞生的，而且他的第一代四大弟子也是在那种艰苦的环境中培养起来的。动荡不定的生活，破败祠堂的环境，食不果腹的饥饿……与美国舒适的环境相比，谈家桢并没有被这种巨大的落差击倒，"科学救国""教育救国"的理念倒是更坚定了。他白天带领学生进行果蝇和瓢虫的野外采集，晚上则在昏暗的煤油灯下对着

显微镜仔细观察。脚踏实地，成绩斐然，不亦乐乎。

1944年，谈家桢在唐家祠堂里发现了瓢虫色斑变异的嵌镶显性现象：在瓢虫的鞘翅上，由黄色和黑色组成不同的斑点，在它们第二代身上，凡父体和母体所显示的黑色部分都能显示出来，而黄色部分却被掩盖了。第二年，谈家桢应美国哥伦比亚大学的邀请，赴该校任客座教授。其间，他对嵌镶显性现象的规律作了深入的探讨与研究，构建了嵌

谈家桢全家合影（前排左起：长子谈沅、次子谈洪；后排左起：大女儿谈曼琪、谈家桢、妻傅曼芸，1947年）

镶显性现象的理论，并于 1946 年发表了论文《异色瓢虫色斑遗传中的嵌镶显性》，引起国际遗传学界巨大反响，被认为是丰富和发展了摩尔根的遗传学说。连玉米"转座因子"的发现者、诺贝尔奖获得者巴巴拉·麦克林托克当年在美国冷泉港研究所见到谈家桢时，也高度评价了他的这项成果，说谈家桢的嵌镶显性理论对她所从事的玉米"转座因子"的研究是很有意义的启发。

在唐家祠堂的艰苦岁月里，谈家桢的另一项难忘的工作是培养了人称"四大金刚"的四个弟子——盛祖嘉、施履吉、徐道觉和刘祖洞。谈家桢对他们的培养，完全承袭了摩尔根实验室的"教而不包"

施履吉（右二）偕夫人倪祖梅（左一）看望谈家桢老师（2003 年，谈家桢提供）

的教学风格，以民主和开放的氛围，激发他们的创新思维、动手能力和人文关怀精神。谈家桢视学生如兄弟与孩子，不仅在学业上倾注了全部精力，在生活上也予以无微不至的关怀。

1945 年，谈家桢有机会重返美国，在纽约见到自己的恩师杜布赞斯基教授时，便不遗余力地推荐自己的这四位学生，希望能让他们到美国深造。杜布赞斯基教授之所以促成此事，是想把谈家桢的学生作为自己的助手，继续果蝇遗传的深入研究。至于这四位学子

怀抱孙子其乐融融（1962年，谈家桢提供）

的能力，从谈家桢当年的表现就足以让杜布赞斯基教授相信，学生像导师嘛！而谈家桢考虑的却是国内微生物遗传学和人类遗传学方面空白的人才结构的战略布局，有鉴于这四位弟子的学术特长，最终他竟鼓励盛祖嘉改学微生物遗传，施履吉从事细胞技术研究，徐道觉改学肿瘤遗传学，而刘祖洞则从事人类遗传学。这"四大金刚"果然没有辜负导师的期望，日后均在各自的领域做出了骄人的成绩。

1948年，谈家桢作为中国遗传学唯一的代表出席了在瑞典斯德哥尔摩召开的第八届国际遗传学大会。谈家桢在会上宣读了《异色

谈家桢院士（左三）在家接待来访的外国专家（谈家桢提供）

20世纪50年代，谈家桢（左）在辅导学生观察细胞（谈家桢提供）

瓢虫色斑的季节性变异》，并被推选为国际遗传学会常务理事。但会议也令谈家桢惊奇地获悉：刚结束的全苏农业科学院大会上，宣布孟德尔—摩尔根学说是"反动的唯心主义""伪科学""不可知论"，并声称：遗传学家是信奉"米丘林主义"还是"孟德尔—摩尔根主义"，从本质上是"社会主义还是资本主义两种世界观在生物学中的反映，是两种意识形态的斗争"。为此，苏联关闭了细胞遗传学实验室，逮捕了"摩尔根主义者"，销毁了相关教程，消灭了果蝇……这哪里有什么"学术自由"与"学术民主"？

此时，国内淮海战役已打响，中国共产党领导的新中国取代国民党政权已成定局。美国同行力劝谈家桢干脆定居美国："你是摩尔根的弟子，回去后会有什么好果子吃？"

谈家桢心潮澎湃，几十年追求科学的坎坷历程如同电影般在脑际回放："人是谁创造的"课堂质疑，北京西山森林的跋涉，摩尔根"蝇室"的学术探讨，唐家祠堂昏暗的煤油灯，嵌镶显性理论的发现……"不管如何，中国是我的祖国。我一定要回到中国去！"决心已定，1948年底谈家桢满怀信心地回到了祖国。

1950年，谈家桢接替贝时璋担任了浙江大学理学院的院长。

风雨坎坷路

一门学科的发展决不是一帆风顺的，遗传学在中国的发展和壮大更是经历了同形形色色偏见、无知、迷信，甚至种种压迫的抗争。

　　新中国成立初期，生命科学界曾一度不加分析地唯苏联是从。在遗传学中则强行推行李森科那套理论，打击和压制摩尔根遗传学说，谈家桢成了首当其冲的批判对象。身为复旦大学生物系主任、摩尔根遗传学说的传人却无法讲授遗传学。"有人劝我，改教米丘林生物学吧。不，我宁可不教书，也绝不屈服。好在还有达尔文。当时，根据教育部的规定，我校成立了达尔文教研室。于是，我开始翻译《生物学引论》，讲授达尔文进化论。我相信，科学总归是科学，真理总会越辩越明。"

　　1956年，根据毛泽东主席"艺术上的不同形式和风格可以自由发展，科学上的不同学派可以自由争论"之精神，在青岛召开了"遗传学座谈会"。既然能够"不打棍子，不扣帽子，求同存异"，谈家桢便挺身而出捍卫科学真理，把积压在心底的有关"遗传的基础""遗传与环境的关系""遗传物质和性状表现""物种形成与遗传机制"等论点在座谈会上作了酣畅淋漓的阐述，使窒息的中国生物学界透

青岛遗传学座谈会代表合影（前排右五为谈家桢，1956年，谈家桢提供）

进一阵新风，谈家桢也顿觉心旷神怡。那天会餐时，谈家桢竟举杯畅饮，酩酊大醉。会后，谈家桢连续在报刊上发表了不少争鸣文章，并特别提醒中国生物学界密切关注国际遗传学的发展动向：1953年，沃森和克里克建立的DNA双螺旋结构模型，标志着分子遗传学时代已经到来。谈家桢也就成了中国第一位在《人民日报》上发表分子生物学理论的科学家。

　　1957年，谈家桢作为党外代表出席了在中南海召开的中央宣传工作会议。会议期间，毛泽东主席指名要接见谈家桢。当毛泽东主席听了谈家桢关于青岛遗传学座谈会的汇报后，高兴地说：过去我们学苏联有些地方不对头，应该让大家来搞嘛！并鼓励谈家桢坚持真理，解放思想，一定要把中国的遗传学搞上去。

　　1958年1月6日晚上，毛泽东主席从杭州派专机到上海，邀请周谷城、赵超构和谈家桢去杭州，在西湖畔一庭园共进晚餐，商讨科技界赶超世界水准的问题。毛泽东主席又鼓励谈家桢："一定要把遗

谈家桢（前）在上海细胞生物所作遗传学报告（1978年，谈家桢提供）

传学搞上去,有困难,我们一起来解决嘛!"

谈家桢日后回顾与毛泽东主席的相交相知,深有感慨:在遗传学科发展最困难的时期,总是得到毛泽东主席的全力支持。中国遗传学人才队伍的建成、中国遗传学之所以能发展如此迅速,很重要的一点也是得益于毛泽东的《实践论》和《矛盾论》的理论指导,得益于"百家争鸣"的科学方针。

任重而道远

自 1937 年学成回国,谈家桢一直没有离开过教育岗位。说谈家桢"桃李满天下"他自认为这是溢美之词,但谈家桢培养了好几代有作为的学生倒是客观事实。年逾九旬的谈家桢依然关注

谈家桢与他的学生曾溢滔在查阅文献(谈家桢提供)

着生命科学人才队伍的建设。70 多年来，谈家桢在学生身上倾注了大量心血，无论中外学生，学业上尽心相授，生活上尽力相助。事实表明，他们都没有辜负谈师的期望，也都在国内外一代代薪火相传，培养了大量优秀人才，为生命科学队伍发展壮大而兢兢业业，建树颇丰，连他们的不少学生中也有成了中国科学院和中国工程院院士的。曾溢滔院士在接受笔者采访中，在回顾自己的成才之路与恩师谈家桢的精心栽培时，声情并茂地说："我从心底里永远感激我的老师谈先生，他的两封推荐信：一封帮我考进复旦大学，选择了血红蛋白研究课题；另一封让我到国际著名的 Huisman 实验室合作研究，使我能在血红蛋白研究领域向更高的目标攀登。我一生的科研工作离不开血红蛋白研究，我的血红蛋白研究离不开我的恩师谈家桢先生。"这是曾溢滔院士的

谈家桢在阅读《哭弟子——郭申元》的文稿（2000 年，方正怡摄）

肺腑之言，也印证了谈家桢的"耕耘八十载，甘为孺子牛"的科学人生。

即使对年轻的学者，谈家桢也倍加爱护。"我已是年过九十的老者。前一段时间，由于健康原因，家人和医生暂时'限制'了我阅读书报的习惯。近来，精神稍有恢复，才从学校送来的报纸上看到弟子郭申元不幸被病魔夺取年轻生命的噩耗，不由老泪纵横，悲思万千……"这是谈家桢2001年3月29日发表在《文汇报·笔会》上署名《哭弟子——郭申元》的文章的第一段。

谈家桢对人才的培养和爱护，在学术界是有口皆碑的。而且他敢于直言，为人才的破土而出大声呐喊。

2001年4月，笔者之一的方鸿辉为《上海画报·名人自述》稿子的确认曾去嘉定众仁花园谈先生的寓所。由于去时匆匆，将杨福家院士刚发来的传真件（关于他被聘为英国诺丁汉大学校长的消息）误置于让谈先生确认的稿子后面。将稿子交谈先生审读后，便坐下与

谈家桢在家接受小记者采访（2000年，右为方正怡）

谈师母聊天。谈先生审完自己的文稿看到传真件后，竟突然从沙发上起身，勃然大怒："杨福家实实在在是块好料，摆着人才，中国人不用，倒被外国人用去了！像话吗？"这不是老先生的心胸狭隘，实在是惜才如命啊！

事实证明，谈先生的眼光和判断是很正确的——"杨福家（1936—2022）实实在在是块好料"。从复旦校长位置辞职后，杨福家作为第一位在籍中国人担任起英国著名的诺丁汉大学的校长，因为干得出色，竟连任了四届，从2001年至2012年当了12年诺丁汉大学的校长；同时期（2001—2011）兼任中国科协副主席等社会职务；以后又被聘为国务院参事特约研究员（2010）以及中央文史研究馆馆员（2012）；还曾担任国际大学校长协会执行理事会成员，并发起成立中国大学校长联谊会，被选为创会会长；2001年还凭借其深厚的学术功底和知名度成为设在美国的"防核恐怖倡议"（Nuclear Threat Initiative，简称"NTI"）董事会成员，是18位国际成员中唯一的中国人……这一系列国内外要职，令杨福家活跃在国内外社会活动的舞台上，充分展现中国知识分子的爱国情怀和聪明睿智，也使他有机缘近百次跨出国门，足迹几乎踏遍了世界一流的科研院所，访学、交流、

杨福家校长的油画像将永远挂在诺丁汉大学内，这是英国大学的传统（杨福家提供）

谈家桢常发表对育人有见地的思想（谈家桢提供）

谈家桢不可一日无书读（谈家桢提供）

取经，怀揣拳拳报国之心，耳濡目染，眼界更开阔，思考更深刻。特别值得指出的是"这块好料"还亲力亲为地开垦了一块试验田——创办了宁波诺丁汉大学，看似实践"博雅教育"，意在成功实践国际视野下的中国高等教育和经济全球化时代的教育国际化。这些年来，只要有机会，他就会把自己对国际教育比较研究的思想和理论不辞辛劳地传播，多年来已著作等身，名声大振。他的思想和举止犹如希腊神话中最具智慧的神明之一的普罗米修斯，窃取了"天火"，将其带给人类，温暖了人，照亮了人，使人成为万物之灵。

70多年献身教育，关注教育，谈家桢对中国教育出现的一些问题思考长久，感慨良多，并提出很有见地的理念：九年义务教育既然是公民权利，旨在提高全民族素质，培养合格公民，学校就不应分重点与非重点；相应地，在坚持"德、智、体全面发展"的教育目标中，还应添上"群、劳、美"，这样才较完美；对"人才"的理解不应该局限于带"家"的（如科学家、作家、画家），只要对社会作出一定贡献

谈家桢与夫人谈笑风生（2003年，方正怡摄）

的，都应该是人才⋯⋯

高等教育更令谈家桢牵肠挂肚。他认为：以往的高等学校办学弊病可概括为"综合不综，博士不博，奶油蛋糕，卖条头糕"。综合大学培养出来的学生应是高层次的复合型、创造型、基础型人才，而不应缺"天"（天文）、缺"地"（地理、地质）、缺"人"（人类学）、缺"心"（心理学）；博士论文只是一名合格博士生的必要条件，不是充分条

国际编号为 3542 号的小行星被命名为"谈家桢星"（1999 年，谈家桢提供）

相敬如宾的老来伴（谈家桢提供）

件，其实能攀上当今科技领域高峰的必属知识广博者无疑，假如学生仅学一些书本上偏狭的专业知识，不注重打基础，甚至误认为大学是培养专业专门化人才的场所，那么这些没有根基的学生就形如奶油蛋糕，华而不实了；传统的教学强调照本宣科，强调条理清晰，结果学生照单全收，埋头笔记，这种"条头糕"式的学习模式，压抑了学生独立思考与

诺贝尔奖获得者沃森与贺林院士在华东医院探望谈家桢（谈家桢提供）

创造思维，哪有一点启发性可言？

倒不是谈家桢杞人忧天，国力竞争之核心乃是人才。1995年10月7日，在北京钓鱼台国宾馆，谈家桢将一份关于教改建言提纲亲手呈中央领导，他们十分重视谈先生的意见，认为谈家桢的"意见很好"，必须十分重视育人大事。

谈家桢认为：20世纪是物理学和化学的世纪，而21世纪是生命科学的世纪。耄耋之年，谈家桢依然关注着学科前沿所发生的方方面面的事件。1997年7月18日，谈家桢以极其负责的科学态度，给中央领导写了"关于我国基因资源保护的建议信"：呼吁保护我国人类基因资源，积极参与跨世纪的"基因争夺战"；制定政策，营造良好环境，加快我国基因工程药物产业化进程；确信我国生物工程的发展一定会在国际竞争中夺得应有的席位。年逾九旬的生命科学泰斗谈家桢依然执著地关注着学科的前沿，严谨的逻辑、前瞻的思维，令人叹服！

毕竟，真理让他获得了自由。

科学与人文是人类
文明的两张翅膀，缺一
不可。

钱伟长

（资料图片）

　　钱伟长（1912—2010）　应用数学家和力学家。1935年毕业于清华大学物理系。1942年获加拿大多伦多大学博士学位，后在美国加利福尼亚州理工学院喷射推进研究所任研究员。历任清华大学教授、教务长、副校长，中国科学院力学研究所副所长，上海工业大学校长，上海大学校长。曾任中国力学学会副理事长，中国中文信息学会理事长，《应用数学和力学》主编，美国《应用数学进展》《国际工程科学月刊》编委，《简明不列颠百科全书》的中美编审委员会委员，波兰科学院国外院士，中国民主同盟中央副主席，全国政协副主席等。1955年被选聘为中国科学院学部委员（院士）。主要从事力学、应用数学等方面的研究与教学以及教育组织和领导工作。首次将张量分析及微分几何用于弹性板壳研究并建立了薄板薄壳的统一理论，提出了浅壳理论的非线性微分方程组，国际上称为"钱伟长方程"。首次成功地用系统摄动法处理非线性方程，迄今国际上仍用此法处理这类问题。提出的广义变分原理和环壳分析解等成果被誉为"具有我国独特方法的重要贡献"。研制成功新颖中文编码及计算机汉字输入方案（"钱码"）。对大功率电池的设计理论、电机计算理论等有独特见解。发表研究论文160余篇，已出版《弹性板壳的内禀理论》等专著20多种。

我是忠于我的祖国的

——钱伟长的爱国情怀

儿时的人文学养熏陶

1912 年 10 月 9 日，钱伟长出生于江苏无锡鸿声镇七房桥村。祖父和父亲都是贫穷的乡村教师，生活虽清贫，对学问却孜孜以求。钱伟长至今依然清晰地记得儿时每逢寒暑假，父亲钱挚和四叔钱穆等相继回家，在长辈营造的琴棋书画氛围中，他能领略华夏文化的精妙，陶醉于中国历史和文化之中。每到夏天，长辈们都要将省吃俭用购置的四部备要、二十四史和欧美名著等晾晒，童年的钱伟长自然是积极参与者，耳濡目染，增长了对人类文化的崇仰之心。六叔钱艺的诗词和书法、八叔钱文擅长的笔记与杂文都自幼深深地影响着钱伟长，滋润着钱伟长。尤其是八叔要他每隔两天交一篇作文，这种训练使钱伟长日后进入学校后，国文课经常能获高分。父叔四人还都精于围棋，钱伟长自幼成了热心的观战者，潜移默化中也领悟了一些棋艺与棋谱，以至于在往后的学校围棋赛中，靠儿时的这些"功底"居然每每得胜，常获冠军。围棋摆谱还成了钱伟长终生的业余爱好，耄耋之年的钱伟长仍痴迷于棋道。

钱伟长进大学前从未穿过一件新衣，都是母亲将父叔们穿旧的衣服改裁后缝制的，将腰部折叠着缝起来（舍不得剪掉），随着身子长高逐步放长，时间久了别处都褪色，唯独腰部像系了一条深色的带子。童稚时钱伟长穿的袜子也总是补了又补，有时补到五六层之

一辈子钟情于祖国科学与教育事业的钱伟长（2004 年，方正怡摄）

多，穿起来凹凸不平，挺不舒服，夏天他干脆赤脚。钱伟长还从小学着帮祖母和母亲采桑养蚕，拾田螺，捉田鸡，挑马兰头，放鸭子，甚至去湖里捉螃蟹。生活清贫，营养不良，致使钱伟长小时候相继患过疟疾、肺病、伤寒，虽缺医少药，居然活了下来，但18岁进清华时，身高只有1米49，成了全班最瘦弱、最矮小的学生。虽说江南人个子普遍不高，少年钱伟长的个子还是鲜明提示了他的家境贫寒与常年的营养不良。

清贫然而融洽的家庭氛围和长辈们追求学问的不倦态度，深深感染着钱伟长，使他自小懂得做人的要则：要洁身自好，要刻苦自励，要胸怀坦荡，要安贫正派……这一切都力促他要知上进永不息，使他一生受益无穷。

连年的军阀混战，从小学到初中，钱伟长真正上学不到五年。国文与历史全靠在家庭自学，数学没学过四则运算，平面几何学了不到一学期的课，小代数也只是一知半解，外语从来没碰过。因此，一进入苏州高中，钱伟长必须格外努力，补上"欠债"。好在他得到许多

钱伟长在专心致志地下围棋（2006年，方鸿辉摄于上海大学招待所）

有造诣的恩师不吝指教。国
文教师是他的四叔钱穆，西
洋史教师是杨人楩，生物学
教师是吴元迪，本国史教师
是吕叔湘，地理教师是陆侃
舆，音乐教师是杨荫浏……
都是一代名师，他们精湛的
传道、授业、解惑，激发了
钱伟长的求知欲，可谓人生
的"第一口奶"吃得很健康。

1940 年 6 月，钱伟长出国前与亲友合影
（前左起：大妹钱舒秀、四叔钱穆、钱伟长，钱伟长提供）

经过三年似痴如狂地努力，在 19 岁那年的高考中，钱伟长竟以中文和
历史两门学科满分的成绩跨进了清华大学。

记得那年清华的语文考题是《梦游清华园记》。钱伟长从没到过
北京，更遑论游清华园。年轻气盛且富有想象力的钱伟长没有任何
羁绊与包袱，大胆想象，花了 45 分钟，洋洋洒洒写就一篇 450 字的
赋。命题老师想改，一个字也改不了，只能给钱伟长满分——100 分。
四叔钱穆看到后则告诫他别太气盛。那年的历史题目是写出二十四
史的名字、作者、多少卷、注释者是谁？这样一个怪题，好多人考了
零分，钱伟长又答题如流，稳稳地考了满分。可是，他的其余四门
课——数学、物理、化学和英文，前三门总共考了不足 100 分，英文
从没有学过，考 0 分。

弃文学理的抉择

那时清华文学院有朱自清、闻一多、冯友兰、陈寅恪、雷海宗、
俞平伯、杨树达等名教授，而钱伟长对古文和历史都有兴趣，究竟是

进中文系还是入历史系？

就在钱伟长决定进入历史系的第二天，也就是1931年的9月18日，日本帝国主义发动了"九一八事变"，侵占了我国的东三省，全国青年学生纷纷举行游行示威，呼吁各界抗日。当天，钱伟长从收音机里听到了这个震惊中外的消息，毅然决定弃文从理。

至今，钱伟长记忆犹新："我听了这消息就火了，年轻嘛。没飞机大炮，我们自己造！我下决心不学历史了，要学科学，要学造飞机大炮。有老同学告诉我，你进物理系吧……"

其实，那时的钱伟长并不理解"科学"是什么，以为数理化即科学，所以他就决心弃文学理。学校里既然有吴有训这么一位人人传颂的科学家在物理系任主任，他自然力图进入物理系。在1931级的106位新生中，要求进物理系的竟有21人。对那些入学考试物理学、数学成绩好的同学，系里当然欢迎，而对钱伟长却尽力劝说到别的系去。"我一再找系主任吴有训教授，他就拿出我的全部入学考试试卷，恳切地提出我学中国文学或历史最合适，并说中文系的杨树达教授很欣赏我的那篇作文，希望我到中文系去；历史系的教授对我的答卷也特别满意，希望我到历史系去。但是，我的数理化三科考分的总和不到100分（其他同学的成绩都在200分以上），英文也考得不好（当时理科教材多是用英文本），将增加学习困难。吴老师极力劝导我学中文或历史，说中国文学和历史也是国家民族所需要的。他见我身体瘦小羸弱，特别关切地说，要根据个人的条件选择系，物理系每届都有一半同学受不了学习负担而转系，对学校和个人都是损失。他担心我承受不了物理系功课的负担。吴老师没有料到他所面对的是一个下定决心、态度坚决的青年。要弃文学理，是我经过反复思考表达的愿望，是不会轻易更改的了。"经过一个多星期的死缠与软磨，最后吴有训只得同意钱伟长暂时借读物理系，但是要他保证在学年结束时，物理学和微积分的成绩都必须超过 70 分，同时选修化学，还要加强体育锻炼，向马约翰教授学习。这对钱伟长的确是很严的全面要求，每周除上课外，有两个下午的物理学实验和两个下午的化学实验，还有课外锻炼，钱伟长必须加倍努力，克服种种意想不到的困难，达到吴有训先生的"高标准与严要求"，否则就得"转系"。

吴有训的通融，为日后人类工程物理学造就一位天才提供了通道。为此，钱伟长不得不拼命学。"那时候跟我一样拼命的还有华罗庚。我是很用功的，每天早晨 5 点到科学馆去背书，可是华罗庚已经背完了。"钱伟长对这段求学历程记忆犹新。那时清华物理系有吴有训、叶企孙、萨本栋、赵忠尧、周培源、任之恭等多名讲课精彩且实验投入的知名教授；系里又经常有研讨会，还时有欧美著名学者（诸如玻尔、狄拉克、郎之万等）来校访问演讲，让他们有缘与大师交流，洞悉了物理学最前沿的景观。在吴有训、叶企孙等恩师的鼓励下，钱伟长还选学了材料力学、工程热力学、近世数学、化学分析诸学科，聆听了信息论泰斗维纳在电机系的演讲和空气动力学权威冯·卡门在航空系的短期讲学；选学了熊庆来的《高等分析》，杨武之（杨振宁之父）的《近世代数》，黄子卿的《物理化学》和萨本栋的《有机化学》。作为一名物理系的学生，钱伟长在数学、物理、化学诸领域都打下了较宽广的基础，为日后建造学科"金字塔"奠定了良好的根基。钱伟长在物理系苦读了四年，变成全班物理学得最

钱伟长与夫人孔祥瑛合影（钱伟长提供）

好的学生。尤其令人难忘的是,清华六年,让钱伟长从瘦弱的"out of scale"(1.5 米以下的不合格身高),成长为强壮的校田径队和足球队的队员,这得归功于体育教授马约翰先生的激励以及他自身的毅力。钱伟长对体育的钟爱一直持续到老年,60 岁时参加教研组的万米赛跑还能遥遥领先。

1939 年 8 月 1 日,钱伟长和清华中文系同学孔祥瑛在昆明西南联大结婚,吴有训先生为他们主持了简单的婚礼。三周后,中英庚款会公布他与林家翘、段学复、傅承义、郭永怀等九位西南联大同学考取了第七届留英公费生。但是,留学的起程又一波三折。

留学起程一波三折

1939 年 9 月 2 日,中英庚款第七届留英学生 22 人抵达香港时,不幸第二次世界大战爆发,所有赴英客轮扣作军用,钱伟长等学生的

在上海大学招待所钱伟长接受笔者采访(2005 年,方正怡摄)

留学计划也被迫延期。在返回昆明等候通知的时候，钱伟长从王竹溪那里借到拉夫著的《弹性力学的数学理论》，仔细研读后发现当时国际学术界关于弹性板壳的理论十分混乱，不仅板、壳分开，而且各种不同形状的板壳有不同的方程。于是，钱伟长决心寻找一种统一的以三维弹性力学为基础的内禀理论。苦苦埋首数月，他以高斯坐标张量表达的微分几何来表示变形和应力分析之创新思想，居然获得了前所未闻的统一内禀理论。

三个月后，当中英庚款会做好了所有准备时，他却与同学们一起选择了放弃。钱伟长回忆道："因为英国皇家学会的会员，还有不少名教授，都逃难到加拿大去了，所以让我们改去加拿大留学，说是中英庚款的负责人在上海英租界等你们。船到了，那是俄国的'皇后'号。早上八点上船了，中英庚款的负责人就把护照发给我们。他倒是好意，说你们过日本的时候啊，息船三天，没事，可以到横滨去玩玩。一看签证，我们就火了，日本占领我国领土，我们受了那么多苦，还签证跑那里干什么？当场有留学生就把护照扔进黄浦江里了，22人全下船。结果负责中英庚款的那位英国人自己认错了。他说我们不懂得你们中国人的爱国心，你们先回去再说……"

1940年8月初，中英庚款会再度将钱伟长等留学生召集于上海，坐俄国"皇后"号邮轮赴加拿大。9月中旬终于抵达加拿大多伦多大学，开始了艰辛的留学生涯。这也是多伦多大学首批接受的中国研究生。

留学海外　科研多产

到达多伦多大学后，钱伟长与林家翘、郭永怀同时师承应用数学系的辛祺（Synge）教授。师生第一次见面，辛祺教授就发现自己与钱伟长都在研究弹性板壳的统一内禀理论，只是视角有所

钱伟长获博士学位（1942 年，钱伟长提供）

差异，导师宏观，学生微观，尽管当时所得到的结果还不能统一，但深信既是同一实质，必将能统一。也就在他们第一次见面时，即决定师生分两段写成一篇论文，投交美国加州理工学院航空系，以祝贺冯·卡门（Von Kármán）教授 60 岁诞辰。祝寿论文集于 1941 年夏季刊出，共 24 篇论文，作者均为"二战"时集聚北美的知名学者，如爱因斯坦、冯·诺伊曼、铁木辛柯、科朗等，钱伟长是唯一的中国青年学子。这一旗开得胜之举倒是增强了他的自信，也提高了整个中国留学生团队的知名度。经过一年努力，钱伟长打通了宏观理论与微观理论的通道，顺利通过博士论文答辩。

1942 年底，钱伟长即转到美国加州理工学院冯·卡门教授主持的喷射推进研究所工作。1943 年至 1946 年期间，钱伟长主要从事火箭的空气动力学计算设计、火箭弹道计算研究、地球人造卫星的轨道计算与研究……也参加了火箭现场发射试验工作，同时还在冯·卡门教授的指导下，完成了变扭的扭转和水轮机斜翼片的流动计算，以及超音速的锥流计算等重要的研究课题。1946 年，他与冯·卡门合作发表了《变扭率的扭转》一文。冯·卡门曾说这是他一生中最为经典的弹性力学论文。应该说，博士后的这几年确实是钱伟长一生科研的多产期。然而，正当钱伟长在美国的事业如日中天的时候，他却选择了回国。

我是忠于我的祖国的

科研越多产，钱伟长怀念祖国与亲人的情思也越强烈。抗日战争胜利后，他以"久离家园、怀念亲人"为由，取得回国权，1946 年 5 月从洛杉矶搭货轮返上海，8 月初又从上海搭轮船经秦皇岛回到阔别八年的北京清华园，在母校清华大学当了一名普通的教授。9 月，爱妻祥瑛自成都携已六岁的儿子元凯赴京，钱伟长才第一次见到儿子。那年月物价飞涨，作为穷教授的钱伟长入不敷出。到第二年冬季长女开来出生后，只得向单身同事、老同学彭桓武等告贷度日。

钱伟长深情地回忆："1948 年钱学森从美国回来了，他是回来结婚的。他来看我，看我很可怜。那时工资是 15 万金圆券，只能买两个暖瓶，叫我怎么过日子？回国之前，我在美国的年收入是 8 万美元。钱学森说，美国特区研究所（GPL）还希望我回去。我当然不想回去，可是那时的艰苦让我的生活与科研都发生极大的困难。于是，要到美国大使馆签证。问我，你信什么教？我说我没教。他说不行啊，没教在美国人看来，你是无教之徒，就是野蛮人。后来他说这样，你填孔教。最后一条，我填不下去了，讲中国和美国打仗的时

钱伟长在四川绵阳 29 基地备课（1980 年，钱伟长提供）

候，您忠于美国吗？我当然忠于中国了，我是中国人，怎么能忠于美国？我就填了一个NO。结果就因为这个，他们不让我去了。"

"这一点是毫不犹豫的。我是忠于我的祖国的。"钱伟长反反复复强调。

为了生活，更为了实现"科学救国"的抱负，新中国建立前，钱伟长几乎"承包"了清华大学机械工程系、北京大学和燕京大学工学院三校的基础课——应用力学和材料力学，物理系的理论力学、弹性力学等课程，还担任《清华工程学报》主编等审稿工作。教学之余，钱伟长继续在润滑理论、圆薄板大挠度理论、锥流和水轮机曲线导板的水流离角计算等领域不懈钻研，相继撰写并发表了8篇有影响的论文。

满腔热情致力于中国科技腾飞

1949年3月，清华大学成立了校务委员会，由叶企孙任主任，张奚若、吴晗任副主任，周培源为教务长兼常委，费孝通和钱伟长为副教务长兼常委，陈新民为总务长。1952年院系调整后，钱伟长被任命为纯工科的清华大学教务长。1956年钱伟长又被任命为清华大学副校长，仍兼教务长和力学教授。

钱伟长（中）、郭沫若与外国专家合影（钱伟长提供）

繁忙的教学与科研之外，钱伟长还为北京

各所高校培训应用数学与力学的师资。1956年，他出版了我国第一本有关弹性力学的专著。钱伟长的社会兼职也令他忙得不亦乐乎。1951年中国科学院成立之初，钱伟长就兼任数学研究所力学研究室主任。钱学森回国后建立了中国科学院力学研究所，钱伟长又兼任了副所长……1955年中国科学院学部成立，钱伟长成了第一批被选聘的学部委员，并兼任中国科学院学术秘书。值得指出的是1954年至1956年，钱伟长还花大量精力参与由周总理亲自领导的制定我国自然科学12年规划的工作，经常通宵达旦地工作。也就是在规划研讨会上，周总理公开赞誉钱伟长、钱学森和钱三强为"三钱"。此外，1953年，钱伟长还参与起草了新中国第一部宪法。就是在忙得连喘气都很紧张的情况下，钱伟长还是没有打乱自己的科研节奏。凭着让新中国科技早日腾飞的满腔热情，这几年他还是成绩卓著地发表了20多篇科研论文，出版了《弹性柱体的扭转理论》《圆薄板大挠度问题》等专著。

钱伟长（左）与费孝通教授聊得正欢（钱伟长提供）

丧失了 26 年珍贵的年华

作为高校工程教育工作者，钱伟长主张：教学必须与科研相结合，教师除了必须结合生产实践，还必须通过科研工作不断扩大知识领域，掌握新知识，加深对这些知识的理解，才能教好学生；在教学中，教师不只是传授知识，还要指导学生能了解这门学科所存在的问题和发展的方向，否则教师只是照本宣科的教书匠，教学质量是无法提高的；大学工程教育应打好基础，以培养学生的自学能力为主，工科学生要有理科基础；大学专业不应分得过细，不能设想许多知识都要在学校里由教师一一讲过，因为学生毕业后在实际工作中遇到的问题是复杂多样的，再说科技还在日新月异地发展着、更新着，学生更需要有自己分析问题和解决问题的能力。

钱伟长还认为：工程师必然是在长期建设工作的实践中锻炼成长的，不可能在大学的"摇篮"里培养出来……钱伟长的这些与当时苏联教育思想相背的不合社会潮流的见解，竟在清华大学引发了一场历时三个月的大辩论。为了回答各方责难，钱伟长于1957 年 1 月 31 日在《人民日报》上发表了《高等工业学校的培养目标问题》一文。谁料到很正常的教育理念的论争却在当年 6 月的"反右"

钱伟长常为各类讲习班授课（钱伟长提供）

运动中,以政治结论而告终,钱伟长被错误地划为"右派",并由此撤销一切职务,停止一切工作,仅保留教授,从一级降为三级。家庭也遭牵连,儿子元凯尽管成绩优秀也无缘进大学深造……

1960年,钱伟长被摘掉了大"右派"帽子,但并没有恢复他的正常教学工作。酷爱教学与科研的钱伟长只能转入"地下"。一些懂行的专家倒能抓住契机,请他开设了各类讲习班,诸如为北京地区冶金学界讲授"晶体弹性力学",为航空学界讲授"空气弹性力学",为力学界讲授"颤振理论"……听讲者少则数十人,多则数百人,而且上述授课都是系统讲座,常连续开讲数月至半年,为我国应用数学和力学培养了大批人才。当年的听讲者中不少人已成了我国该领域的学科带头人,有的还成了院士。除了"地下教学"与"地下科研"外,钱伟长还顽强地进行"地下咨询":他曾代叶渚沛院士起草了加速推广转炉的建议书,设计了高炉加压顶盖机构和强度计算;在李四光的恳求下,钱伟长研究了测量地心引力的初步设想与措施,并推荐"反右运动"后被流放到新疆的他的研究生潘立宙去从事该项研究;为国防部门建设防爆结构、穿甲试验、潜艇龙骨计算提供咨询;为人民大会堂眺台边缘工字梁的稳定提出增强方案;为北京工人体育馆屋顶网络结构提出计算方法……

令钱伟长痛苦的是,1964年他总结十几年的科研结晶——所撰的创新论文《关于弹性力学的广

钱伟长与埃及教育部长白哈丁交换合作文本(1993年,钱伟长提供)

义变分原理及其在板壳问题上的运用》竟被《力学学报》以"不宜发表"为由而退稿。4年后，日本学者鹫津久一郎在美国出版的《弹塑性力学中的变分原理》也表达了相似的论点。

在史无前例的"文化大革命"中，钱伟长的遭遇更是惨不忍睹。除了皮肉受尽折磨，精神痛苦更是苦不堪言。书籍资料大都散失，科研教学根本无法进行。不过钱伟长坚信，这都是暂时的，"一个国家不可能这样长期混乱下去，总有一天要恢复建设"。他没有丧失信心，没有消极悲观，只是春天盼秋天，今年盼明年，没想到这一盼就是十年之久。好在1970年在周总理的直接关怀下，钱伟长有幸接受了接待国际友人的外事活动，相继接待了荷兰导演伊文思、美国作家斯诺、韩丁以及英国记者格林……直至1972年，钱伟长又参加了中国科学家代表团出访与学术交流，使他的境遇出现了转机。

钱伟长谈高校"拆掉四堵墙"的理念（1983年，钱伟长提供）

钱伟长（右）与钱学森在政协六届五次会议闭幕式上握手（1987年，钱伟长提供）

拆除隔篱　教研相长

1979年夏，党中央以文件形式公布55名党外人士被错划为"右派"者一律予以改正，并恢复名誉，其中钱伟长是还健在的7人之一，但对钱伟长的"右派"改正问题，清华大学又拖了三年多，直至1983年1月12日在中央决定调他任上海工业大学校长一个月后，才勉强给了一张"改正书"。接到"改正书"的当天，钱伟长即辞去任职达38年的清华教授，翌日便只身返沪，向上海工业大学报到。钱伟长终于挣断桎梏，重新获得了全心全意为教育事业不懈奋斗的全新环境，从而开始了他人生的新起点。

钱伟长与清华教员们一起做实验（钱伟长提供）

调任上海工业大学校长后，钱伟长就倡议"拆掉四堵墙"：学校和社会之墙，校内各系科、各专业、各部门之墙，教育与科研之

415

在北京寓所下围棋（1994年，钱伟长提供）

钱伟长与徐匡迪亲切握手（钱伟长提供）

墙，"教"与"学"之墙。为此，他抓师资队伍建设，抓科学的学制建设，抓学生的全面发展，也抓学校硬件设施和软件建设……

1980年，钱伟长率团参加了在香港举行的国际中文计算机会议，并公开表示："中文计算机将由中国人自己搞，我们自己将做出世界上最实用的、最优化的中文计算机来。"回国后，他立即组织了中文信息研究会。由于钱伟长深厚的物理学基础和人文底蕴，在1985年他就独创了宏观字形编码法，俗称"钱码"。"钱码"以高速易学闻名于世，为IBM机所采用，并获得1985年上海科学技术发明奖。

20世纪80年代后，他的社会政治活动也日益增多，相继被选为民盟副主席、全国政协常委和副主席、香港特别行政区基本法起草委员会委员、中国和平统一促进会执行会长、《中国大百科全书》和《辞海》副主编、《简明不列颠百科全书》中美编审委员会委员等。往后的30年，繁重的教学行政工作、多彩的政治社会活动与广阔的学术天地，使钱伟长的生活更富有意义。这位可敬的老人担任上海大学校长，却不拿学校一分钱薪金，在上海连自己的房子都没有，自己的家都没有，常年住在学校条件很一般的招待所，只是长年驻守着警卫却又让招待所显得不同寻常而已，毕竟钱老曾任全国政协副主席。

虽然岁月催人老，但是钱老欣逢盛世，仍夜以继日地发奋工作，以补偿被失去的 26 年珍贵年华，愿以自己的点滴汗水，汇入国家建设波澜壮阔的洪流之中。只要看看钱老的沧桑人生，我们不难理解什么叫"以国家利益重于一切"。

抢救濒危记忆　积累科学文化

2004 年 3 月 12 日，钱老受中国科学院、中国工程院和中国社会科学院部分科学家的委托，给中央领导写了一封信，建议编研出版"20 世纪中国知名科学家学术成就概览"系列丛书（以下简称"概览"），旨在整理科学家学术成就的基础上，分析并总结他们之所以

钱伟长应邀在中国科学技术大学研究生院讲课后解答师生们提问（钱伟长提供）

钱伟长从不间断地辛勤笔耕，著述立说
（钱伟长提供）

能取得这些学术成就的条件以及他们取得这些学术成就的途径，评介这些学术成就对学科建设以及人类社会发展的贡献和影响，这对当前人才培养会有极大的借鉴和启示，并有望得出在科学史和方法论方面有一般性意义的结论，使科技和人文更有机地融合。钱老的这项建议受到中央领导的高度重视。2006 年 12 月，"概览"项目被立为国家"十一五"重点出版项目。有鉴于"概览"对于传播科学、创造未来具有划时代的意义，笔者为此又特意采访了钱伟长院士。

2008 年初夏的上海，天气潮湿闷热，但跨入上海大学绿荫包围的乐乎楼——钱伟长院士居住的招待所，笔者的心归于平静。只见 96 岁高龄的学界泰斗精神矍铄地坐在棋桌旁，双手各执黑、白子，全神贯注地自我对弈。

当秘书徐旭先生把笔者的来意向钱老通报后，钱老非常开心，放下棋子与我们一一握手，话匣子也打开了："科学和人文是人类文明的两张翅膀，缺一不可啊。再说啊，盛世修志，我们的国力强盛了，有条件也有必要来回顾一下 20 世纪中国的科学文化，溯迹先辈，凝聚国力，探索历程，瞻望未来么！"

笔者因工作关系曾多次采访过钱老，也能较深地体味钱老话语的逻辑与含义。记得钱老曾经谈起过 50 年前的一段往事："上世纪

50年代初，在叶企孙先生倡议下，我和王竹溪等曾苦心收集了上半世纪中国人发表的物理学论文（包括国内外发表的，也包括纯粹物理和应用物理），大约有700余篇，试图汇编目录出版。但鉴于当时的政情，我们的工作成果没能问世，后来这些资料全部流失，这是一个很大的损失……"钱老当时的遗憾尤其触动我们的心灵。当年想从科学文化的角度总结半个世纪中国物理学的发展，今天又以一名战略科学家的视野提出了整理并出版"概览"的建议，可以理解这正是钱老欲圆50年前的"梦"。

而今，"科教兴国"有了人文导向，钱老的建议受到中央领导的高度重视，新闻出版总署约请科技部、中国科学院、中国工程院、社科院、台办、侨办、港澳办、科学出版社等有关部门负责人，研讨"概览"的出版问题，并就编写工作达成了共识。各部门一致认为：这是

作为上海科普作家协会荣誉会员，钱伟长为协会题词：科普宣传万岁（2006年，方鸿辉摄）

一项重要的科学文化出版工程,对于团结海内外华人科学技术方面的专家和学者,增强中华民族的凝聚力和向心力,对于传播科学、创造未来,具有重大的时代意义和科学文化积累的意义,应当做而且一定要做好。在钱老的直接领导和不懈努力下,"概览"被列为国家新闻出版总署"十一五"国家级重大出版工程。

钱老不愧是高屋建瓴的战略型大家,立意高,构画全面,他亲自主持的"概览"工程由纸媒、资料数据库与光盘、网络传播三大部分构成,2008年项目已启动,计划5年完成。全套纸媒图书总篇幅约4000万字,分为自然科学、工程技术和人文社会科学三大板块,拟由数学、力学与天文学、物理学、化学、地学、生命科学、农学、医学、机械与运载工程学、信息与电子工程学、化工冶金轻纺与材料工程学、能源与矿业工程学、土木水利与建筑工程学,以及哲学、法学、历史学、经济学、教育学、军事学、管理学和索引等21卷组成。

"概览"由钱伟长亲任总主编,由他推荐德高望重的各学科的科学家任副总主编。钱老如数家珍般地说:"我们这个项目可是一个大工程啊!我们将严格筛选出公认的、确有科学建树的国内外知名华人科学家约6000位,除收录他们的生平、著述和专题研究的所有文献档案资料外,还将搜集他们有价值的图文资料。用数字化的技术手段对如此海量的科学文化信息进行合理分类、整理、存储、提取、发布、展

与小朋友在一起是钱伟长最开心的时光(钱伟长提供)

示和输出操作（如纸媒图书的按需印刷，同步推出光盘并网络传播等），我相信这项大科学基础建设工程是积累文化、造福人类的……"

这么浩大的工程只有高瞻远瞩的战略科学家才能构画。所以，由钱伟长院士来提出编撰"概览"的工程也是必然的。钱老不是一般的纯自然科学家，他是科学与人文"两栖类"大家。出身于书香门第，自小深受父叔辈学人（诸如国学大师钱穆等）的影响，具有深厚的人文底蕴。钱老对出版又绝对是行家里手，他曾任《简明不列颠百科全书》的中美编审委员会中方委员、《辞海》副主编……钱老的理解力是通透的，学科知识是贯通的。文理相通的知识结构与拳拳报国的赤子情怀，使年逾九旬的耄耋老人依然能高瞻远瞩地提出编撰"概论"的周全构想。

"概览"将覆盖自然科学与社会科学几乎所有的领域，将塑造中华民族科学家的群雕像。"我们这套信息大集成与传统的科学家传记不同，每卷的卷首有五六万字的学科发展史综述，每个分支学科

方鸿辉向钱伟长汇报科普图书编辑情况（2004年，方正怡摄）

也有两三万字的发展简述，让读者对学科整体发展有一个概貌性了解，从而对后续的知名科学家的学术建树才会理解更透彻，这叫既见森林，又见树木。而对科学家的介绍重在学术成就，以展示他们的治学方略、价值观念和哲学思想，突出他们为促进中国和世界科技发展、经济和社会进步所作的贡献，展现他们在百年内忧外患中坚韧的科学精神和爱国情怀。这样的信息采集与内容构画，我想应该能激励后人见贤思齐、知耻后勇，为我中华民族的伟大复兴而奋发有为吧！再说，20世纪学有所成的不少知名科学家都年事已高，尽快编成这套'概览'也是一件功德无量的事，是对'濒危记忆'的抢救啊！"

令人赞叹的战略思考，科学泰斗的远见卓识！

桑榆匪晚，奔驰不息。这才是对科学泰斗——钱伟长院士最生动的写照。

沈文庆拜访上海大学钱伟长校长（钱伟长提供）

附录

“三钱”称呼的由来

周恩来曾把钱伟长、钱学森、钱三强合称为“三钱”，这种赞誉道出了一个本质：这三位泰斗级大家都是“国家利益重于一切”的。那么，“三钱”这个科学界广为人知的说法究竟是怎么来的？

1956年搞12年国家科学规划。周总理指示，规划要走群众路线。于是，找了很多专家、学者群策群力。“那时候，我是清华的教务长，我当然不能不去。我提出的规划中只有五项是关于学科的：原子能、导弹、航天、自动化，还有计算机和自动控制。我的这个意见提出来以后，不少老先生都不同意，说我的数学、我的物理到哪儿去

钱三强（资料图片）

钱学森（资料图片）

钱伟长（资料图片）

了？"钱伟长清晰地回忆道。其实，钱伟长自己的力学学科也没有提出来。他的出发点很纯正——国家需要什么就该搞什么。他关注的并不是某一门学科，而是国家整体的科技实力该怎样发展和提高。

"这样一提以后，只能跟这些专家不断争吵，这边有 400 多位专家呢！但只有两位支持我了，他们都是从国外回来的：一位是钱三强，他是搞原子弹的，他本身就需要这个东西；另一位是钱学森，他是搞航天的。"结果整整吵了一年多。最后，周总理发话，"三钱"说的是对的，我们国家需要这个。

从此，"三钱"的称呼就传开了。

融"事业、聪悟、奉献、协作与合作、纯洁天良问心无愧"为一体,以此格物致知,励志报国。

（方鸿辉摄）

龚岳亭（1928—2014） 生物化学家。1949年毕业于上海圣约翰大学化学系。中国科学院上海生命科学研究院生物化学与细胞生物学研究所研究员,曾任上海市计划生育科学研究所所长、名誉所长,中国科学院上海分院图书馆馆长。是我国多肽激素合成与应用、结构与功能关系研究领域的开拓者之一,也是1965年在全世界第一个用人工方法合成结晶牛胰岛素的工作中,任胰岛素B链合成的主要负责人。胰岛素的人工合成,首次用实验的途经证明一级结构决定高级结构的理论,这一成就曾获1978年全国科学大会重大成果奖与1982年国家自然科学奖一等奖。多次受邀出访欧美,在国际学术会议介绍中国科学家人工合成结晶牛胰岛素的成功,提升了中国生命科学在世界科技舞台的影响力。开展多肽激素(下丘脑、肠胃道激素)化学合成和结构功能等方面的研究,成果被应用于临床医学研究以及畜牧业、渔业等方面;人工合成的促性腺释放素(LH—RH)及其高效类似物,在全国被成功应用于淡水鱼的催情产卵,促进了国内家鱼的生产,经济效益显著。曾任上海市第七届、第八届政协常委,1984年被国家人事部授予"突出贡献中青年专家"证书。1997年获求是杰出科技成就集体奖。1993年当选中国科学院学部委员（院士）。

蛋白质的人工合成

——龚岳亭的做人与做事之箴言

1981 年盛夏的一天，绿荫覆盖下的上海西区岳阳路上，中国科学院上海生物化学研究所像往常一样静谧，所长王应睐院士坐在自己的办公室里，拆开一封由美国中西部州立大学协会举办的"世界知名科学家巡回讲学"的邀请信。

该派谁去讲学呢？

原本该邀请是由北京大学校长周培源院士提名的，但德高望重的老校长认为，应该让中国科学院上海生物化学研究所派科学家前往。因为他们早在 20 世纪 60 年代中期就以"大兵团作战"的集体智慧，在世界上首次人工合成了结晶牛胰岛素，这项科研创新的成果曾震动了全世界。由于在 1965 年对外宣告成功的这项人工合成蛋白质的成果，受紧随其后而爆发的"文化大革命"的冲击，一直未能很好地在国际上作过交流；国际科学界也一直想了解中国在生命体合成方面的研究与进展。带人工合成胰岛素项目去作巡回讲学，不仅有利于加强国际间的交流与合作，

龚岳亭在办公室（2008 年，方鸿辉摄）

慈祥乐观的生物化学家龚岳亭（2008年，方鸿辉摄）

也能向世界展示新中国科学事业的崭新面貌，以及中国科学家能在如此简陋的条件下作出令人瞩目创新成果的人格魅力，以提高中国生命科学研究在国际上的地位和影响。

霍奇金教授（诺贝尔奖获得者，前右二）在参观生化所时与王应睐（前左一）、曹天钦（前右一）、张友尚（后左二）、梁栋材、龚岳亭（后右二）合影（龚岳亭提供）

对参加集体攻关的每一位科学家，王应睐都了如指掌，在这一世界前沿研究领域中，他们都是杰出的，都是很有风采的，无论派谁都堪当此任。但是，他还是在龚岳亭的名字上画了圈。

治学与处世箴言

1949 年，龚岳亭毕业于上海圣约翰大学化学系，1950 年进入中国科学院上海生理生化研究所任助理研究员。圣约翰大学是美国教会在 120 多年前在上海创办的一所大学，中西文化结合，有着良好的学风，对学生进行能经得起考验并有效服务人类的教学。该校化学系主任是我国老一辈化学家——程有庆教授（后任教于苏州大学），他不仅崇尚西方的科学与技术，同时恪守中国儒家文化修身处世的准则，强调严谨治学和仁义礼智信，对龚岳亭的影响很大。龚岳亭在程教授介绍下进入生理生化所以后，又有幸师从温良恭俭让的化学家沈昭文教授（两位恩师均是圣约翰大学的同窗好友），从事氨基酸与蛋白质的代谢研究。沈先生也是学贯中西的大家，并素有"活字典"之称。他道德修养高尚，科研作风严谨，强调对学生要身教重于言教，且晓之以理、导之以行、动之以情。学生们深深佩服他，也打心眼里敬爱他。

龚岳亭圣约翰大学毕业照
（1949年，龚岳亭提供）

龚岳亭（右）满怀感恩之情特地赴苏州探望恩师程有庆教授（龚岳亭提供）

龚岳亭在祝贺沈昭文导师科研执教 65 载暨 85 寿庆会上表达衷心感谢（龚岳亭提供）

龚岳亭的结婚照（1954 年, 龚岳亭提供）

　　良师的循循善诱，使刚步入科学殿堂的龚岳亭逐步养成了良好的科研素养和人文素养，也逐步建立起"人生五 C"的治学与处世箴言，即融"事业"（Career）、"聪悟"（Cleverness）、"奉献"（Contribution）、"协作与合作"（Coordinationg & Collaboration）、"纯洁天良问心无愧"（Clear Conscience）五位于一体，以此格物致知，励志报国。

　　中国科学院上海生化所是我国生物化学科研的大本营，在德高望重的所长王应睐院士的主持下，荟萃了一批杰出的生化科学家。说他们杰出，不光是学术根底深厚，人文学养也同样深厚。生活再清贫，只要有必要的科研环境和条件，就足够受用了，人生也知足了。有什么能比事业和奉献更让他们动心的呢？

　　受浓郁科学和人文氛围的熏陶，龚岳亭如鱼得水；厚实的学养与踏实的为人处世，也促使他很快全身心投入所从事的生化科研之中。20 世纪 50 年代初，龚岳亭有机会参加有关防止战备粮霉变受潮的生化研究，与王应睐老师、陈善明及孙册师兄师姐一起研制出军粮抗氧化剂。作为研究小组一员，荣获了 1956 年中国科学院颁发的高级生化集体科学奖。

龚岳亭与母亲在一起（1937 年，龚岳亭提供）

事 业 与 奉 献

　　1958 年是中国历史上一个令人难忘的年头。在"大跃进"的声浪中，迫切期望摆脱几个世纪以来贫穷落后帽子的中国人，用豪言壮语设定了许多令人难以置信的雄伟目标。中国科学家也热切希望做出举世瞩目的科学成就。正因为当时整个生化所上上下下都有一种"敢想敢说"的氛围，敢于打破任何束缚思想的藩篱，就有人大胆地提出了"人工全合成结晶牛胰岛素"的大胆设想。这一前无古人的"异想天开"，竟然能获得"纯洁天良问心无愧"的科研工作者们一致首肯。诚如邹承鲁院士（李四光院士的女婿）在20世纪90年代末的一篇回忆文章中所写到的："在当时的中国科学院上海生物化学研究所，各种各样的想法一个接一个地被提出来，经过激烈的讨论，而又一个接一个地被否决掉。当时争论极为热烈，经常是两三个人同时争着发言，所以现在很难想起确切的是谁首先提出了人工合成蛋白质的想法……"这不仅因为大家都知道蛋白质与核酸两类生物大分子是体现生命的物质基础，蛋白质是生命活动的主要承担者，它调节生长、发育、繁殖、代谢和行为等生命过程。如果能够解决人工合成的问题，乃至创造出不存于自然界的蛋白质"变种"，不仅对深入了解生命现象与活动规律有重大意义，还可以为人类的生产实践开辟出新的天地，在生命科学研究的漫长道路上树立一座重要的里程碑。再说，在那个时代谈蛋白质的人工合成还是有相当神秘感的。因此，能人工合成蛋白质无疑是一项前所未有的惊人科学壮举。这个想法赢得了科学院领导的支持，并且得到此项目得以进行的充足的经费。当然，这在很大程度上还应追源于恩格斯说过的一句话："蛋白质是生命的存在形式。"能人工合成蛋白质，无疑是在合成生命的道路上前进了一大步。大家更有干劲了。

之所以选择胰岛素作为当时人工合成蛋白质的对象也是有科学道理的。胰岛素是由动物胰脏分泌以调节血糖水平的蛋白质激素，至今在临床上一直作为治疗糖尿病的特效药物。由于胰岛素只有51

个氨基酸，分子虽小，但"五脏俱全"，是一个典型的蛋白质分子，也是当时唯一已知一级序列的蛋白质。其一级序列的测定工作1955年刚由英国科学家桑格教授（F.Sanger）完成，他也因此获得了诺贝尔化学奖。

龚岳亭向笔者解释：胰岛素是由一条21个氨基酸残基组成的A-肽链与另一条30个氨基酸残基组成的B-肽链，它们通过两个硫-硫桥键连接成双链的蛋白质单体分子。A-肽链自身还有一个链内的硫-硫环。胰岛素是一个典型的球状蛋白质，具有突出的结构特征——特殊的空间构象，氨基酸残基排列成不同的花样：有的呈α-螺旋结构，较为紧密；有的则呈β-转角，使肽链的走向转折；有的又处于较伸展的状态，富于柔性。这些结构特征称之为二级结构单元。进而肽链又按一定的方式折叠或卷曲成特殊形状的完整分子，称之为三级结构。不仅如此，单体的胰岛素分子在一定的条件下还能聚

中国科学院上海生命科学研究院院长裴钢在会议前倾听龚先生话语（2009年，方鸿辉摄）

集成二体或六体，称之为四级结构。如果上述的特定构象遭到破坏，蛋白质就会变性，随之丧失生物活性。因此，人工合成胰岛素不仅要完成肽链的延伸，还要按一定氨基酸顺序相接的肽链能够自然地折叠卷曲成具有 α-螺旋、β-转角、硫-硫键正确配对，形成与天然胰岛素同样构象的生物活性分子，并获结晶，表现相同的活力。

人工全合成结晶牛胰岛素确实是一项科学意义重大、难度也很高的基础研究项目。1956 年，在颁发诺贝尔奖给桑格教授时，英国权威杂志《自然》的评论文章曾断言："人工合成胰岛素还不是近期所能做到的。"

在 1958 年，有关蛋白质研究领域仍集中于它们的生物功能和物化性质，对结构-功能之间的关系了解是不够深入的，对化学合成具有高级结构的蛋白质更是知之甚少，确实充满着"神秘色彩"。因此，选定胰岛素作为人工合成蛋白质的对象时，首先要解决三个硫-硫键能否正确配对；其次，多肽合成在当时国外的最高水平，也仅有 α-促黑激素（α-MSH）由瑞士 Robert Schwyzer 研究合成的实例，国内只有初步合成催产素的经验，美国科学家 Du Vigneaud 因合成催产素（9 肽）而获诺贝尔化学奖；第三，合成工作中需要大量的氨基酸原料和化学试剂，我国尚不能自给，要花大量外汇采购；第四，还要建立一整套蛋白质、多肽纯化和分析技术。

面对上述主要困难和合成过程中还难以预料的许许多多未知的艰难险阻，参与合作攻关的科学家们并没有被吓倒。那个年代的科学家几乎没有功利的杂念，充溢于精神和行动的都是众志成城、严谨科研、不断创新的情怀，这就是他们获得的科研动力。其中很关键的是当时生化所和中国科学院上海分院的领导都给予鼎力支持，充分尊重并努力营造让科学家能"百家争鸣"的科学氛围，倡导科学家要敢于科学创新，发挥科学家不断进取的科研积极性，并大力激发科学家的聪明才智和创新才华。这些都构建起一种有利于创新的和谐氛围。所领导除组建好团队，还及时有效地在上海和北京两地先后召开了多次协作会议，举行了一系列学术报告会，以一步一个脚印扎扎实实地推进研发工作。现在回过头来分析，当时项目团队的年轻科研人员，没有任何思想束缚和名利羁绊，都能在导师（往往也是院所的领导）的指引下，刻苦学习，认真准备，大胆设想，热烈讨论，无所畏惧地直面艰苦的工作。因此，条件再简陋，任务再艰巨，谁也没有任何畏缩情绪，总觉得有一股巨大的力量在推动着，更不会有任何人来计较个人得失，而是相互学习，共同提高，群策群力，力求早日达成目标。

经过科学论证，研究团队制定出五路进军的具体措施，即以天然胰岛素的硫－硫键拆合和氨基酸生产为先行；多肽化学合成为主力；同时建立与改善肽的分离、纯化与分析技术；并探索肽的激活（磷酸化）与酶促转肽等生化途径。总的精神是：全面准备，多路探索，上下并举，重点突破。

从 1958 年开始，由中国科学院上海生物化学研究所、中国科学院上海有机化学研究所和北京大学化学系三个单位联合，以钮经义为首，由龚岳亭、邹承鲁、杜雨苍、季爱雪、邢其毅、汪猷、徐杰诚等科研人员共同组成一个协作组，进行集体攻关。当时的分工是：由王应睐所长挂帅，曹天钦副所长任学术指导，分成三个研究组，分别由生化所邹承鲁主持 AB- 肽链拆合组，钮经义和龚岳亭主持 B- 肽链合成组，有机所汪猷和北京大学邢其毅主持 A- 肽链合成组。

在钮经义教授的带领下，龚岳亭全身心投入到 B- 肽链的研究与合成中去。

巧妇难为无米之炊。作为合成工作的前提，得有大量的氨基酸等生化试剂。胰岛素有 A 链和 B 链，共由 51 个氨基酸组成，约有

17 种不同的氨基酸,当时国内只能生产纯度不高的甘、精、谷 3 种氨基酸,其余 14 种需要进口。由于西方世界对中华人民共和国的封锁与禁运,生化试剂需从香港转口进入中国内地,除了要花费昂贵的外汇,而且进口流程花时较长,科研开展起来就有远水不解近渴之难。为此,自 1959 年初,逼着生化所走自力更生白手起家的生化试剂研发道路,由钮经义、沈昭义、龚岳亭几位组织有关人员,日以继夜,在较短时间内结束了国内不能自制整套氨基酸的历史,保证了胰岛素合成工作能顺利进行,而且从此创办了生化所东风厂,供应全国(包括氨基酸在内)的生化试剂。初战告捷,鼓舞了整个团队的士气。

在前人对胰岛素结构和肽链合成方法研究的基础上,协作组开始探索用化学方法合成胰岛素。经过周密研究,他们确立了合成牛胰岛素的程序。合成工作是分三步完成的:第一步,先把天然胰岛素拆分成 A、B 两条肽链,再把它们重新合成为胰岛素,并于 1959 年突破了这一难题,重新合成的胰岛素是同原来活力相同、形状一样的结晶。这一步成了整个项目获得成功的先声。第二步,在合成了胰岛素的 A、B 两条肽链后,用人工合成的 B- 链与天然的 A- 链相连接。这种半合成的牛胰岛素在 1964 年也获得成功。接着用人工合成的 A- 链与天然的 B- 链结合成半合成胰岛素。第三步,把经过考验的全合成的 A- 链与 B- 链相结合。终于在 1965 年 9 月 17 日完成了结晶牛胰岛素的人工全合成。现在描述起来似乎很轻松,其实整个合成过程要涉及几百个步骤,而且每一步都必须适时作出鉴定,小心翼翼,如履薄冰,某一细小环节哪怕有半点误差,到后来其累积效应就会放大,甚至前功尽弃。回过头去检视,当时的科学家们确实是十分严谨的,因为整个团队都能脚踏实地,没有半点急功近利的浮躁,很纯洁地甘愿"奉献",没有任何人在意是谁拔得"头筹",只在意如何能"协作与合作"得更好,这是获得成功的人文保障。

从 1958 年末到 1966 年初的 8 年时间里，作为研究组副组长，龚岳亭将整个身心沉浸在实验之中。当时，他不仅要做肽分离、肽库、转肽、合成等方面的工作，同时还要开展检测试剂和原料氨基酸的生产。在大家的协同努力下，这些都一一做到了极致。

B-链的合成，在同所的拆合组的协助下，进展相对要快一些。到 1963 年，他们已陆续发表了十几篇论文，都是中外文一起发表的，成为预报重大收获降临的先声，也鼓舞了整个团队的士气。B-链的合成以及由人工合成的 B-链与天然的 A-链构建成的半合成胰岛素又首先获得成功，其结果也于 1964 年发表了。这些都少不了作为团队核心的龚岳亭的努力与汗水。这时，A-链的合成却遇到一些麻烦，因此龚岳亭又加入到上海有机化学研究所的小组中，协助解决问题。

1964 年，他们将合成的 A、B 两链分别与天然的 B、A 链重组，可达到 4% 的胰岛素活力，超过当时国际先进水平。成果在当年召开的北京科学讨论会上披露后，使第三世界科技同行们深受鼓舞，并引以为豪。1965 年，三个组协同进行最后冲刺，即进行合成肽段的

人工合成的结晶牛胰岛素实物放大的图片（龚岳亭提供）

高效组合——人工全合成，产生全部活力和结晶，并获得圆满成功。1966年，他们又进一步重复了1965年的结果，增加了更多的鉴定数据。至此，才向世界公开宣布：中国首次全合成活性蛋白质——牛胰岛素——成功。经过严格鉴定，它的结构、生物活力、物理化学性质、结晶形状都与天然的牛胰岛素完全一样。这是世界上第一个人工合成的蛋白质。这项成果后来（1982年）获得了中国自然科学奖一等奖。

日后，邹承鲁院士曾回忆："当我们通过小白鼠惊厥实验以证明纯化的人工合成胰岛素确实具有与天然胰岛素相同的活性时，那一刻真是令人终身难忘。这个最后进行的实验是在1965年的一个清晨进行的，只有与这个实验直接有关的人员才允许观察小白鼠经受第

1965年在人工合成胰岛素完成时的惊厥反应实验获得成功的场景（右一为徐杰诚，右二为杜雨苍，右三为龚岳亭，龚岳亭提供）

一个人工合成蛋白质处理的反应，而其他关注此事的人只能在另一间屋子里焦急地等待。当注射了合成胰岛素的小白鼠惊厥实验宣布成功时，那实在是一个无法用语言形容的激动人心的时刻……"

前几年采访龚岳亭时，他仍能清晰地回忆："王应睐所长派当时任生化所副所长的曹天钦负责组建一个小组，撰写人工合成结晶胰岛素的论文与宣传资料。曹天钦怀着对这项工作的深厚感情和高度责任感，详细论述蛋白质的高级结构特征与历史渊源。人工合成胰岛素是科学上的又一次飞跃，它标志着人工合成蛋白质时代的开始，是生命科学发展史上的一个重要的里程碑……"胰岛素全合成工作是第一次有效地完成了由两条肽链组合成硫－硫键正确配对的蛋白质。这一实验强有力地证明，只要氨基酸排列对头，在很大程度上会自然形成 α－螺旋 β－转角等结构以及盘曲折叠成具有生物活力的蛋白质。这项工作为"蛋白质的高级结构在很大程度上由一级结

龚岳亭（左四）在美国巡回讲学时，与华裔科学家们同庆中秋佳节（龚岳亭提供）

构所决定"的概念提供了一个新的证据。也就是说，蛋白质的一级结构在很大程度上可以决定其特定的空间结构，这是有深远意义的。由于蛋白质和核酸两类生物大分子在生命现象中所起的主导作用，人工合成了第一个具有生物活力的蛋白质，便突破了从一般有机化合物领域到信息量集中的生物大分子领域之间的界限，在人类认识生命现象的漫长过程中迈进了一步。人工牛胰岛素的合成，也标志着人类在探索生命奥秘的征途中所迈出的这一步，促进了生命科学的发展，开辟了人工合成蛋白质的时代，在我国基础科学研究，尤其是生物化学的发展史上都有巨大的意义与影响。特别要指出的是，在我国多肽化学原有基础比较薄弱的情况下，这项工作能迅速超越美国、西德而取得领先地位，是由于能在研究方案的制订、合成路线的设计、保护基因及溶剂的选择、组合条件的控制、纯化方法的研究和有关的微量分离分析技术的建立等方面均有独到的创新之处。

全合成胰岛素工作的简报 1965 年发表于《中国科学》（*Scientia Sinica*），详述全文 1966 年发表于《中国科学》，并出了专集，发表于当年的《科学通报》上。

在 1978 年 12 月 11 日中国科学院召开的胰岛素全合成总评会上的汇报中，时任中国科学院上海生物化学研究所办公室主任、党支部书记的王芷涯曾说："龚岳亭在肽段合成方案的制定和调整人力的具体安排方面起了主要作用。他大胆地选用了 8 肽固体叠氮物与侧链保护的 C 端自由 14 肽，借用唯一不引起消旋的叠氮法合成了 B 链 22 肽，并选用了叔丁基（当时国外刚报道）保护谷氨酸的 r－羧基，从而完全避免了 22 肽皂化所遇到的困难。这是个很关键的问题。他为人工合成的 B 链成功作出了主要贡献。他与葛麟俊等参加合成的肽段有 C 端 8 肽、10 肽、14 肽、22 肽和 B 链 30 肽。他们还曾到有机所帮助建立 A 链的合成方法，在 A 链的 7 篇论文中有一篇有龚的署名。"

由于龚岳亭在肽链合成中作出的一系列贡献，于 1966 年 4 月在王应睐、邹承鲁教授的带领下，有机会参加在波兰华沙举行的欧洲生化学会联谊会第三次会议。在会上，龚岳亭宣读了《结晶牛胰岛素的合成》论文，理直气壮地介绍了中国科研集体的智慧，群策群力完成了人类第一次合成活性蛋白质的创新成果。中国科学家的这一工作成为所有与会学者谈论的中心议题，包括美国、英国、法国、意大利、荷兰、比利时、挪威、瑞典、芬兰、奥地利等国的著名科学家，大家都兴奋地祝贺中国科学家取得的成果。曾因首先阐明胰岛素化学结构而获得诺贝尔奖的英国生化学泰斗——桑格教授亲临会场，听罢报告后，热烈祝贺中国科学家所取得的成绩："你们这一工作的完成是一项重大的事情，亦释放了我思想上的负担，因有人报道牛胰岛素的化学结构在某一顺序上与我的方案不符，你们的成果倒是最有力的证据……"日后他曾慕名到生化所参观访问，表示对中国生化学家工作

20 世纪 80 年代龚岳亭与同事在实验室工作的场景（龚岳亭提供）

的赞赏，这当然是后话了。

"国际生化协会会长 Ochoa 教授（美国科学家，诺贝尔奖获得者）曾不止一次地向我们表示祝贺，认为这是非常重要的贡献。荷兰阿姆斯特丹大学的 Slater 教授说'这是伟大的贡献'，并在同行广为推荐我们的工作，扩大了影响。法国生化学会负责人 Courtois 教授、意大利比萨大学 Rossi 教授、奥地利维也纳大学 Hofmann-Ostenhof 教授也都祝贺并表示钦佩，认为'这是一件了不起的工作'。曾任美国肯尼迪总统科学顾问的匹兹堡大学生物物理所所长——Chance 教授说'这是最令人兴奋的新闻'。印尼学者说'这是中国的胜利'，他作为东方人也感到骄傲，中国与印尼的关系恶化是暂时的，将来必定会改变。加纳学者对这样重大的科研成果由中国做出来感到特别高兴。一位日本学者对新华社记者说，这是一项很重大的贡献，她感到很高兴。当时苏联和东欧诸国与我国的关系较紧张，但苏联科学院

龚岳亭在实验室设计合成 GnRH 类似物的情景（龚岳亭提供）

分子生物学研究所所长 Engelhardt 院士和匈牙利科学院 Straub 院士也都向我们表示祝贺，在不同场合多次表示'胰岛素全合成是一项非常有突破性的工作'……"龚岳亭至今还能如数家珍般兴奋地回忆起首次在国际场合公开披露有关研究情况而受到世界著名科学家赞扬的场景。

20 世纪 70 年代初，龚岳亭马不停蹄地将多肽技术应用于工业生产，研制出促性腺激素释放激素（GnRH），作为促进性功能的活性肽，解决了淡水鱼类催产排卵的问题，使我国渔业养殖技术取得重大突破，产生了较大的经济效益。这项应用技术的开发，于 1978 年荣获中国科学院重大科技成果奖。如果用西方商业化的观点来看，若能在基础科学研究之外的应用技术方面做出开发，完全可以去申请"个人专利"，有望成为一位西方式的"科技富翁"，但龚岳亭连想都没想过，而是把这项技术无偿地奉献给了国家，日后也从没收取过任何报酬。这确实只能用"纯洁天良问心无愧"的做人理念来解释。

龚岳亭（前右二）在英国伦敦与学术界及科技官员交流（1988 年，龚岳亭提供）

从 20 世纪 70 年代末到 80 年代初，龚岳亭曾多次受到国外的邀请，分别在西德亚琛参加第二次国际胰岛素会议，在奥地利维也纳参加第十次国际糖尿病会议，在法国巴黎、尼斯等地进行多肽化学及家鱼人工繁殖的讲学和交流，在美国参加国际蛋白质与多肽化学合成会议……他均能以一名中国科学家良好的素养和流利的英语，出色地发挥"交流使者"的作用。

也正因为如此，才有本文起首所叙述的：王应睐决定再次选派龚岳亭去一个更大的国际讲坛为祖国争光。

协 作 与 合 作

龚岳亭领受了这项系国家与集体的荣誉于一身，向世界报告中国科学家"人工合成胰岛素"成果的不同寻常的任务。他既平静又激动，他要说什么呢？那就是珍藏在心里的"人生五 C"的精神，这不

英国首相撒切尔夫人参观上海生化所时在实验室听龚岳亭（右二）讲解（龚岳亭提供）

仅是龚岳亭坚守的人生信念，同时也是他们整个科研团队共同遵循并坚守的科学人文准则。他们正是抱着强烈的为国争光的事业心，带着中国人的聪明和智慧，以团结一致、无私协作的精神，以对祖国、对人民、对科学的一片忠诚，才摘取了世界生化领域桂冠上的明珠的。这也就是若要事业成功，必须先学会做人的基本道理。同时，龚岳亭还要让世界知道，在科学上，人类从来就有共同的语言。

人工结晶牛胰岛素在中国成功合成的消息宣布后，中外科学家纷纷来电、来函祝贺，包括许多国际知名的生物化学家。诺贝尔奖获得者瑞典的蒂塞利乌斯教授说："中国人工合成胰岛素成功，比原子弹爆炸对我的震动还大……"就创新的视角来剖析，蒂塞利乌斯教授的话是很有见地的。中国的"两弹一星"确实很了不起，但在中国科学家研发之前，美国、苏联、英国等科学家已经造出来了，证明这条研发道路是走得通的，不必考虑其可能性，只需考虑该如何走的问题；而人工全合成结晶牛胰岛素的工作却是中国科学家领先于国外，也是独立踩出的创新之路，这项非凡的成就是中国科学家用扎实的理论和实践，实实在在地证明这条前人没有走过的路是可行的。

难怪美籍华人科学家、诺贝尔物理学奖获得者杨振宁教授在 1973 年 11 月

杨振宁院士 1973 年 11 月 16 日给郭沫若院长的函

16 日，从纽约大学石溪分校致函中国科学院郭沫若院长：诺贝尔奖金委员会要他提名 1974 年诺贝尔化学奖候选人（1974 年 1 月底以前提名手续必须完成）。该奖每次不能超过授予三人。中国科学院生化所、有机化学所和北京大学合作于 1965 年首次合成结晶胰岛素，是化学界之重大进展，他准备提名上述三研究机构之代表各一人，合得 1974 年诺贝尔化学奖（例如龚岳亭、徐杰诚、陆德培），但不知哪几位是代表人，可否请郭院长提出关于此事之意见？

但那是诸侯各路的千人攻关项目，尤其是在"文化大革命"尚在

胰岛素全合成总评会议留念（1978 年 12 月 13 日，龚岳亭提供）
前排（左起）：杨钟健、黄家驷、周培源、华罗庚、杨石先、贝时璋、钱三强、汪猷、冯德培、王应睐、柳大
二排：张伟君（左三）、季爱雪（左四）、陈玲玲（左五）、叶蕴华（左六）、张龙翔（左十）、文重（左十一）
三排：钮经义（左二）、龚岳亭（左三）
四排：杜雨苍（左一）、陆德培（左二）、曹天钦（左四）
五排：徐杰诚（左一）、张友尚（左五）、邹承鲁（左六）、邢其毅（左八）

进展之时期，是一切以"阶级斗争为纲"的自我封闭年代，思考问题的方法与人性是完全扭曲的年代，有人甚至提出："诺贝尔是靠搞炸药发了财的，后来拿出一些钱作奖金，我们要打破诺贝尔奖金的迷信。奖金本身是资产阶级物质刺激办科学的手段。诺贝尔奖是为资产阶级政治服务的，我们不要这些奖金，我们要的是人民的奖赏，这是最崇高的。"因此，最后由外交部、中国科学院发文表示了"该奖系资本主义国家颁发，我们不宜接受"的所谓"革命"态度，谢绝了杨振宁教授的提名之美意，这也就造成了与最接近获得诺奖之机遇的失之交臂。现在看来，这次人为的"失之交臂"实在太可惜，当初的这种做法也实在太荒唐，但毕竟那是历史，我们必须承受，哪怕极其痛苦。但据传，1979年初杨振宁、美籍华裔科学家王浩以及王应睐院士曾同时向诺奖评选委员会作了正式推荐，按诺奖推荐规则，推荐钮经义作为唯一候选人，但最终并未获得1979年度的诺贝尔化学奖。是由于参与科研的队伍过于庞大抑或所应用的多肽合成的方法不属于创新？不得而知。

对中国科技事业发展作出卓越贡献的聂荣臻元帅，1967年曾专门接见了全国从事重大科研课题研究的代表，龚岳亭有幸作为上海生化所的代表出席。聂帅拉他坐在身边并叮咛："胰岛素人工合成的工作是可以在国内外讲几句的，你们花费有限的财物，创造了令人振奋的成绩，为祖国争了光……"

在澳大利亚讲学时在当地游览（1998年，龚岳亭提供）

直到今天，世界仍在关注着这一科学大事，有一位名叫韦兰的美国普林斯顿大学的学生，其毕业论文的题目就是《第一个合成蛋白质是怎样在中国完成的》，长达一百多页的论文内容丰富，客观地介绍胰岛素全合成的整个过程，采访了许多当事者，甚至包括如王芷涯等当时的领导，细致的描述十分动人，她对中国科学事业的昌盛引以为荣。

龚岳亭的巡回演讲，在美国和国际生物化学界引起了较大的反响，加深了世人对中国在新兴科学领域研究水平的了解。历时一个月的演讲一结束，日本大学医学会立即发出邀请，请他在日本全国内分泌大会以及东京大学、大阪大学讲学。在日本，龚岳亭同样受到隆重接待，日方专门提供一辆黑色豪华轿车和两名随员全程陪同。在东京大学，他还接受了该校授予的科学奖章。之前，该类奖章只授予诺贝尔奖的获得者，这次能授予龚岳亭，充分表达了日本科学界对中国从事人工合成胰岛素的科学家的崇敬。

巡讲载誉归来不久，美国索尔克研究所就向龚岳亭发来邀请，希望他前往工作。该所分子神经内分泌学室主任是美国著名生物化学

龚岳亭幸福地与他的两位爱女及外孙在一起（龚岳亭提供）

家、诺贝尔奖获得者吉尔曼（Alfred Goodman Gilman）。龚岳亭在美期间曾前往访问，彼此都有良好印象，吉尔曼许以高薪聘请他合作研究，但由于国内科研需要，他未能答应。接着，又有美国、法国、瑞士等国的研究机构多次向龚岳亭发出邀请，他也均以国内科研需要而一一婉拒。与此同时，加拿大蒙特利尔临床医学研究所也向龚岳亭频发邀请，该所所长克雷斯蒂安教授不仅是国际著名科学家，也是后来一任加拿大总理的弟弟。与众不同的是他非常有耐心，从1981年至1985年，连续五年不间断地发来邀请，龚岳亭终于被感动了，在征得所里同意后，答应前往工作一年。

1985年秋季，龚岳亭到加拿大蒙特利尔，进入临床医学研究所工作，主要进行多肽的合成和应用研究，如对脑肽等生物合成与作用原理的研究，并与克雷斯蒂安教授结下了深厚的友情。他对龚岳亭的工作评价很高，概括起来也正是龚岳亭的"人生五C"的箴言。克雷斯蒂安称龚岳亭是他"最好的合作伙伴"。因此，希望龚岳亭能长

在加拿大蒙特利尔临床医学研究所工作期间龚岳亭与吴阶平（左三）交流（龚岳亭提供）

期留在加拿大工作，若不能长期，至少能延长在加拿大的科研年限。龚岳亭向他解释：中国人一向是看重信用的，自己既然与所里有约在先，只能工作一年，就决不能拖延。失信于人，那是非常难堪的。克雷斯蒂安教授表示能理解中国科学家的"为人之道"。出于合作研究的互信，龚岳亭答应将自己最好的学生送到该所工作。这下，他才不再坚持执意留下龚岳亭的初衷了。

1986 年 9 月，龚岳亭提前回到了上海，没顾得上享受一个月的休假，第二天就到实验室上班。事后，龚岳亭严守承诺，将自己得力的学生介绍给克雷斯蒂安，去做神经肽的合成，并帮助他培养博士生，还建立了一个多肽合成实验室。

纯洁和善良

1987 年，当时的上海市科技党委书记陈至立同志、市科委主任金

1997 年"人工合成牛胰岛素"获求是杰出科技成就集体奖，获奖集体与颁奖人查刘璧如女士（左五）合影：龚岳亭（右一）、陆德培（右三）、徐杰诚（右四）、邹承鲁（右五）；邢其毅（左一）、杜雨苍（左三）（龚岳亭提供）

祖青同志提出要龚岳亭去担任上海市计划生育科学研究所所长。他听了感到惊诧，因为从 1950 年进所到现在，毕竟已在生化所度过了 37 个春秋，他的事业在生化所，他的科研足迹都是踩在生化科研的道路上……可以说，他的根已深深扎进了生化所。再说，对一名科学家来说，最重要的莫过于在自己的实验室里从事自己心爱的课题研究，而不是其他。多少年来，实验室的生命钟摆调节着龚岳亭的生活与工作节奏，他已是如此地习惯它、钟爱它，现在突然要做如此大的"角色转换"，龚岳亭确实没有一丁点儿思想准备。但是，领导一再强调这完全是工作上的需要：上海计划生育科研所现已被世界卫生组织作为人类生殖研究的国际合作中心，为了使之与国际接轨，世界卫生组织人类生殖研究专署（WHO-HRP）要求中国指派一流的科学家主持工作，以保证能进行高水准科研和项目开发。由于龚岳亭近年来也曾从事人类生殖方面的研究，并取得一些成果，在国际上已有相当

在日内瓦 WHO-HRP 述职后，龚岳亭受 R. Schwyzer 教授邀请在其苏黎世家中热情交谈（1988 年，龚岳亭提供）

的知名度，所以 WHO-HRP 主管中国方面工作的医学家韦布（Dr. F.
Webb）博士，特地点名要龚岳亭加盟人类生殖研究。

龚岳亭意识到：计划生育确系一项基本国策，能否科学地进行计划
生育、提高生育质量，对当时中国这个已有 13 亿人口的大国，无论在
经济建设还是在提高民族素质方面，都有着特殊重要的意义。经过激
烈的思想斗争，他还是同意去兼职。一名科学家绝不能违背自己的科
学原则——要有事业心、奉献精神、协调与合作能力。

就这样，59 岁那年，龚岳亭奉命离开了自己心爱的实验室，放下
了原先的研究课题，安排好自己的学生，走上了全新的工作岗位。当
然所有这些，都要归结到"纯洁天良问心无愧"的科学家做人的道德
上："我不能为了个人得失而推卸国家更需要我去为之努力的工作。"

到了计划生育科研所后，龚岳亭才真正感到自己肩上的责任重
大。"任重而道远，好在后起之秀已成长起来了。我想，能融事业、聪
悟、奉献、协作与合作、纯洁天良问心无愧于一体去格物致知、励志

龚岳亭与世界卫生组织人类生殖专署官员、科学家在沪交流（1988 年，龚岳亭提供）

报国的箴言，也会镌刻在年轻一代的心里，并化作他们的行动准则。"龚岳亭满怀信心地说。

科 学 与 宗 教

天有不测风云，人有旦夕祸福。

沉重的科研和行政担子，还是把龚岳亭压垮了。2009 年，他被诊断为前列腺癌，在与病魔抗争的岁月，他依然在科研第一线劳作。2014 年初，又被查出患了胃癌，接受了胃大部切除术，这下浑身的免疫功能降到了谷底。同年 8 月 14 日，他手术康复后，约笔者到生化细胞所见面。那天下午正好下大雨，他乘坐的轿车在大楼前停下，打开车门，从车里跨下的龚岳亭先生瘦得有些脱形，令我大吃一惊。

这几年为了撰写《院士怎样做人与做事》书稿，我曾多次到他胶州路寓所问候、请教、采访。但几乎每次登他府上，总见他或是在抄写《论语》，或是在阅读佛经。几本方格稿子本上，龚先生用纯蓝墨水抄写的《论语》和佛教经典，字迹是那样工整，字体是那样秀气，完全可以作为硬笔书法的摹本。他总对我说，"那是我给外孙的留念，希望他懂得做人的道理……"这引起我极大

龚岳亭谈其人生箴言（2011 年，方鸿辉摄）

的兴趣。研究《论语》、诵读佛经与科学研究，究竟有什么关系？恐怕是"科学与宗教"的跨学科问题吧！2014 年 8 月 18 日，我便鼓起勇气，写了一封信，向龚先生求教。

尊敬的龚院士：好！

很高兴又见到您老人家，是那样的神采奕奕，小辈深感欣慰。

8 月 14 日当天拍摄的一些相片已刻盘，呈上，请多包涵。

我总心存一个问题想讨教您，您也可以保持沉默——不回答我。

据我了解，您多年来阅读了大量中国典籍，包括研究佛教经典，抄写《论语》等。我感兴趣的是：您曾阅读过哪些经典？为什么要阅读这些经典？您是以怎样一种方式阅读或实践的？您的心态同当年的牛顿"上帝论"有什么异同？

我曾拜读了爱因斯坦不少关于科学与宗教的名言，诸如：

"我认为宇宙宗教感情是科学研究的最强有力、最高尚的动机。只有那些作出了巨大努力，尤其是表现出热忱献身——要是没有这种热忱，就不能在理论科学的开辟性工作中取得成就——的人，才会理解这样一种感情的力量；唯有这种力量，才能做出那种确实是远离直接现实生活的工作。"

"一个我认为是信仰宗教的人，他的志向有那些特征：在我看来，一个人受了宗教感化，他就是已经尽他的最大可能从自私欲望的镣铐中解放了出来，而全神贯注在那些因其超越个人的价值而为他所坚持的思想、感情和志向。我认为重要的在于这种超越个人的内涵的力量，在于对它超过一切的深远意义的信念的深度，而不在于是否曾经企图把这种内涵同神联系起来，因为要不然，佛陀和斯宾诺莎就不能算是宗教人物了。所以，说一个信仰宗教的人是虔诚的，意思是说，他并不怀疑那些超越个人的目的和目标的庄严和崇高；而这些目的和目标是既不需要也不可能有理性基础的。但是它们的存在同他自己的存在是同样必然的，是同样实实在在的。在这个意义上，宗教是人类长期的事业，它要使人类清醒地、全面地意识到这些价值和目标，并且不断地加强和扩大它们的影响。如果人们根据这些定义来理解宗教和科学，那么它们之间就显得不可能冲突了。因为科学只能断言'是什么'，而不能断言'应当是什么'，可是在它的范围之外，一切种类的价值判断仍是必要的。而与此相反，宗教只涉及对人类思想和行动的评价：它不能够有根据地谈到各种事实以及它们之间的关系。依照这种解释，过去宗教同科学之间人所共知的冲突则应当完全归咎于对上述情况的误解。"

"尽管宗教的和科学的领域本身彼此是界线分明的，可是两者之间还是存在着牢固的相互关系和依存性。虽然宗教可以决定目标，但它还是从最广义的科学学到了用什么样的手段可以达到自己所建立起来的目标。可是科学只能由那些全心全意追求真理和向往理解事物的人来创造。然而这种感情的源泉却来自宗教的领域。同样属于这个源泉的是这样一种信仰：相信那对于现存世界有效的规律能够是合乎理性的，也就是说可以由理性来理解的。我不能设想一位真正科学家会没有这样深挚的信仰。这情况可以用这样一个形象来比喻：科学没有宗教就像瘸子，宗教没有科学就像瞎子。"

总之，人类精神越是向前进化，就越可以肯定地说：通向真正宗教感情的道路，不是对生和死的恐惧，也不是盲目信仰，而是对理性知识的追求。从这个意义上说，一个人如果愿意公正地对待他的崇高的教育使命，他就必须成为一名导师。

上述摘录仅是我的理解，仅供参考。祝您健康。

晚辈　方鸿辉　敬启

2014-08-18 晨

信发出后，我没指望他老人家会回复。不料，他一收到信就在8月20日下午6点，就笔者关于他多年来研究佛经一事的提问，用电话予以回答，我当即将他的话语速记了下来。没过几天，我就把速记整理成一封信，又回寄龚先生，请他费神确认，以匡正我的误记误解。2014年9月27日，龚先生又回复了。他说，他极其仔细地审读了我的速记，除了指出错漏，还增补了不少话语。下面，就是龚岳亭先生的电话回复及信函所补充的内容。

两三年前，我的科研生涯走到了边缘，疾病让我没有把握能再走多远，心想只能靠老天爷了。你知道有个叫南怀瑾①的老先生，他是我极其敬佩的学者，好像是温岭人吧？他是台湾的国学大师。

你问我看了哪些佛经，我主要是研读了《心经》《金刚经》。由于

---

① 南怀瑾（1918—2012），国学大师，诗人，中国传统文化传播者。浙江温州乐清南宅殿后村人。幼承庭训，少习诸子百家。浙江国术馆国术训练员专修班第二期毕业、中央军校政治研究班第十期毕业、金陵大学研究院社会福利系肄业。抗日战争中，投笔从戎，跃马西南，筹边屯垦。返蜀后，潜心佛典，遁迹峨嵋大坪寺，阅藏三年。后讲学于云南大学、四川大学等校。赴台湾后，任文化大学、辅仁大学、政治大学等教授。后旅美，晚年寓居香港。在港、台及旅美时期，曾创办东西方文化精华协会总会、老古文化事业股份有限公司、美国弗吉尼亚州东西方文化学院、加拿大多伦多中国文化书院、香港国际文教基金会。热心社会事业并关心家乡建设，1990年泰顺、文成水灾，捐资救患，并在温州成立南氏医药科技基金会、农业科技基金会等，1998年筹资兴建的金温铁路建成通车。其著作是学习中国传统文化的捷径，对无法直接了解典籍的人作了一个重要引导，能将儒、释、道等各家思想进行比对，别具一格。生平致力于弘扬中国传统文化，出版《论语别裁》《孟子旁通》《大学微言》《老子他说》及佛、道两家三十多种著作，又经英、法、荷兰、西班牙、葡萄牙、意大利、韩国、罗马尼亚等八种语言翻译流通。

我母亲是一位虔诚的佛教徒，我 7 岁时就跟着她念《心经》，全称《般若波罗蜜多心经》①，260 个字。现在我还能背得出来。这部经讲的是人生的哲理，我觉得它讲得非常深刻。这段日子我静下心来读经，还专门找了南怀瑾先生的著作《中国佛教发展史》和赵朴初先生的《佛学常识》来看。释迦摩尼在历史上是确有其人的。

我还读了陕西出版社出版的关于弘一法师②的传记。像李叔同这样的大法师在世上也是少见的，他的才学很少有人能比肩，无论诗书画，还是音乐。后来，他步入佛门，成了一名苦行僧。丰子恺也是他的学生。

《金刚经》全称《能断金刚般若波罗蜜经》③。《金刚经》不是释迦

---

① 佛教经典。全称《般若波罗蜜多心经》，略称《般若心经》《心经》。玄奘译。收于大正藏第八册。心（梵 hrdaya），指心脏，含有精要、心髓等意。该经将内容庞大之般若经浓缩，成为表现"般若皆空"精神之简洁经典。全经举出五蕴、三科、十二因缘、四谛等法，以总述诸法皆空之理。"色即是空，空即是色"一语，即是出自该经。

② 李叔同（1880—1942），又名李息霜、李岸、李良，谱名文涛，幼名成蹊，学名广侯，字息霜，别号漱筒。是著名音乐家、美术教育家、书法家、戏剧活动家，也是中国话剧的开拓者之一。从日本留学归国后，担任过教师、编辑之职，后剃度为僧，法名演音，号弘一，晚号晚晴老人，后被人尊称为弘一法师。1913 年受聘为浙江两级师范学校（后改为浙江省立第一师范学校）音乐、图画教师。1915 年起兼任南京高等师范学校音乐、图画教师，并谱曲南京大学历史上第一首校歌。1942 年 10 月 13 日在福建泉州开元寺圆寂。

③ 佛教经典。初出为鸠摩罗什于 402 年所译。其他译本有北魏菩提流支、南朝陈真谛之同名译本；另有隋达摩笈多《金刚能断般若波罗蜜经》，唐玄奘译《能断金刚般若波罗蜜多经》（《大般若经》第九会），义净译《能断金刚般若波罗蜜多经》。经中宣称一切世间事物空幻不实，如梦幻泡影，实相者则是非相。主张离一切诸相而无所住，即放弃对现实世间的执著或眷恋，以般若慧契证空性。此经弘传甚广，尤为禅宗所重视。近世有德、英、法等多种文字的译本。

摩尼亲自编写的，而是其弟子阿难台集1250名高僧，由佛的十大弟子之一——长老须菩提（年高德劭、至善睿智）向佛跪拜提问，释迦牟尼答复讲道，集思广益，编辑而成的佛教经典。原著为梵文，译成中文者为姚秦三藏法师鸠摩罗什，龟兹国人。鸠摩罗什十一二岁就悟道，三十多岁入中国，适逢晋南北朝衰乱时代。《金刚经》分成三十二品（章），则由信佛的梁武帝之昭明太子编辑。经中最关键的词为"善护念"。《金刚经》很长，我背不下来。我觉得，人为人类而生存，就要有学问，要懂得付出，因此一定要有好的心态。《金刚经》非常深奥，没有高尚的道德基础，是不能学透《金刚经》的。

至于你问到我对科学与宗教关系的看法，它们都是讲哲理的。如我们在求学时代，从小就被鼓励学习一些"四书五经"之类的古文，就是《大学》《中庸》《论语》《孟子》。我在八十一岁病时，才开始阅读南怀瑾先生著述的《易经系传别讲》一书，体会到《易经》确系经中之首。近些年，我还读了复旦大学出版社出版的南怀瑾一系列著作，这是记录老先生在太湖边开的大学堂的讲课内容，他招了许多美国的学者来学习中国的文化。

最近①，生化所新领导邀请我们这些老学究开会研讨科学创新及体制改革等事宜，如我这样的时代落伍者仅能反省自己了：

我的佛缘不深，佛法不行，身心尘俗未洗净，难能心无挂碍，怎度一切苦厄！是以善护念，少烦恼，勿自扰。

格物致知，乐天知命故不忧的孔儒之教未学透，何以成大器？是以学而时习之，不亦说（悦）乎？有朋自远方来，不亦乐乎？人不知而不愠，不亦君子乎？

老子出世又入世的玄妙之道未彻悟，岂可逍遥自在，处无为之

---

① 2014年9月27日给方鸿辉回信中增补了如下一段话语。

事，行不言之教？是以尽可心慈意俭，不敢争先，亦步亦趋上善若水，顺其自然。我对儒教乐天思忧理解不够，心中总放不下科学，放不下我曾长期从事的事业，也放不下我的家人。你信中所说的爱因斯坦的话是很有道理的——科学没有宗教就像瘸子，宗教没有科学就像瞎子……

最近去年度体检，又去崇明的资深院士（本所）沟通思想，健康情况每况愈下，对人生的感触越深。随着时间的推延，空间的扩展，叠加起来，形成一股势力，不可阻挡，回天乏术。时代的趋势须认清，乐天知命故不忧。

片言碎句，请勿在意。感谢君之关怀。

2014年8月14日下午在当年合成的人工结晶胰岛素模型前，龚岳亭与其二女儿及外孙的合影（方鸿辉摄）

鸿祥学友：

收到您的9月4日来函，薇老之家的电话交谈中，将我的拙见速记了，惭愧得很，实在不值得您费神记下的呀！

两页文字中，须修正（或可补正的）如下：

第2页第一段"《金刚经》是释迦牟尼写的……"此句有误（打××），请改为："《金刚经》不是释迦牟尼亲自编写的，而是其弟子阿难召集一千二百五十高僧，由佛的十大弟子之一，长老须菩提（年高德劭，�多智慧）向佛跪拜提问，释迦牟尼答复讲道，集思广益，编集而成的佛教经典，原著梵文，译成中文者为姚秦三藏法师鸠摩罗什，龟兹国人。他十一、二岁就悟道，三十多岁入中国，适逢中国晋南北朝衰乱时代。《金刚经》分成三十二品（章），则由信佛梁武帝的昭明太子编辑。经中最关键的词为"善护念"。

再请修改的为，第二页第二段落："……我们从小就学习四书五经，……我还系统研究过《易经》……。"
×××××× × ×× ×× ××× ×× ××

这几句有误（打××的），请修改为："—— 如我们
这书学时代，从十就被鼓励学习些『四书五经』之类
的古文。…… 我在八十一岁病时，才开始阅读南怀瑾
著述的《易经系传别讲》一书，体会到 从易经以确实
是执中之道。"

上述两处的错误内请你修正，补言可勿考虑。

我近生化所新领导邀请 我们这些老学究，开会研
讨，科学创新及体制改革等事宜，又我这辈的时代应值者
惭愧反省自己了。

我的佛缘不深，佛法不行，身心尘垢未洗净，唯能
心无罣碍，看破一切苦厄！是以善护念，少烦恼，
勿自扰。

格物致知，乐天知命故不忧的孔儒渐未学透，
何以成大器！是以学而时习之，不亦说（悦）乎！有朋友
自远方来，不亦乐乎！人不知而不愠，不亦君子乎！

老子出世又入世的玄妙之道未彻悟，尚可追遁自在，
处无为之事，行不言之教。是以尽可心无意倦，不敢争先，
乐步年迈 上善若水，顺其自然。

我最近年度体检，去崇明的资深院士（李术）构通思想，健康情况每况愈下，对人生的感触越深。随着时间的推延，空间的扩展，叠加飞来，形成一股势力，不可阻挡，回天乏术，时代的趋势须认清，乐天知命故不忧。

片言碎句，诸多奉意。感谢君之关怀，顺祝阖家康安！

老友岳亭

二〇一四·九·二七

恕我未及时复函

龚岳亭先生 2014 年 9 月 27 日函复笔者

常人幼稚地以为：科学要研究天体怎样运行，而宗教要确定怎样上天堂。这看似互不相关，但自康德之后，在科学与宗教之间还是达成了一种妥协，形成了一种各司其职和相互补充的关系：科学研究自然界，主要解决人的物质生活；宗教引导道德情感，主要解决人的精神生活。二者既不像古希腊时那样合二为一，也不像中世纪和启蒙运动时期那样相互对立，而是尽可能保持一种共存的关系。尤其自生物进化论在社会上的地位被确立后，教会作出了妥协，认为上帝既是信仰之源，又是理性之源。面对 20 世纪科学的社会地位急剧提升，教会又宣称宗教与科学的一致性，表示不干预科学事务，并在 1992 年 10 月 31 日正式为伽利略平反。

人类对自然界研究得越深，就越会发现，科学与宗教这两种文化既有相互背离、彼此冲突与排斥的一面，又有相互依存、彼此促进与合作的一面。随着科学的发展，大量的已知问题得到解决，对自然的认识进一步增强。然而，人们又迷惘地发现：一些新的自然之问又摆在了人类面前，从某种角度讲，越是高深的科学理论与概念反而越接近宗教之哲理？

培根曾说过："所有哲学运动的意义就在于经过认识而认识造物主。"当年，哥白尼、伽利略、莱布尼兹、牛顿等科学家都是受这种观念推动而走上科研道路的。毕竟，科学与宗教的最终目标都是要给人类带来福祉。

当科学极大改善人类物质生活，人们对科学充满了感激乃至崇拜时，极易产生"科学至上"论。在技术双刃效应呈现，以及自然并非温顺绵羊的事实前，人们才清醒：科学只能提供智慧和力量，但不能提供道德与价值观，确有其局限性。于是，重又想到了宗教，想到了人文。诚如当代科学家贾斯特罗曾感叹的："科学家已经攀越许多'无知'的山脉，即将征服那最高的顶峰，正当他们扒着最后一块岩石攀身而上时，迎面而来的是一群神学家，原来在几个世纪前他们早已经在那里等待了。"

然而受意识形态偏见的教化，不少人一谈到宗教，总想当然地与迷信画上了等号。其实，他们并不了解，众所周知的有爱心的国际著名外科医生——白求恩大夫就是自小深受基督教精神的熏陶，并一辈子都在踏踏实实地发扬基督教的爱心精神，践行了所有人都认可的伟大的国际主义。中国工程院秦伯益院士曾作过艰辛的调研与分析，惊奇地发现：世界各国"诺贝尔奖获得者中有宗教信仰的竟高达90%。他们白天唯物地探讨着物质世界中的奥秘；晚上却在唯心的心灵世界里得到安慰，两者相处得很和谐，没有矛盾。这在我们一直接受唯物主义教育的人们心中是很难理解的"。毕竟科学再发达也没有能力解决人们心灵中的各种困扰。其实，宗教也没能彻底解决人们心灵的困扰，但至少能给人们一种精神上的慰藉、一份寄托。

作为科学家，龚岳亭明白：科学是一种知识，宗教是一种信仰。人生需要知识，也需要信仰。作为完美的人生绝不是仅求物质的享受舒适，还需要精神的愉悦和心灵的宁静，两者是互为相容和相补的。龚先生一辈子的劳作是科学，当然是很高尚的，尤其在发现蛋白质人工合成的道路上，采撷了一系列美丽的花朵，心绪当然也是快乐的。在生命行将走向终端时，他必然会思考许许多多人生终极意义的哲学命题。于是，他企望从人文与宗教中寻找贴切的答案，他悟出的便是"科学没有宗教就像瘸子，宗教没有科学就像瞎子""善护念，少烦恼，勿自扰""格物致知，乐天知命故不忧的孔儒之教未学透，何以成大器？是以学而时习之，不亦说（悦）乎？有朋自远方来，不亦乐乎？人不知而不愠，不亦君子乎？"……其实，他奉行了一辈子的融"事业、聪悟、奉献、协作、纯洁天良问心无愧"为一体的人生真谛，不是已经很好地诠释了他的科学与宗教的情感了吗？

"假如我是他"既是一种思维换位的艺术，也是一种不断进取且挑战自我的动力。

曾溢滔

（方鸿辉摄）

曾溢滔　医学遗传学家。1939年5月27日生于广东中山，籍贯广东顺德。1965年复旦大学遗传学研究所研究生毕业。现任上海交通大学讲席教授。1994年当选中国工程院首批院士。长期从事人类遗传疾病防治以及分子胚胎学的基础研究和应用研究，是我国基因诊断研究和胚胎工程技术的主要开拓者之一。将分子生物学与临床医学相结合，发展了一整套遗传病分子诊断技术，建立了有关地中海贫血、苯丙酮尿症、杜氏肌萎缩症、血友病和亨廷顿舞蹈病等主要遗传病的基因诊断和产前诊断的理论与方法。在血红蛋白病领域，尤其在珠蛋白化学基因结构和表达调控以及地中海贫血的治疗等方面获得了不少研究成果，发现了8种世界新型血红蛋白变种。自20世纪80年代起，将基因工程与胚胎工程有机地结合，在国际上首次克隆了牛类性别决定基因SRY的核心序列，成功地通过鉴定胚胎的SRY基因和胚胎移植来控制牛、羊等经济动物的性别。在转基因动物/生物反应器这一国家重大研究项目中，成功地研制出中国第一头乳汁中表达人凝血因子IX蛋白的转基因山羊和整合了人血清白蛋白基因的转基因牛。已发表学术论文500多篇，主编了6部专著，获得发明专利20多项，5次荣获国家级、20多次获部委级和上海市科技进步奖，并获全国先进工作者、全国"五一"劳动奖章、上海市科技功臣、上海医学荣誉奖、何梁何利基金"科学技术进步奖"、中国动物生物技术杰出贡献奖、全国医药卫生界30年"生命英雄"等。

假 如 我 是 他
——曾溢滔的换位思考艺术

科学素养的启蒙

曾溢滔出生在广东中山一户普通知识分子家庭，从小养成了喜欢思考的习惯，凡事都爱问个"为什么"。家里养了鸽子和猫，曾溢滔就问父母：为什么猫生下来的是小猫，而鸽子生下来的却是蛋？每年春天，邻居总会送几条蚕宝宝让他去喂养。曾溢滔发现蚕宝宝吃了几天桑叶会停下来，然后昂着头一动不动地"睡眠"了。曾溢滔会不厌其烦地细细观察：蚕宝宝一生中要"睡眠"四次，每次"醒"来就长大一些。于是，"小科学迷"会很天真地问父母：如果想办法让它们多"睡"几次，岂不会长得更大？他会为蚕宝宝着想，从小萌发了一种人文关爱的情怀。

作为科学素养启蒙者的父母还鼓励少年曾溢滔把幻想与求实结合起来，不仅要动脑也要会动手。因此，曾溢滔从小养成动手习惯。家里养的金鱼，他会把它们抓出来放进空瓶里观察，结果金鱼自然死了。有一次，曾溢滔还把一包养花的肥料全部溶化后，一下子都浇到花盆里，他天真地以为营养丰富了，花朵可开得更大、更香。谁料到第二天盆里的花朵反而枯萎了。类似这样的"实验"，曾溢滔确实做了不少，但每一次天真的遐想和痛苦的失败都得到了父母的宽容与开导。

曾溢滔青少年时就兴趣广泛，读书、写作、养小动物、制作标本、

曾溢滔院士侃侃而谈"假如我是他"的心理换位艺术（2007 年，方鸿辉摄）

干木工活……脑不停顿，手不停顿。成家以后，家里的书桌、书架、煤气灶台子等，都由他亲手制作，还都做得像模像样。广博的知识和广泛的爱好，也为日后的生活增添了不少乐趣与色彩。稍有空闲，他还会泼墨作画、书艺，甚至写诗歌、小说。在"文化大革命"期间，趁旁人打派仗时，他却端起"作家的饭碗"，悠哉游哉地写起小说。他的那篇《奇迹》曾被收入上海人民出版社编的《延安的种子》小说集。

可见，青少年时期培育的素养和习惯，对一个人的成才有多大的影响！

在家长和老师的鼓励下，11岁那年，怀着对科学求索的好奇，也怀着培育作物新品种的美好憧憬，曾溢滔考上了离家十多里地的中山初级农业技术学校，一心想当一名农艺师。

进校不久，曾溢滔又发现：无论在老师的讲课中，还是在图书馆的阅览中，甚至电台的广播中，凡听到的、读到的都是外国科学家，诸如米丘林、达尔文……唯独没有中国的农业科学家，难道中国人就不能成为科学家吗？带着疑问，也带着憧憬，曾溢滔发奋学习，刻苦钻研。

恩师的教诲与关怀

初级农业学校毕业后，曾溢滔在父母的支持下，又考上了由何香凝创办的广东省仲恺高级农业技术学校。少年曾溢滔的勤奋令母校的老师至今记忆犹新，称他为"那个读过图书馆每一本书的学生"。让他真正跨上生物科学道路的，应该说是1956年初。那年，曾溢滔在仲恺农校蚕桑专业读二年级。一次非常偶然的机会，使他解读了华南农学院蚕桑系杨邦哲和唐维六教授有关培育家蚕品种的论文，钦佩之余思考再三，总觉得有些观点值得商榷。"初生牛犊不怕虎"，曾溢滔毅然写了一封信给两位教授，表达了他非常敬佩他们的研究成果，并希望在自己的文章中引用其资料的心愿，同时也提出几点不同的想法，期望能向教授讨教。信发出后，曾溢滔像没事人一样，照常读书、思考。谁料到，没过几天，唐维六教授竟坐车换船，花了两个多小时，按图索骥找到仲恺农校。科学家惜才的真诚举动令少年曾溢滔激动不已。唐教授有问，曾溢滔必答，教授问得细，曾溢滔答得详。最后，唐教授说："往后在礼拜天，你就到我家来学习吧！"

曾溢滔夫妇向恩师唐维六教授拜年（2004年，曾溢滔提供）

有什么能比"琴手遇到知音"更快乐呢？从此，曾溢滔和唐教授建立了非同寻常的师生关系。凡学习中遇到的问题以及下一步学习的打算，曾溢滔都一一写信向唐教授讨教；有时甚至往返数小时，到唐教授家去求教。唐教授诲人不倦，尽可能地给曾溢滔以指导和点拨，指导他阅读了不少适用的参考读物。他们成了地地道道的忘年交，五十多年书信往返，从未间断。几年前，年过九旬的唐教授来上海，亲自将五十多年来曾溢滔写给他的每一封信，都收拾得平平整整，一封不少地还给了曾溢滔。更令曾溢滔感动的是，每一封信都编了号，写上评语和意见。正是这种刻意培养人才的师风师德潜移默化的结果，而今曾溢滔无论待人接物还是科研探索，也都十分认真和执著，对周围的同事会真诚地掏出一颗心，凡事都处理得井井有条，纹丝不乱。

在恩师的指点下，曾溢滔的学科视野打开了。就在这一年，青岛召开了全国遗传学座谈会。谈家桢教授在会上作了论证遗传物质基础的发言，引起学界轰动。

2010/05/07

科技 生活 大爱无痕

曾溢滔
Zeng Yi Tao

医学遗传学专家
中国工程院院士

当时的中国，在学术上完全是盲从"老大哥"苏联的，学术问题政治化，大多数科学家只能跟着米丘林遗传学走，而错误地将摩尔根遗传学列为反动的、唯心的资本主义遗传学说。谈家桢教授能作这样的发言该有多大的魄力和勇气！曾溢滔仔细揣摩会议记录，钦佩谈教授的博学、睿智和人格魄力，也陷入了深深的思考：米丘林学派和摩尔根学派分歧的焦点，就在于是否承认遗传有物质基础。为什么许多孩子都像自己的父母，还不是因为有遗传因子传给了下一

曾溢滔在中国上海世博会论坛上演讲
（2010年，方鸿辉摄）

代？他朦胧地意识到谈家桢教授的思想和理论是合理的。

不知从何而来的科学冲动，唤起了曾溢滔揭示遗传奥秘的激情，并萌发了一种强烈的愿望：拜谈家桢为师到复旦大学去深造。1957年，曾溢滔凭着"凡认准的事情非得干"的倔劲，居然给唐教授写了一封"求助信"，表达自己想考复旦大学的愿望。这当然令唐教授惊愕，他本想将曾溢滔收到自己的门下，将这块聪慧的生命科学好料亲手雕琢成材，岂料志存高远的年轻人已想远走高飞了。但唐教授还是充分尊重青年曾溢滔的选择，毅然提笔给时任复旦大学生物系主任的谈家桢教授写了封情真意切的推荐信。谈家桢果然是位伯乐，他当即写了一封信给广州仲恺高级农业学校的领导，欢迎曾溢滔到复旦生物系深造。

仲恺农校负责同志：

根据贵校三年级应届毕业生曾溢滔同学几次与我的通信，知道他有热切要求继续深造升学的愿望。他具有热爱科学的精神，尤其热爱遗传学。同时他对遗传学也具有一定的知识、一定的独立见解和独立思考能力。就他现有的学历，能有这样的水平是很难得的。因此我觉得：假如你们允许有少数比较优秀的青年在贵校毕业之后，可以继续升学，报考大学读书的话，则曾溢滔同学在学业知识（至少就我所了解的在遗传学方面）上是很优秀的。请你们给予考虑的机会，假如你们同意他可以继续升学，则他来报考本校，我是十分欢迎他的。本系从下学期已决定开设遗传学专业。此致

敬礼

生物系 谈家桢（签字盖章）

一九五七年四月十二日

不过，事情并不那么简单。按当时国家的规定，中专毕业生必须接受国家统一分配，工作三年后才能报考高校。由于谈家桢和唐维

六教授的推荐，经广东省农业厅领导的同意，曾溢滔专科学校毕业后能破格直接报考高校。但是，事情还没有就此得到解决。因为当年复旦大学限华东地区招生，是无法招收广州地区考生的。为此，谈家桢先生又跟上海市高校招生委员会多方联系，取得了原上海市高教局领导舒文同志的支持，由上海市高校招生委员会给广东省高考招生委员会发出专函，把曾溢滔在广州参加统一高考的考卷单独寄到上海批阅。最终，曾溢滔以优异的成绩考入了复旦大学生物系。

两名大教授，对于一名非亲非故的中学生的求学愿望竟能如此热情相助，这种提携后生的品格多么令人敬佩！若没有谈家桢和唐维六当年的极力推荐，中国遗传科学就会少了曾溢滔这位大家。

科海扬帆去远航

进入复旦大学生物系后，曾溢滔听的第一门生物课就是谈家桢先生开设的《生物学引论》。谈先生带着浓重宁波方言的普通话，以生动的讲述和广博的学识，很快把曾溢滔引入了生命科学的殿堂。其实曾溢滔很少有机会直接接触谈先生，毕竟谈家桢不是那种喜欢手把手教学生的老师，但曾溢滔能从导师的一举一动、言传身教中学到他的思维方法和治学精神。"记得大学二年级时，我利用暑假留校搞科研，有一天当我走进生物楼二楼走廊时，就听到谈先生在严厉批评一位老师。原来是这位老师未征得谈先生的同意，就让我在果蝇遗传实验室里饲养家蚕。见到我，谈先生火气更大了，要我立即把家蚕搬走。我告诉他家蚕已饲养到四龄，还有几天就吐丝结茧了。但他还是坚持己见，没有半点商量的余地。我当时真埋怨他不近人情，只好把家蚕搬到宿舍，养在暑假回家的同学床铺上。但事后我以谈先生的坐标看问题，感到也确有道理。深深为自己的错误举动而惭愧。当我把日后发表的这篇家蚕研究论文送给谈先生时，他已经把这件事忘得干干净净了，我却从中学到了谈先生对实验室规范管理的思路与风格。今天我对实验室管理之严格在同行中也是出了名的，现在想起来，这正是谈先生给我言传与身教的结果。"

1962年，曾溢滔本科毕业后考取了复旦大学遗传所刘祖洞教授人类遗传学的研究生。根据曾溢滔在大学期间曾对双生子进行过调查研究，刘先生希望他进一步应用数理分析开展群体遗传学研究，但是曾溢滔的兴趣倒是实验科学，并最终选择了血红蛋白生化遗传作为自己的研究生课题。他的想法得到了谈先生和刘先生的赞同。

曾溢滔（右）向恩师谈家桢院士和唐维六教授汇报科研工作（2003年，曾溢滔提供）

复旦大学遗传所当时并没有生化遗传研究的工作基础。曾溢滔的实验室最初是一间空房间，连一根试管也没有。曾溢滔利用整个暑假自己动手创建起实验室。实验室需要电泳仪，他就从木工间借来一台电锯，用有机玻璃自制血红蛋白电泳槽，不过缺少做电极用的铂金丝，当时正值国家经济困难时期，曾溢滔为此而犯愁。没想到第二天，在他汗流浃背地锯有机玻璃板时，谈家桢先生居然笑容满面地把一根亮晶晶的铂金丝送到他面前。曾溢滔至今清晰地记得："那天天气格外闷热，原来谈先生是顶着烈日从家里走到复旦西北角的设备科，领了铂金丝再走五层楼送到遗传所的。看到他满头大汗的样子，我真的很感激。一根铂金丝，现在看来不足为奇，可我正是用这根铂金丝制作了第一台血红蛋白电泳仪，鉴定了国内第一例异常血红蛋白。"

　　血红蛋白研究在实验室的一边建设中一边开展。曾溢滔很快就掌握了淀粉胶电泳、淀粉板电泳和琼脂电泳方法，攻克了血红蛋白的肽链解离和人－狗血红蛋白分子杂交技术，探索用"指纹法"分析血红蛋白化学结构。上海市第六人民医院吴文彦主任听了曾溢滔的相关学术报告后，立刻联想到在门诊中曾遇到过一例显性遗传的紫绀病人，便派她的助手黄淑帧医师送来血标本。在遗传所，曾溢滔和黄

曾溢滔与黄淑帧夫妇（曾溢滔提供）

淑帧应用生化和分子杂交技术，很快就鉴定出这是一种血红蛋白 M 病，文章发表在《科学通报》上。这便是国内鉴定的第一例异常血红蛋白。这项科研也成了曾溢滔和黄淑帧喜结良缘的"月下老"。

　　"文化大革命"期间，复旦大学遗传所的血红蛋白研究工作被迫完全中断。曾溢滔作为已毕业的研究生被分配到上海市第一结核病

总院搞针刺麻醉研究，整整 12 年。

1978 年夏，曾溢滔与夫人黄淑帧受上海市卫生局委托在上海市儿童医院筹建"医学遗传研究室"。鉴于当时的条件，医院能提供的仅是腾出一间空房间，这就是医学遗传研究所的前身。虽然研究室空间狭小，设备简陋，但日后从这里诞生的一批批成果，却大得令世人瞩目！

研究室成立第三天就接待了一位来自也门共和国的女留学生，她患有严重贫血，国内很多医院都诊断不出病因。这位留学生说，如果再查不出来，只能等亲戚访华时带她去欧洲诊治。她的亲戚是当时也门共和国的总理。这无疑是个严峻的挑战，曾溢滔夫妇毅然接受了这个挑战。他们带着年幼的女儿住进了没有通风设备的简陋实验室，靠几件破旧的仪器和一台自己动手制作的高压电泳仪，不分昼夜地实验，吡啶试剂难闻的气味常常熏得他们透不过气来。终于在也门共和国总理来沪的前三天，成功地诊断出该女留学生患的是一

曾溢滔把科研探讨的问题带回了家（曾溢滔提供）

种异常血红蛋白复合奇特的贫血病——δβ地中海贫血复合镰形细胞贫血病。这成了我国第一例血红蛋白化学结构分析病例。

1978年，中国遗传学会成立，接着成立了全国血红蛋白研究协作组，由曾溢滔领衔的上海市儿童医院医学遗传研究室作为组长单位之一，倡导并领导了世界上规模最大（包括29个省、市、自治区，42个民族，近100万人）的异常血红蛋白病和地中海贫血症的普查，阐明了这些疾病在我国的发病率和地理分布，为研究室赢得了国际声誉。

1981年4月，曾溢滔应邀赴美进行合作研究。在短短8个多月时间里，他前后发表了13篇学术论文，可谓成绩斐然。回国后的曾溢滔带领科研团队，与全国70多家兄弟单位协作，完成了131个家系的异常血红蛋白化学结构分析工作，发现了8种以中国城市命名的国际新型血红蛋白变种，填补了中国在世界异常血红蛋白分析版图上的空白。短短三年，研究所在血红蛋白分子病的研究中获得了7

曾溢滔夫妇与美国前总统卡特合影（曾溢滔提供）

项成果,4次获得了卫生部和上海市重大成果奖。

1982年,曾溢滔向美国国立卫生研究院(简称NIH)提交的有关中国人血红蛋白病研究的科学基金申请,经过全美21位第一流医学科学家的严格评审和激烈的国际竞争,以高分获得通过。曾溢滔成了第一位获得美国NIH科学基金的中国科学家。国外评审机构评论道:"曾溢滔能获得此项基金,是与世界上最好的科学家竞争后得到的。"此后,曾溢滔又连续两次获得此项基金,经费每次都比前一次翻了一番。

在短短的几年内,曾溢滔实验室关于血红蛋白的研究论文先后发表在 *Lancet*、*Blood* 和 *Am. J. Hum. Genet* 等国际权威杂志上。他们的研究工作也从血红蛋白化学结构分析到分子生物学研究,从血红蛋白病的基因诊断到基因治疗研究……

谈家桢院士在上海市儿童医院医学遗传研究室成立10周年纪念会的主席台上,曾感慨地说:"当初我帮助曾溢滔考进复旦大学是对的,后来我同意他调入儿童医院也是正确的。"谈先生简短的话语令曾溢滔感动不已,"我从心底里永远感激我的恩师谈先生,他的两封推荐信,一封帮我考进复旦大学,选择了血红蛋白研究课题;另一封推荐我到国际著名的Huisman实验室合作研究,使我能在血红蛋白研究领域向更高的目标攀登。我一生的科研工作离不开血红蛋白研究,我的血红蛋白研究离不开我的恩师谈家桢先生。"

走自己的创新道路

作为一名科学家,不仅要钻研业务、发明创造,更要有社会责任感。曾溢滔在广州市儿童医院遇到了一位接受输血的脸色苍白的小孩。小孩的父母告诉曾溢滔:他们第一个孩子死了,第二个孩子又患上了同样的血红蛋白病，为了给儿子看病与输血，已经折腾得快要倾家荡产了……曾溢滔听了心都要碎了。"假如我是他"的换位思考又激发了曾溢滔的人文情怀，"要将心比心，要推己及人"。这种病在我国南方确实比较多，全世界有一亿多人带有血红蛋白病的基因。曾溢滔敏锐地意识到：在目前大多数遗传疾病尚无根治方法的情况下，对患有严重遗传疾病风险的胎儿进行产前基因诊断，以杜绝患病胎儿的出生，无疑是最有效的优生措施。强烈的科学责任感驱使他将科研的重心转移到对常见的、危害严重的遗传性疾病的产前基因诊断上。为此，他先后建立了DNA点杂交、限制酶酶谱分析、限制性酶切多态性连锁分析、寡核苷酸探针杂交和多聚酶链反应等基因诊断新技术，并率先在国内完成了地中海贫血、苯丙酮尿症、血友病B、进行性肌营养不良和亨廷顿舞蹈病等遗传疾病的产前基因诊断。当一个个健康活泼的孩子在这些家庭中诞生时，感激不尽的父母给上海儿童医院医学遗传研究室寄来孩子的照片，感恩地为孩子取名为

曾溢滔在实验室（1982年，曾溢滔提供）

"谢上海""向上海"……科学研究最大的乐趣莫过于研究工作得到社会的肯定。

当曾溢滔领衔的研究所对与性别有关的遗传病产前诊断获得成功的消息发布后，北京农学院胡明信、吴学清教授夫妇来找曾溢滔，希望合作研究奶牛胚胎性别鉴定和性别控制技术。因为谁都希望生下来的奶牛是母的。想到能把医学分子生物学技术嫁接到农牧业，为我国畜牧业发展和"菜篮子工程"服务，曾溢滔自然十分乐意了。

曾溢滔想：人和牛都属哺乳动物，人能用 Y- 特异 DNA

曾溢滔与胡明信教授（左）在分析牛类 SRY 基因（曾溢滔提供）

探针早期鉴定胎儿性别，那么牛是否也可以呢？

他带领研究所的同仁花了两年多时间，用了各种不同的方法，进行了上千次实验，均以失败告终。问题出在哪里呢？是实验方法不正确吗？ 这时，扩增基因的聚合酶链反应（PCR）技术诞生了，全所同仁夜以继日地努力，试图用 PCR 技术扩增牛 Y 染色体的特异 DNA 片段来鉴定牛的性别。他们参照人的 Y 染色体 DNA 序列来设计 PCR 引物，先后扩增了牛的 DNA 标本三四千个，又花了近两年时间，进行了近四千次实验，仍没有收获。他们的实验如同迷失了方向的航船，在茫茫的科研大海中漂浮。

实验陷入困境，是退还是进？曾溢滔本能地意识到：科学研究本来就是一条充满荆棘之路，唯有创新才有出路。1990年下半年，他赴美讲学，在飞机上翻阅最新出版的英国《自然》杂志时，一篇介绍英国科学家发现SRY基因的文章像磁石一样吸引了他：在哺乳动物的Y染色体中，有个主宰性别的基因——SRY，在Y染色体数千万个核苷酸中，只有这个由250个核苷酸组成的SRY基因核心序列才是使胚胎发育成雄性的决定因素，并已在老鼠胚胎上做了变性实验而得

曾溢滔与黄淑帧教授在资料室探讨（曾溢滔提供）

到证实。这促发了曾溢滔的创新灵感。苦于在美国讲学还没有结束，他只能接二连三地以电传方式遥控上海课题组的技术路线，并指示将这个最新成果应用于奶牛胚胎的性别鉴定。

由于国际上还没有任何有关牛的SRY资料可供借鉴，唯一的出路是走自我创新之路。曾溢滔一赶回上海就开展了DNA直接测序工作，对牛的SRY基因的DNA序列进行测定。奶牛性别决定基因SRY的DNA核心序列测出后，他们又根据SRY序列设计合成了特

异性引物,再通过聚合酶链反应(PCR)专一性扩增牛胚胎的 SRY 序列以鉴定牛胚胎性别。前后整整花了 4 年,进行了上万次实验,技术路线一次次创新,研究终于获得成功。

在科学前沿的起跑线上

科学发展是无止境的。1984 年,中国科学院施履吉院士提出了用哺乳动物乳蛋白基因的启动子控制外源基因来研发转基因动物的构想。所谓"转基因动物"就是通过实验的方法,将人或哺乳动物的某种功能基因导入哺乳动物的受精卵(或早期胚胎细胞)里,使人为导入的基因能够与受精卵的染色体整合在一起,随着细胞分裂,动物体内的每一个细胞也都带有导入的基因,并能将其稳定地遗传到下一代的动物体内。

施履吉院士提出,若要通过转基因动物作为生物反应器来生产基因药物蛋白,动物乳腺是最理想的表达场所,因为乳腺属于外分泌器官,乳汁不进入体内循环,不会影响动物自身的新陈代谢;如果构建用乳蛋白基因启动子调控的外源基因,那么由此制成的转基因动物的外源基因就只在乳腺细胞中表达,并不断地分泌到乳汁中,我们可以从转基因动物的乳汁中获取基因产物。为此,只需要饲养大量的转基因羊或转基因牛等家畜,就可源源不断地从动物的乳汁中获取人类所需要的药物蛋白质。这个创新的科学思路对曾溢滔产生一拍即合的效果,他在科普演讲中兴奋地表示:"转基因动物的乳腺好比是一个'生产车间'。生产 1 克药物蛋白,用传统工艺生产大约要 4 万元成本,而利用转基因动物大约只需 4 元……"难怪有专家曾预测,到 2020 年,全世界约 80% 以上的药物都有望通过转基因动物来生产。这个关乎人类健康的大课题,当然会引起并推动曾溢滔超乎寻常的关注。当年，施履吉院士这一原创性的科学思维并没有引起有关部门的重视，几经周折才使施院士的想法得以立项，可是得到的科研经费太少，令他无法做转基因牛，只能考虑改做转基因羊，后来又不得不改做转基因兔。

1991年，国外第一头转基因牛问世；1992年第一头乳腺表达外源基因的转基因羊在英国出世，在这种转基因羊的每升羊奶中含有价值6000美元的蛋白酶。

抱起可爱的转基因羊（曾溢滔提供）

一个诞生于中国的科学原创思想，最终却在国外开花并结果，怎么不令一位充满民族自信心的中国科学家感到痛心？

于是，曾溢滔下决心制订一项长远的动物转基因研究规划。为此，他在有关部门的支持下，到奉贤县奉新镇建起了动物试验场。接着他迅疾地组建科技攻关队伍，还特意把在美国从事另一项国际合作项目的妻子黄淑帧教授调回研究所，由她负责转基因动物的技术攻关。

　　他们的第一个目标是研究转基因羊，就是将人工构建的外源基因通过显微注射导入羊的受精卵的原核中，然后将其植入母羊体内，发育成小羊。出生的小羊若带有所注射的外源基因，就有可能在其乳汁中分泌出人类所需的外源基因产物。但是，转基因羊研究难度极大，成功率极低。

　　曾溢滔科研团队分析了经典的转基因动物技术路线上的缺陷，创建了一套"整合胚移植"的转基因技术路线：用体外受精卵作基因注射，以寻找最佳"基因导入点"；对胚胎是否整合了外源基因作植入前的分子鉴定，以"去伪存真"；以非手术的胚胎移植技术来提高动物妊娠率……如今已有一些山羊整合了人凝血因子IX基因，并且其乳汁中含有活性的能治疗血友病的人凝血因子IX蛋白。这项研究的成功，迈出了构建"动物药厂"极可喜的一步。上述几项与众不同

应用黄牛作为代孕母体分娩出的克隆奶牛（右，曾溢滔提供）

的创新技术被两院院士选为 1998 年"中国十大科技进展"之一。

转基因研究在国际上是一场严格意义上的科技竞赛，它在医药产业上的神奇前景也太诱人了。考虑到牛的产乳量几乎是羊的 20 倍，他们又连续地进行了转基因牛的研究。1999 年 2 月 19 日，带有人血清白蛋白基因的转基因试管牛——"滔滔"在上海奉新牧场降生了，又赢得世界一片掌声。这项成果，又被两院院士选为 1999 年"中国十大科技进展之一"，并载入"中华世纪坛"。

为了转化科研成果，曾溢滔率领他的团队在上海市松江区石湖荡镇建立了颇具规模的转基因动物研究中心。目前该中心已建成了配备先进仪器设备的科研大楼、胚胎实验楼、SPF 级小动物实验房、大批现代化的牛舍和羊棚……当然，曾溢滔更关注的是加强基础生物学理论的探索，加强国际化人才梯队的造就，实现可持续的发展，使创新的步履迈得更坚实。

松江转基因实验基地（曾溢滔提供）

　　从胚胎性别鉴定、胚胎移植到转基因动物研究，曾溢滔团队把基因工程和胚胎工程有机地结合。正是这种学科交叉，产生了一系列重要的科研成果。在此基础上，他们又把研究工作扩展到干细胞和发育生物学领域。他们通过宫内移植的方法，在国际上首次将人的成体干细胞成功植入胎羊体内，建立了人源性干细胞能在山羊体内长期存活的"人－山羊异种移植嵌合体"。由于课题组的研究均采用成体干细胞，而非胚胎干细胞，因而避免了伦理问题。他们的宫内移植试验采用的是非手术技术，即在 B 超监视下，将人脐血造血干细胞注射到妊娠 45 至 55 天的胎山羊腹腔中，减少了手术损伤，已经在 82 头胎山羊腹腔中建立了这种嵌合体，其中有 60 头胎山羊移植成活。移植的干细胞可以在山羊体内存活两年以上。过去通常是在培养皿里做干细胞的体外实验，无法观察干细胞在活体内的存活、分化、扩增和基因表达状况。有了干细胞宫内移植和嵌合体的动物模

转基因克隆牛（曾溢滔提供）

曾溢滔爱用换位思考的领导艺术筹划研究所的大事（2008年，方鸿辉摄）

型，可以帮助我们了解干细胞在活体内的真实情况。例如，人的干细胞进入羊肚子里，会不会到处"乱跑"？又是怎样在体内归巢、分化、增殖的呢？为了得到答案，他们还给注射进去的干细胞装上了"追踪器"——绿色荧光蛋白（GFP）。如果在紫外灯显微镜底下，看到绿色的荧光，那就是人的细胞了。曾溢滔团队综合应用了分子生物学、细胞生物学、免疫组织化学和基因芯片等技术，系统地分析了人源干细胞在嵌合体山羊多种脏器的存活、扩增和分化等生物学特征以及人源基因表达状况。

这一干细胞研究的成果为深入研究干细胞在活体内的生物学行为、疾病的产前治疗和异种器官移植等都提供了新的思路和新的技术途径。2006年，这一项科研成果通过了专家的鉴定。同年5月《美国科学院院报》上发表了他们的论文，并被科技部评为2006年中国基础研究十大新闻之一。

挑战自我的思维艺术

分析曾溢滔的成功之路，他那独特的挑战自我的思维艺术是值得推崇的。

曾溢滔读文章，从不盲目跟着作者的思路走，不轻易接受作者的结论，而是边读边想：假如我是他（作者），我会怎样想，如何写，作出什么结论。读科研论文时，他通常先看材料和方法部分，再看结果，但不急于阅读其讨论部分，而是停下来想一想：用该文的材料和方法能否获得该文的结果，再设想该如何讨论这些结果，然后才阅读讨论部分，并与自己提出的论点进行比较、分析。

"假如我是他"既是一种思维换位的艺术，也是一种不断进取且挑战自我的动力。有人笑曾溢滔有"思维多动症"。事实上，每一次思维换位（角色转换）都让他多一份收益；每一次深入地思考，也往往激发起他的创新灵感。因而，他往往能比别人想得早一些，想得多一些，想得深一些，也想得远一些；常能预见困难并尽早想法子予以避免或克服，也常能激发他的创新激情和思路。

曾溢滔在给研究生授课（2007 年，方鸿辉摄）

"假如我是他"是挑战自我的动力（2008年，方鸿辉摄）

"假如我是他"也是曾溢滔对学生和同事们常说的一句口头禅。在日常生活中碰到每件事，遇到每个人，他都会想：假如我是他，我会怎样做？设身处地站在别人的角度去想，将心比心、推己及人。如果每个人都懂得关心他人，就容易把关系处理好。他还常说："不要怕别人不理解你，怕的是你不理解别人。"难怪周围的人都说"曾溢滔人缘好""曾溢滔情商高""曾溢滔有人文情怀"。而这种情怀源于他

在上海市科学会堂为青少年作科普报告后与谢丽娟交谈（2008年，方鸿辉摄）

从小接受的《论语》中的核心理念——"己所不欲，勿施于人"以及"不患人之不己知，患不知人也"。

"假如我是他"也是曾溢滔指导博士生的思维方式。作为导师，他绝不会强行要求博士生去做什么，怎么去做，而是给他们以点拨和启示，尊重他们的创新思维，鼓励他们的科研自主性。因为曾溢滔知道，当导师的应该尽可能站在学生的立场上替他们着想。当学生在科研工作中抓不住头绪，产生迷茫时，曾溢滔会适时地给予指点，最大限度地激发他们的科研创造性。

"假如我是他"的思维本质是推己及人的人际关系处理艺术和处世之道，表现为时时处处替别人着想。有了这种人文情怀，必然能真诚地对待他人的努力，心悦诚服地尊重他人的劳动；必然能永葆自己同外界和谐相处，心胸宽广，心地坦荡，心理健康，精神昂扬；也才能在科研协作中很好地发挥团队精神。无论过去、现在和将来，"假如我是他"都是曾溢滔挑战自我的动力和思维法宝，也是他既精于科学又重于人文的高明之处和成功之道。

第一流人物对于时代和历史进程的意义，在其道德品质方面，也许比单纯的才智成就方面还要大。

谢希德

（资料图片）

　　谢希德（1921—2000）　物理学家和教育家。1946年毕业于厦门大学。1951年获美国麻省理工学院哲学博士学位。1952年回国后历任复旦大学物理系讲师、副教授、教授、现代物理研究所所长、副校长、校长。1980年当选中国科学院学部委员（院士）。1983年任上海市第三届科学技术协会主席。曾任国务院学位委员会评议组成员，中国物理学会第二至四届副理事长等职。1981年至1996年当选中国科学院主席团成员。从1981年起先后获美国、英国、加拿大、日本和香港地区等十多所院校授予的名誉科学博士学位和工学博士荣誉学位，并被选为美国物理学会的会士（Fellow），1988年被选为第三世界科学院院士，1991年被选为美国文理科学院外籍院士。1997年任上海浦东杉达大学校长。作为我国表面物理学的先驱者和奠基人之一，在国际半导体物理学和表面物理等学术机构中担任多项职务，是我国在国际上这些领域中的代表性人物。对我国凝聚态物理的研究和发展，倾注了毕生的心血，取得多项重要成果和奖励。著有《分析力学》《量子力学》《固体物理引论》《固体量子理论》《半导体物理学》《固体物理学》《群论及其在固体中的应用》《表面物理》等多部著作。培养了大批科学人才。

人生乐事在奉献

——谢希德热心科学传播的故事

打开 2000 年 2 月号《上海画报》，又见到了谢希德院士和蔼的面容。身披红色外套，右手执着一副眼镜，左手夹着一本《半导体物理学》，端坐在书架前，微风吹拂着她满头的银丝。此时的谢老正与广大读者作着心的交流，主题是"人生乐事在奉献"。

《上海画报》2000 年 2 月号上的"名人自述"——《人生乐事在奉献》版面（方鸿辉摄）

物理学家和教育家谢希德的风采（1999 年，谢希德提供）

"明天的首发式我一定来"

1996年5月中旬，《中国科学院院士自述》终于出版，能赶上在6月初召开的中国科学院和中国工程院两院院士大会期间首发了。中国科学院学部领导拟定邀请出席首发式的院士中，谢希德院士无疑是最合适的人选。为此，5月底笔者带着散发着油墨清香的厚厚一部院士自述，叩开了她吴兴路寓所的大门。谢老一接过书，就高兴地翻阅起来，当即表示，只要没有什么特殊情况，一定出席首发式。

6月3日，两院院士大会隆重开幕。当天傍晚，在院士们下榻的京西宾馆，按拟定的邀请参加首发式的院士名单，我再一一当面诚邀，以保证第二天中午举行的首发式成功。在底层长长的走道上，远远看见谢老由秘书挽着在散步，我走上前向她问好，她很肯定地表示："明天的首发式我一定来。"

谢希德出席《中国科学院院士自述》北京首发式（1996年6月4日，方鸿辉摄）

定于6月4日上午11时举行首发式，可是10点45分，京西宾馆第九会议厅已坐满了出席首发式的院士、领导和50多家媒体的记者。签到本上第一位签到的就是谢希德。那天她由秘书搀扶着进入会议厅后，就打开《中国科学院院士自述》细细阅读起来。11点会议准时召开。在严东生、刘东生、李国豪、吴旻等院士发言后，谢老接过话筒有感而发。遗憾的是，那天从上海带去的录音机偏偏出了故障，只录下了谢老发言的首、尾两段，中间很精彩的话语都没能录下："读这部书，就像在同熟悉的和不相识的院士交谈。当我读到张文裕、王承书两位院士的自述时，心里很激动，他们是我从小就很崇敬的科学家，他们走过的路给了我很大的激励。遗憾的是，我的丈夫——曹天钦还没来得及写他的自述，就去世了。我想，他一定有很多的话要对大家说……"谢老情真意切的话语，令在座的每一个人都深深地感动。第二天在新华社发的通讯稿上还特别转引了这段话。谢老的话引起我和其他编委的自责。尽管首发式很成功，但我们的心里像灌了铅似的沉重。

那天中午，周光召院长邀请我们在京西宾馆餐厅和院士们共进午餐。周光召与时任中国科学院秘书长郭传杰、执行主编何仁甫等与我们同桌。席间，周光召关切地问："怎么把

谢希德在上海科学会堂作"访美归来话超导"的科普报告（谢希德提供）

曹天钦院士给漏了？"其实，征稿信是发至每一位院士的，考虑到那时曹天钦院士已是"植物人"了，没有来稿，也就不再去催了，我们实在不忍心去加重患病院士的负担。谢老的遗憾，实实在在折射出我们工作中的失误，并且主要是我的失误，因为编委会有约定，凡上海地区的院士组稿和催稿由我直接负责。譬如冯德培院士当初住在华东医院，我也是去医院组的稿。为什么就没有去拜访曹天钦院士呢？自首发式后，我就一直在盘算如何设法来弥补谢老的遗憾。

多出版让学生喜欢的健康读本

1996年8月，上海举办首届书市。为弘扬科学精神，传播科学思想，社领导要我在书市主会场——上海友谊会堂，组织一次院士读书报告会。大热天请院士来作报告，任务挺艰巨。院士都是大忙人，

谢希德在首届上海书市读书报告会上（1996年8月15日，方鸿辉摄）

况且不少院士年事已高，谁敢惊动？我较熟识的吴孟超、杨雄里等院士又都不在上海。无奈之际，我抱着内疚的心情试着去邀请谢老，谁知谢老一口答应。海报一出，读者知道是谢希德和苗永瑞两位院士的读书报告会便纷至沓来。8月15日那天的会场挤得水泄不通，两旁的通道上都排满座位，四周站满了听众，连中间的走道上听众也席地而坐。

谢老用纯正的普通话，向听众讲述了自己求学的坎坷经历，希望当代青少年能多读一些有品位的读本。她很直率地推荐名人传记类作品，尤其是科学家的传记，因为一般来说，科学家不会矫揉造作，言语质朴无华，说的都是真心实话，能从中学到不少好的思维方法和为人处世的道理。她特别指出，读书要靠自觉，以她自己从小主动求学的经历，感到像今天这样，每个小学生都必须备一册"学习任务本"，天天由家长签字督促的现状，怎么能学得主动呢？谢老话锋一转，论及应试教育要向素养教育转轨的课题，作为一名德高望重的老科学家和教育家，她发表了很有见地的想法："我觉得这个问题很重要，因为我们要'科教兴国'，同时要'科教兴市'。上海要成为一流的城市，必须要有一流的人才，而人才最

弹钢琴是谢希德从小培养的艺术爱好（谢希德提供）

关键的是要从小学、中学，即从最基础的环节抓起。前几天，我在报纸上看到一位老教育家的文章，他觉得对现在的小学生特别要抓礼貌教育、纪律教育、卫生教育和友爱教育，而不只是简单的知识灌输，我也很有同感。我觉得，前些时候我们比较重视教材的建设，可是对中、小学生的教育，不光要有好的教材，还应包括家庭、社会和我们的传媒，应该在这几个环节上组织研究和讨论，因为这些才是构成对学生教育的整个环境……传媒应努力多出真正让学生喜欢的有营养的健康读本，因为光靠教材，学生会知识营养不良的……"

话题很自然地转到科普读物的出版与阅读。至于说到她是如何写《中国科学院院士自述》中的文稿，她说："这篇自述性文稿的撰写，起先我很犹豫，不知从哪儿写起。后来我想文稿并不要求全面，可从当时自己想得最多的问题入手。因此，我就从自己一生经历中，

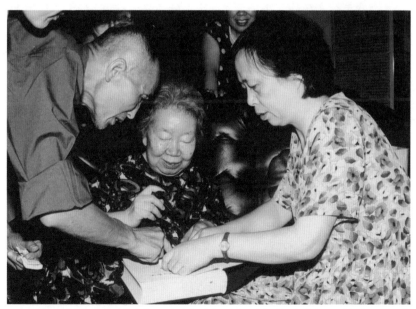

从常州慕名赶来聆听报告的85岁高龄读者（左），请谢希德在《中国科学院院士自述》上题词（1996年，方鸿辉摄）

497

选几件自己印象比较深的事情来谈。我觉得我写的是真实的，是我心里要讲的话。看看其他院士写的自述文稿，也大都有这个特点。我觉得这本书之所以受社会欢迎，就是真实的缘故，而且它不求全，写出了每位院士认为对自己来说比较有价值的一点一滴……"

那天的读书报告会，上海新闻出版局的孙颙局长也在第一排当听众。报告结束后，孙颙向我们布置了任务，一定要在一个月内出版《中国科学院院士自述》的青少年版，把这份有营养的精神食粮奉献给广大青少年，同时参加 9 月底在北京开幕的全国青少年图书展。尽管任务很紧迫，又遇大暑天，但我觉得这倒是提供了一个弥补"遗憾"的机遇——将曹天钦院士的自述文稿收入青少年版中。我的这个想法很快得到了中国科学院学部领导的首肯，他们全权委托我选编青少年版。

当我把这个决定告诉谢老后，她十分高兴。没过几天，一份由谢老亲自打印的以"生物技术应用前景无限宽广"为题的曹天钦院士的

美国总统克林顿访华时在上海图书馆与各界人士座谈，谢希德在与他交谈（1998 年 7 月 1 日，谢希德提供）

自述文稿，并附上一封亲笔信寄给了我，并要我在编辑时加上"本文为曹天钦院士亲撰，发表于《迎接新的技术革命》上册，240页，湖南科学技术出版社，1984年"的说明文字。

《中国科学院院士自述（青少年版）》如期于9月底在全国青少年图书展上面世。10月9日下午，我一拿到带着油墨清香的作者样书，就送到谢老家去。谢老接过书，没来得及坐下就翻到"展望篇"中刊有曹天钦院士像片的《生物技术应用前景无限宽广》一文，细细阅读起来，带着欣慰的笑容，连声说："太好了！太好了！""多谢！"

其实那天除了送书之外，我还肩负重任：上海人民广播电台凤鸣编辑委托我邀请谢老在"书迷沙龙"节目中作特邀嘉宾，就《中国科学院院士自述》一书与听众作关于科学思想与科学精神的对话。节目播出时间为10月12日晚上7时到8时。我知道谢老是大忙人，未必能参加直播，能接受电话采访兴许已很理想了。岂料，谢老竟愉快地接受邀请，但一听是10月12日进直播室，她感到有困难，因为

谢希德在复旦大学美国研究中心落成典礼上与中心顾问汪道涵先生亲切交谈（1995年，谢希德提供）

那天她将在北京出席全国政协主席团会议，"不过，晚上7点，我可能在宾馆。到北京后，我将电话号码告诉你吧！"那年已76岁高龄的谢希德院士，虽然已从复旦大学校长岗位上退下来，但作为中国科学院院士、第三世界科学院院士和美国物理学会会士、美国文理科学院外籍院士；作为国际著名的表面物理学的学术带头人，还担任着几本国际学术刊物的编委，并承担着不少其他社会工作……因此，她的生活节奏一直很快，每天的活动日程都排得满满当当。

她告诉我："现在虽然已不从事第一线的行政工作，可我还是复旦大学物理系的教授，我还要带博士研究生，当然主要还是由我的同事们帮我主持对研究生的日常指导工作，但在讨论方向或论文定稿的时候，我还是参与并审定的。同时，我还有一些社会活动，比如世

谢希德深夜还在灯下备课（谢希德提供）

界银行贷款的一个重点学科的项目，有一个专家咨询组，我是组长，这个项目今年结束，要写终期报告；宝钢教育基金会我任顾问；霍英东教育基金会我也是顾问，每一两年有评审工作和发奖工作。另外，我还是上海市欧美同学会的会长和上海'政协之友社'的理事长，也有一些社会工作……"

谢老很守约，到了北京，果然打电话告诉我下榻宾馆的电话号码。但10月12日直播那天，同主持人凤鸣商量再三，考虑到谢老在北京开会期间肯定很疲劳，就没敢去惊动她老人家。

一位大科学家，一位老教育家，一位著名的社会活动家，谢老没有一点名人的架子，没有一点老年的暮气，诚如她在"自述"文稿中所表白的："当别人对我的称呼由'同志'变成'老谢'，转而又成为

谢希德一再强调：桌子零乱，说明脑子还是健康的（1999年，方鸿辉摄）

'谢老'时，我认识到一个难以否认的事实：我已步入古稀之年。值得庆幸的是，我还能保持人老心不老。虽然已不再担任第一线工作，但还有不少职务，有的是荣誉的，还有不少是要干实事的，后者仍占用不少时间，加上看书看报，没有多少时间可以'闭目养神'或看电视了。我的书桌上仍堆满东西，虽然也怪我不善整理，但的确是清了一批又来一批。好在常能以一句名言来自慰，'A clean desk is a sign of a sick mind'（一张清洁的书桌是病态头脑的标记）。桌子零乱，说明脑子还是健康的。虽然有时也提醒自己，为了身体健康，应该把节奏放慢一点。但另一方面，忙也有忙的好处，可以带来乐趣，排除烦恼。"

为出版《20 世纪物理学》而努力

1998 年夏，谢老"夙疾"又发，动了大手术。第二年夏天，复旦大学物理系蒋平教授转来一部书稿——*Physics in the 20th Century*（20 世纪物理学），希望翻译后能予以出版。书稿是美国物理学会为纪念学会成立 100 周年，回顾 20 世纪物理学激动人心的进展而撰写的。这本以图片为主的全彩色科普读本，不少精美图片是第一次与读者见面，书中不少文章披露了一些物理学发展史上鲜为人知的故事，有较高的学术价值与科学普及价值。蒋平教授说，版权事宜谢校长可协助联系。其实，那年年初我曾去华东医院探望过谢老，并知道那时（7 月份）谢老仍住在华东医院治疗。因此，为版权一事惊扰谢老，我感到实在不太合适。谁知没过几天，蒋教授电话告诉我：谢老对我社有意引进版权很高兴，约我于 8 月 3 日下午 2 点半去华东医院。

我同蒋教授走进病房时，谢老已坐在病榻前的圆桌旁，气色很好。那天王迅教授也在探望谢先生。我按例在签到本上签名后坐下，谢老就关切地问我手头正在编些什么书稿，并打开我送她的刚出版的《中国工程院院士自述》浏览起来。话题扯到引进 *Physics in the 20th Century* 的版权时，谢老饶有兴趣，认为这确实是一本不可多得的好书。后来才知道，这本书是美国物理学会赠予谢老的，蒋平教授也是从谢老那里见到这本原版书并复印的。她嘱我拟一份版权引进意向函，由她帮我转发给这本书的编者、她的好朋友——Judy Franz。8月5日下午，我将拟好的版权引进意向函送到华东医院。8月6日谢老就亲自用英文拟就了一封 E-mail，发给 Franz 教授。8月18日，谢老收到了 Franz 教授回复的 E-mail，并嘱蒋平教授立即电传至我社。尽管至今这本书仍未能引进，但谢老抱病为中美文化交流的热忱，为普及科学而努力的举动，令我十分感动。

11月中旬，趁谢老回家休养期间，我陪同包南麟总编去谢老家表示感谢。那天，谢老要我帮她从书柜中找出那本《20世纪物理学》的原版精装本，包总看了也爱不释手。谢老抚摸着精美的图书，喃喃地

上海市科协荣誉委员（左起：张香桐、李国豪、谢希德、王应睐、冯德培）在科学会堂（谢希德提供）

上海教育出版社 郑铁军 之人

From franz@aps.org Thu Aug 19 07:48:19 1999 remote from ma0059
Received: from fudan by ma0059.fudan.ihep.ac.cn (UUPC/extended 1.12r) with UU
        for xdxie@ma0059; Thu, 19 Aug 1999 07:48:19 +0800
Received: from srcap.stc.sh.cn (root@srcap.srcap.ac.cn [202.122.6.8])
        by fudan.ac.cn (8.8.5/8.8.5) with ESMTP id XAA07982
        for <xdxie@[202.122.6.7]>; Wed, 18 Aug 1999 23:22:37 +0900
Received: (from uucp@localhost)
        by srcap.stc.sh.cn (8.8.5/8.8.5) with UUCP id XAA03613
        for xdxie@fudan.ac.cn; Wed, 18 Aug 1999 23:01:40 +0900
X-Authentication-Warning: srcap.stc.sh.cn: uucp set sender to franz@aps.org us
Received: from acpgate.acp.org (acpgate.acp.org [149.28.226.101]) by ns.fudan
Received: from ACP-Message_Server by acpgate.acp.org
        with Novell_GroupWise; Wed, 18 Aug 1999 11:03:33 -0400
Message-Id: <s7ba9305.046@acpgate.acp.org>
X-Mailer: Novell GroupWise 5.2
Date: Wed, 18 Aug 1999 11:03:28 -0400
From: "Judy Franz" <franz@aps.org>
To: xdxie@fudan.ac.cn
Subject: Re: about the Royalty
Mime-Version: 1.0
Content-Type: text/plain; charset=US-ASCII
Content-Disposition: inline
X-PMFLAGS: 34078848

Dear Professor Xie Xide,

I was able to talk to our publisher (Eric Himmel at Abrams) yesterday and
he will be contacting you to get the name of a publisher in China. Abrams
would like to negotiate directly with a publishing company in China.

I hope that a Chinese edition becomes a reality.

Best regards,
Judy Franz

>>> "" <xdxie@fudan.ac.cn> 08/06 10:49 AM >>>
Dear   Professor Franz:

How are you? Did you have a nice summer?

Many of my colleagues love the Book:"Physics in the Twentieth
Century"very much. A group of my collegues would like to have it
translated into Chinese so that more people can enjoy it. The Shanghai
Educational Publisher would like to have it published. Now the
Publisher would like to know answers of the followig questions:

1. How much would the US Publisher charge for the royalty?

2. If the royalty of the Book and the copy of film for the
illustrations could be waived,   the Publisher would like to send
100 copies of complimentary Chinese copies to you or the
appropriate authorities.

3. Could the US publisher waive the royalty of the Book, whereas
charge 3% royalty for the copy of film of the illustrations.

I would appreciate it very much if you could provide me with the
answers of those questions. Sorry to bother you. They would like to
have it published in Chinesse before the end of the Century.

With my best regards

　　为出版《20世纪物理学》，谢希德在病中还为上海教育出版社联系版权而与美国朋友的电子邮件影印件说："这真是一本好书，你们应该再努力一下。"其实，横在谈判前的两个主要问题：一是外商嫌我社估算的中译本书价太低，美国原版书价是49美元50美分，我们估算人民币150元，因为我们怕书价过高读者会承受不起，再说我们毕竟是教育出版社，教育读物核价要惠及学生读者；二是美方坚持要在日本制版、印刷、装订。对于第一个问题，谢老说："我真不理解，怎么500元一张的大剧院票子这么抢手，而对这么一本高品位图书的价格却不能承受？"谢老的疑问，实在是对我们出版理念的警策，也是对图书宣传与发行的尖锐批评，发人深省！

谢希德为科普活动获奖学生作报告（1997年，方鸿辉摄）

中国半导体物理的两位先驱者——黄昆与谢希德（谢希德提供）

在人生旅途中继续向前

　　谢老患病的消息令国内外关心她的科学界朋友，她的同事、学生和所有她的著作的读者感到揪心，人们也都希望了解谢老的近况。

　　自 1998 年起，上海画报出版社邓明社长邀我在画报上开一个"名人自述"专栏，每期介绍一位中国科学院或中国工程院的院士。我想，倘能在画报上及时地向人们传递谢老近况的信息，无疑对关心她的人也是一种很好的沟通。于是，在征得谢老同意的情况下，于 1999 年 11 月 24 日下午，陪同邓明先生去谢老家拍摄特写照。那天谢老刚午睡醒来，精神很好。谢老主动提出希望能以墙上挂着的周总理像片为背景留影。我们请她弹钢琴时留影，她说："我已好久没弹了，还是实事求是，别照了。"在近半个小时的拍摄过程中，谢老连续两次接到传媒要采访她的电话，她都一一婉谢了。可见，传媒对她是多么关注。

在吴兴路寓所，谢希德要求在周恩来照片前留影，成了她人生最后的照片（1999 年 11 月 24 日下午，方鸿辉摄）

没过几天，谢老的秘书来电，请我去谢老家取"名人自述"专栏的文稿。其时，谢老又住进了华东医院。到吴兴路谢老家时，按了门铃后，是谢老家的阿姨将文稿递给我的，文稿装在一只"复旦大学美国研究中心"的旧信封内。打开后，见谢老只是在复印的《中国科学

谢希德为《上海画报》稿约，而对"自述"校样所作的修改

院院士自述》文稿最后作了一个小小的修改，这最后一段是述及她对丈夫曹天钦院士能康复的期盼。她划去了最后这一句——"我怀着这个信念，在人生旅途中继续向前。"增补了："不幸的是，我的这个希望在一九九五年一月八日终于破灭了，他离开了我们一家而默默地走了。天钦去逝后，由于朋友和同志们的鼓励，我怀着无限的哀思，在人生旅途中继续向前。一九九八年夏夙疾复发，又动了一次大

手术，目前仍在康复中。"谢老作这样的修改，既是为了告诉关心她健康状况的每一位读者有关她的近况，也是为了别引起对曹天钦仍为"植物人"而在病榻的误会。

有口皆碑的恩爱夫妇

谢希德和曹天钦这对科学伉俪的恩爱，在学术界是有口皆碑的。

1946 年夏，谢希德顺利通过考试，进入美国史密斯学院。出国前，她同曹天钦商定，两人分别在英、美学成后回国。1949 年夏，谢希德通过了论文《关于碳氢化合物吸收光谱中氢键信息的分析》的答辩，获得了硕士学位。由于史密斯学院物理系不设博士学位，当年秋天，谢希德就到麻省理工学院去攻读理论物理学，于 1951 年秋以

在学术界有口皆碑的恩爱科学夫妇（谢希德提供）

《高度压缩下氢原子的波函数》论文顺利通过答辩，获得理学博士学位。毕业后，在麻省理工学院固体分子研究室任博士后研究员，从事半导体锗的微波理论研究。1949 年 10 月 1 日，新中国成立的消息给谢希德以极大的兴奋。赴美留学后，她始终与国内的亲人保持着通信联系，既关心家人，更关心国家与民族。尤其是 1950 年 2 月，华罗庚在归国途中发出的《致中国留美学生的公开信》，号召留学生回国，令谢希德归心似箭："在校的中国同

谢希德与曹天钦院士在欣赏珍藏的邮票（谢希德提供）

学大多接到家人来信，相互转告，为祖国的振兴感到衷心喜悦。在这段时间里，我的心情难以自抑，巴不得马上能飞回祖国，飞到北京。"

1951 年春，曹天钦在英国剑桥大学获得博士学位后，原本准备赴美到哈佛大学工作一段时间后再回国，但在收到也曾在剑桥大学学成归国的王应睐先生的来信后，他迅即改变了再到美国从事研究的计划，决定马上回国参加新中国建设。为此，曹天钦打算到美国和谢希德结婚后一起回国。然而，20 世纪 50 年代初朝鲜战争爆发，美国政府发布了一项规定：凡在美国攻读理工科的中国学生，一律不许返回中国大陆。

1952 年 3 月，他们随机应变地

谢希德在美国贝洛特学院接受名誉科学博士的荣誉（1984 年，谢希德提供）

改为让谢希德转道英国完婚后回国。没料到谢希德办赴英签证也遇到了麻烦。由于战后面临的就业问题，英国政府严格限制外国人入境，因此不能发给她赴英签证。正当他们一筹莫展之时，曹天钦的老朋友——李约瑟博士伸出了热情的援助之手。李约瑟博士亲自到英国内政部门以他们夫妇的名誉担保谢希德三个月内一定离开英国。有鉴于李约瑟博士在科学界的声望，谢希德很快获得一张进入英国的特殊"旅行通行证"。

1952年5月，谢希德提着简单的行李在纽约哈德逊港登上了英国邮船"伊丽莎白王后"号。可登船后不久，美国移民局就派员上船盘问谢希德为什么去英国，她镇定自若地回答：旅行结婚。直到轮船驶离码头，她那颗悬着的心才放了下来。

谢希德与父亲、继母及两位弟弟在北平合影（1935年，资料图片）

谢希德和曹天钦在离别六年后终于在剑桥重逢。在李约瑟博士的精心安排下，在萨克斯德大教堂举行了简单的结婚仪式。

当谢希德把婚后回国的打算告诉家人时，受到在菲律宾的父亲坚决反对，但谢希德报国心切，没有听从父亲的意见。谢希德很爱父亲，她希望父亲能理解女儿。可是，此后任凭谢希德怎样去信或寄照片，作为大物理学家的谢玉铭教授怎么也不回复了——父亲再也不理女儿了。谢希德晚年非常忧伤："回国后一直到他1986年在台湾去世，我没有再收到过他的信。这对我是很伤心的事，因为他非常爱我。在他的遗物中，我发现了我们的结婚照，他复印了许多……"

1952 年 8 月底，谢希德和曹天钦告别剑桥，乘"广州"号海轮离开了英国，经过苏伊士运河、印度、新加坡、马来西亚，漂泊了一个月才到达香港。谢希德夫妇凭栏远眺，心潮澎湃。日后回忆道："我和丈夫曹天钦在甲板上，望着海天，不由思绪万千。费尽周折的归国路终于迎来了曙光。身后的日不落帝国虽有种种诱人的条件，却挽留不住我们的赤子之心。这五年的留学经历，我觉得自己像一只大雁：在寒风萧瑟万木凋零的严冬，不得不离开家园；如今春回大地，我要振翅飞回祖国，飞到故园，去耕耘，去奋斗……"可见，爱国报国是谢希德夫妇回归的动力，也是他们日后事业成功的基石，这就是他们做人的根本。

谢希德和曹天钦回国后，在各自领域都作出骄人的成绩。相濡以沫恩爱互重成了他们携手跨越坎坷并能大有作为的重要保证。1980 年，他们同时当选为中国科学院学部委员（院士）。平时，曹天钦会准备好谢希德每天带的午饭；谢希德出国，曹天钦会亲自去机场接送。

然而，天有不测风云。1987 年，曹天钦率团在以色列参加生物物

谢希德与她疼爱的小孙女（谢希德提供）

理国际会议时不慎跌了一跤，1988年转入华东医院时被诊断大脑已受到严重损伤。一直在生活上百般照顾与呵护谢希德的曹天钦，从此成了比孩子还需要照顾的病人。

1996年，《中国科学院院士自述》出版后，上海的《新民晚报》在6月18日的"十日谈"专栏，摘登了谢老的文稿，重点摘录了谢老期望处于"植物人"状态的曹天钦院士能康复的期盼与所做的种种努力，而并没说明曹天钦院士已谢世的情况。文稿写于1994年，1995年1月曹天钦院士谢世的信息在《中国科学院院士自述》一书中已提供。可是，《新民晚报》摘登时并未注明文稿的出处，读者误以为是"十日谈"刚组的稿，信息的不完整导致不少好心的读者以为谢老还在为曹天钦院士的康复而奔波。因此，大量的读者来信似雪片飘进了谢老的信箱，有的读者表示自己下岗了，能协助护理曹天钦院士；有的表示自己有国外亲人，能提供进口药物；有的表示乐于做经济上的资助……弄得谢老一时不知所措。她打电话给我时，真的有点光火了："怎么搞的，把不完整的信息捅到晚报上去了？我天天收到这么一大堆信……真没办法！"我只能向她作些于事无补的解释，并表示能否授权让我替她函复？可是，谢老并没有将信件转我，都由她自己一一函复了。这件事给谢老带来很大的心理痛苦与生活上的麻烦。

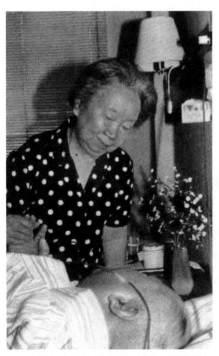

公务之余，谢希德每天都会赶到医院看望丈夫曹天钦（谢希德提供）

人生乐事在奉献

原先打算将谢老的自述图文发表于 2000 年 3 月号《上海画报》上，因为"三八国际妇女节"刊载一名女院士的文稿于"名人自述"专栏挺合适，可 1 月底，中国科学院学部联合办的孟辉主任来沪探望谢老，告诉我谢老身体状况很不好，我立即通知《上海画报》主编，希望能尽快刊出谢老稿件。好在《上海画报》的版面及时作了调整，2 月上旬出版的《上海画报》上及时展现了谢老的风采和富含哲理的话语。样刊一到手，我立即送往谢老家。不久，据谢老家的阿姨告诉我："书由舅舅亲自送医院让谢先生看了。"我想，不管那时谢老是否清醒，她心里会明白：上海人民爱戴她，广大读者在关心着她。刊于《上海画报》2000 年 2 月号上的谢老特写照，竟成了她老人家的绝照，而《人生乐事在奉献》的大作也成为她老人家的绝笔！

2000 年 3 月 4 日，谢老永远地离开了热爱她的人们。

心地善良、敬业乐群、为人质朴、待人真诚的一代科学泰斗——谢希德教授，对科学执著追求，对教育满腔热忱，对所有有求于她的人都尽力奉献，而自己却默默地承受疾病的煎熬与失去亲人的剧痛……这一切是这么不公正地落在她一个人身上。

记得爱因斯坦在痛悼居里夫人时曾说过："在像居里夫人这样一位崇高人物结束她的一生的时候，我们不仅仅满足于回忆她的工作成果和对人类已经作出的贡献。第一流人物对于时代和历史进程的意义，在其道德品质方面，也许比单纯的才智成就方面还要大。"

谢老正是这样一位品德高尚的科学巨匠，一位卓有建树的教育大家，一位令人钦佩的社会活动家。

谢老谢世了，谢老永存。

在每次试验失败时，科学家总是在冷静思考的同时，抱着"再坚持一下的努力"之成功信念。

薛永祺

（方鸿辉摄）

薛永祺　红外与遥感技术专家。1937年1月11日生于江苏张家港。1959年毕业于华东师范大学物理系。现任中国科学院上海技术物理研究所研究员，兼任宁波大学信息科学和工程学院院长、中国空间科学学会遥感专业委员会主任等职。1999年当选中国科学院院士。从事多光谱和成像光谱技术研究，先后研制成功红外扫描仪、多光谱扫描仪、成像光谱仪、高光谱成像仪等光电遥感器，为我国建立机载实用遥感系统提供了多种先进的遥感手段，并推动了我国遥感技术的应用。开拓三维成像遥感新技术，将扫描光谱成像和激光扫描测距一体化，实现无地面控制点快速生成数字地面高程模型和地学编码图像，对于滩涂、沙漠、岛屿等交通困难地区，这是一种"实时""高效"的新型遥感系统。已获得国家科学技术进步奖二等奖3项、三等奖2项，中国科学院自然科学奖一等奖1项，中国科学院科学技术进步奖特等奖1项、一等奖3项、二等奖4项，上海市科学技术进步奖一等奖2项，还获得发明专利2项。

赏天地之美而析万物之理

——薛永祺情系"千里眼"的研发

劳动出智慧

1937年1月11日,薛永祺出生于今江苏省张家港市乐余镇兆丰街道。他的父亲是从一江之隔的南通来到兆丰的。薛永祺的外祖父家在乐余,靠外祖父的资助,父亲分别在南丰和兆丰两处购置了20多亩长江边的围垦地,精耕细作,开辟出一个家庭的新天地。靠勤劳苦干,家境还算殷实。在薛永祺的印象中,父亲虽然只读过小学二年级,但肯动脑筋又很能干,而且识大体,对于子女教育尤其重视。在

"求实创新、合作守信"是薛永祺的座右铭(2011年,方鸿辉摄)

薛永祺在办公室（2011 年，方鸿辉摄）

薛永祺出世之后，相继又有五位弟妹出生。薛永祺父母对子女的期望值也很高，希望他们将来都能成才，都能自立于社会。

脚踏实地，有所作为，有所贡献，这兴许是江南一带的家教风气。为了培养六个子女，薛家父母真是动足了脑筋，力争在经济上小有保障。当时的农村以栽种水稻和棉花为主，有着 20 多亩地的薛家一旦当年家中收获的粮食比较富余了，来年便会独树一帜地将全部土地种上薄荷，毕竟薄荷的收益要比水稻和棉花高上两三倍，不过碰上运气不好也可能分文无收。因此，当地农户基本上都不敢尝试，认为这是一种"冒险的举动"，用今日时髦的话语或称作"创新的作为"。父亲的这种敢于冒险，勇于创新的精神却实实在在地影响了薛永祺，至今他还是很佩服父亲的这种敢为天下先的精神。

六七岁时，由于薛永祺家周边没有学校可读，他不得不寄住到姨母家，与姨姐姨兄一起入泗兴小学求学，一年后才回自己的家走读。当年，学校离家很远，单程步行至少要一个小时。因此，他不得不天天很早起床，带上简单的午餐跟随一位高年级的同学赶到学校去读书，五年级时才转到新办的兆丰小学。1949 年，在"解放区的天是明朗的天"的歌声中，薛永祺小学毕业了，随后进入崇实中学读初中，开始了独立的住校生活。

初中毕业后，薛永祺有机会升入崇实中学读高中。说实在的，他从小很贪玩，因此无论小学还是初中，学习成绩一直平平，根本谈不上出众。每次谈到青少年时代的求学经历，他都会笑着说："并不像有些记者认为你如今是院士，当年学业必定很优秀。"只是从高一开始，薛永祺渐渐懂事了，学业上才逐渐用功起来。应该说，当年成绩真正优秀的同学为了日后的生计大都选择读师专去了，薛永祺有幸成了矮子中的高个，才留在崇实中学继续就读高中。高三那年，崇实中学的高中部并入了沙洲中学。

现在回过头来看，薛永祺的高中阶段学习成绩还算优秀，社会活动也很丰富，否则他是不会被选为班长和团支部书记的。当然，这些社会工作也使他的组织工作能力得到了锻炼，体会了处理好各种关系的重要性，他的性格也很开朗，人缘也变得越来越好。

青少年时期，每年的寒暑假，作为家中的长子，薛永祺一放学回家就要协助父亲劳作。踏实勤恳，热爱干活，是他从小就养成的生活态度与作风。在所参与的所有劳作中，他最感兴趣的就是与父亲一起将种植的薄荷提炼出薄荷油这项有些技术含量的活。那时，勤劳的父亲土法上马，在河边的空地上砌一个土灶，灶上架一口大锅，锅盖上装有管道，与置于冷却水桶中的冷凝器相连，锅中的薄荷在水中加热后蒸发出薄荷油，油水混合蒸汽进入管道和冷凝器，冷凝器出口处流出的油水混合体在承接的容器中上下分离后就提炼出了薄荷油。其中的奥妙令少年薛永祺好奇与惊叹。

那年头，他父亲还请人造了一架木结构的大风车，每当种植水稻时，就用风力带动汲水斗，将水塘中的水灌入田里。这些田头水塘边的生活与劳作，蕴含着深奥的物理知识，辛劳之余获得了很直观的感

薛永祺在宁波大学演讲（2010年，薛永祺提供）

受，既启迪了薛永祺探索的好奇心，也让他时时试图揭开这些农具与设施的原理，正可谓"劳动出智慧"。

赏天地之美而析万物之理

薛永祺很幸运，1955年高中结业前被学校推荐为留苏预备生。他顺利通过政审和体检，并在高考中取得优异成绩，成了沙洲中学那届学生中获此机会的两人之一。在去苏联之前，先要到北京俄语学院留苏预备部读一年俄语，然后出国学习5年，这样算来将会与他所热爱的农家之乐以及依恋的家人离别整整6年。当年，薛永祺从家乡去北京，需要先到无锡，才能乘火车北上。临行时，母亲特别伤心，父亲挑了行李一直送他到去无锡的内河航运码头。小拖轮载着薛永祺渐行渐远，父亲在码头上久久伫立默默垂泪的身影深深地定格在他的脑海中，挥之不去。

兴许是从没离开过江南的水乡生活，一到北京，身体向来不错的薛永祺却无法适应北方的水土，感冒发烧，浑身不适，还年纪轻轻却整夜失眠。忆及这段生活，薛永祺说："其实这主要是惦念家中的父母和弟妹们，没有出息的我居然萌生不去苏联留学的念头。我如实向学校提出了申请，得到了学校的谅解，并获准在国内任挑一所高校就读。"今天回顾这一段经历，薛永祺还是感到深深的遗憾与自责。

薛永祺高中时代留影（薛永祺提供）

薛永祺在飞机上做遥感试验（1977年，薛永祺提供）

1955年的秋季，薛永祺进入离家乡较近且免学费的华东师范大学物理系就读。从此，踏上了"赏天地之美而析万物之理"的道路。

1958年是"大跃进"的年代，在"向科学进军"的号召下，薛永祺与另外两位同学被派往上海广播器材厂参加仿造苏联提供的船用微波雷达"海皇星"，走所谓教学与生产劳动相结合的道路。如今的薛永祺却以另一种视角看问题："那时各种运动确实很多，课堂学习是少了，不过社会实践却不少，我倒是利用这些实践机会学得了自己从小就一直很向往的科技知识，也提高了我的动手能力。"

1959年4月薛永祺从工厂被召回学校，进行补考后按期毕业。他被幸运地分配到中国科学院与华东师范大学共建的上海电子学研究所。有幸获得恩师匡定波先生的栽培，他还被派往海南岛参加中苏联合水声考察，历时半年，接受了一次野外科学考察的培训。回所后，由于薛永祺外出工作的认真和尽职，不到一年就被破格定职为助理研究员。

薛永祺深有感慨地回忆，当时匡老师与他进行了一次促膝谈心，勉励他戒骄戒躁。薛永祺谈及老师的教诲，感激之情溢于言表。"老师的言传身教是我终生受用的。一日为师，终身为父。"1961年底，上海电子学研究所因机构调整被撤消，而其中红外技术研究室在匡老师的带领下并入中国科学院上海技术物理研究所，薛永祺也就此走上了一条以红外物理与红外光电技术应用研究为主的科学研究之路。

那时正值三年自然灾害期间，物质和文化生活都极度贫乏，孤身一人的业余生活除了看书还是看书。薛永祺很享受这份寂寞，也能有效地利用这段时间，弥补了大学时期被繁多的政治活动挤掉的专业课程的学习。科学研究犹如登山，越到高处视野越广，扎实的技术基础再加上浓厚的兴趣，使勤恳好学的薛永祺很快崭露了头角。1963年，又有幸在匡老师领衔的科研团队，参与研制成功空对空红外测向装置，并小批量生产以提供空军战斗机使用。后来该装置获得了1964年全国工业新产品奖二等奖，该奖项还被所领导誉为发展红外技术的一朵"迎春花"。

匡定波（中）、童庆禧（右）和薛永祺在云南玉龙雪山（2006年，薛永祺提供）

贫病交加的岁月

1965年6月，薛永祺受命随匡老师一行去北京某机场考察一架机载的红外设备。在出入机场的短短路程中，平素从不感到劳累的

薛永祺与家人在贵州黄果树瀑布前留影（2005年，薛永祺提供）

他却觉得步履沉重，精疲力竭。那时他们住在科学院的招待所里，薛永祺常常莫名其妙地流鼻血，弄得被子上到处都是。硬挺着完成任务后回到上海，经检查，他的肝功能异常，遵医嘱要休息两周，他便带了药和书籍回到家乡休息。起先还以为是小病一场，受父母照顾，只需稍加休息再吃点药就会康复的，不料一躺下竟病了五六年。对满怀热情且脚踏实地走为祖国建造"千里眼"科研之路的薛永祺来说，不啻是当头一棒。

也正在患病期间，史无前例的十年动乱开始了。"打倒反动学术权威""横扫一切牛鬼蛇神"的大字报铺天盖地贴满了研究所的每一面墙壁。生性耿直又好仗义执言的薛永祺自然逃不过劫难，既要应对扭曲人生的大字报围攻，也遭遇了好多次残酷的批斗。实验室不让进了，科研工作被迫停止了。贫病交加、又背着黑锅的薛永祺无所事事，只能待在家里既治身体之疾也疗精神之伤。为了治病，他求医问药，每天坚持自己熬煎中药，其耐心如同当年他父亲熬制薄荷油那般，整整坚持服了五年的中药，终于将病魔驱走，身体基本康复了。

"感谢上苍，在我最艰难困苦的日子里，一位独具慧眼、聪明贤惠的上海姑娘始终用柔情温暖着我，并不顾非议毅然与我喜结连理。"薛永祺幸福地回忆起婚后他们住在复旦大学一间14平方米的集体宿舍楼内，女儿的诞生为小家庭带来温馨的一幕幕场景。

"当年我俩的工资十分微薄，生活之清苦是可以想象的。好在我从小就爱动手动脑，基因里藏有家父勇于创新敢于尝试的信息，不甘寂寞和清贫的我，如同当年父亲敢于尝试新事物一样，也动起了脑筋，打发不能搞科研的日子……"买不起服

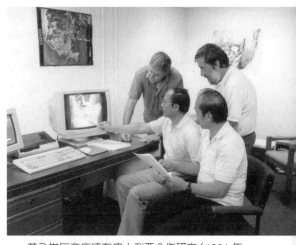

薛永祺与童庆禧在澳大利亚合作研究（1991年，薛永祺提供）

下班了（2010年，方鸿辉摄）

装，薛永祺就买廉价的零头布料，自己学裁剪做新衣；买不起缝纫机，就去淘零件自己装配一台。那时不像现在有印刷精美的服饰刊物和裁剪资料，为此他常常去南京路等地看挂在橱窗里的时装式样和裁制方法，回到家凭记忆裁剪缝制。当时，晶体管收音机和电视机是市场的紧俏商品，他就去旧货市场淘元器件自己装配。在夫妻的共同操持下，他们小家庭的生活苦中有乐，过得也算滋润。在动乱年代，薛永

祺"多才多艺"的美名也传到周围邻居和单位同事的耳中。

1973 年，研究所根据工作需要决定让薛永祺回归科研岗位。当一位所领导来到他家访问时，眼见薛永祺正在缝纫机上忙得不亦乐乎，身旁的饭桌上摊满了衣料，也只能无可奈何地苦笑。一位满心想为国研制"千里眼"的科技工作者却成了"业余裁缝"……强者的无奈。

遨游于遥感技术领域

遥感（Remote Sensing）是一种远离目标，利用电磁波与物体的相互作用及传输，由遥感器采集从目标反射或辐射来的电磁波，达到分析和识别目标的技术。这是在 20 世纪 60 年代初才发展起来的一门新技术，早期主要用于航空的远距离感知。

1960 年，美国发射了第一颗气象卫星，我国也于 1988 年 9 月 7 日发射了极轨气象试验卫星，取名为"风云 1 号"，使人类有缘第一次从数百千米外的宇宙空间欣赏到我们居住的这颗蔚蓝的星球，将风云变幻尽收眼底。1972 年，美国又发射了第一颗地球资源技术卫星（1975 年始更名为陆地卫星），标志着航天遥感时代的真正开始，开创了人类以全新的视角从宇宙空间观测和研究地球的新时代。目前，遥感技术已广泛应用于资源环境、水文、气

薛永祺与夫人在奥地利布鲁塞尔国际博览会会址留影（2006 年，薛永祺提供）

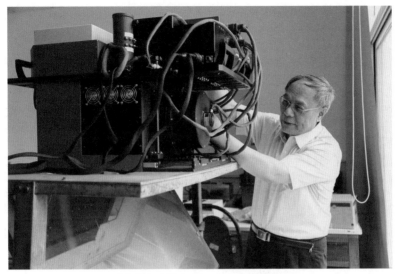

薛永祺在实验室（2011年，方鸿辉摄）

象、地质、地理、国防等领域，成为一门实用、先进、全方位、多层次、有着丰富内涵的空间探测技术，并且与其他科学技术结合在一起，在国民经济和社会生活中发挥着越来越重要的作用。

1971年，我国大兴安岭林区发生了重大的森林火灾，全国计划工作会议将"森林防火灭火的研究"列为第18项国家重点科研项目。在黑龙江森林保护研究所的组织下，患病的薛永祺和他的科研团队领受了一项重任——根据林火（600℃以上）和森林背景（常温）辐射光谱的不同，主持研制双波段（3—5微米和8—14微米）红外扫描相机，旨在对林火进行早期发现和监测。经过奋斗，他们所研制的红外扫描相机的样机居然能在大兴安岭航空遥感试验中，在飞行高度3千米时，仍可以透过烟雾探测0.1平方米的火情。这台相机的研制成功，为我国发展机载遥感系统作出了贡献，薛永祺也从此以数十年苦苦钻研，以应用牵引与课题实践相结合的思维之路，重新走进了为我国航空遥感技术的发展贡献智慧与才智的人生科研事业的春天。

通过实验室和野外光谱测量，大部分矿物在红外波段均有明显的光谱特征。40多年来，致力于多光谱和高光谱遥感技术的发展，一直是薛永祺不懈的追求。由他领衔研制的热红外6波段扫描仪，在1978年云南腾冲地区航空遥感试验中获取了核工业地质局51盆地铀矿的多光谱图像。图像还能显示出地下热水流，经钻孔验证在157米深度水温达750℃，涌水量1700吨/日，并为热液成矿机理和构造控矿模式的研究提供了修正资料。该项研究技术进展还得到了美国GER公司的关注，达成了上海技术物理所与GER公司的合作项目——发展短波红外多光谱技术进行地质遥感的研究。由上海技术物理所完成的"红外细分光谱扫描仪"于1985年在美国内华达州进行了遥感探矿试验，获得的图像数据经分析处理后，可区分绢云母和

"这是我们搞的上海浦东遥感图……"（2011年，方鸿辉摄）

薛永祺指导学生实验（2011 年，方鸿辉摄）

在飞机上做遥感试验（腾冲，1978 年，薛永祺提供）

薛永祺接受苏联媒体采访（1990年，薛永祺提供）

薛永祺（左一）在芬兰大地测量研究所（FGI）学术交流（2006年，薛永祺提供）

高岭石矿带，达到了预期的研究效果。

此外，薛永祺的研究团队和课题组在国家"六五"至"九五"计划期间的遥感技术攻关项目中，先后承担了"航空多光谱扫描仪"、高空机载遥感实用系统中的"多光谱扫描仪""红外细分光谱扫描仪""成像光谱仪"和"航空遥感磁带数据预处理系统"等项目的研发；还完成了以国家"863 计划"信息获取与处理主题的"九五"重点项目——实用性模块化成像光谱仪、超光谱成像仪、三维成像仪等科研，使我国的机载光电遥感器的光谱范围从紫外、可见光、近红外拓展至热红外，从多波段向高光谱成像仪发展，形成了实用化的机载遥感系统。

薛永祺与方家熊合影（2011 年，方鸿辉摄）

薛永祺始终认为，在主持遥感技术发展的同时，积极推进研究成果的开拓应用和商品化，也是科研人员责无旁贷的。1987 年，国家海洋局在联合国 UNDP 的援助下，建立业务化的海洋油污染航空遥感执法监测系统。由国际海事组织（IMO）和海洋局组织国内外技术

薛永祺接受笔者采访（2011年，方鸿辉摄）

竞争，最终由薛永祺负责的课题组取得了红外／紫外扫描仪的合同订单，也开创了与瑞典空间公司（SSC）和丹麦TERMA公司合作组建成套航空遥感系统的先例。随后，2003年继续获得海洋局的海监飞机"机载多通道扫描仪"的定购。

长期在遥感科研领域的悉心耕耘，使薛永祺在遥感界有不少良好的合作伙伴。他与童庆禧院士在长期的合作中形成了默契的配合与优势互补，凭借着敏锐的洞察力和对前沿新技术不断的追逐和探索，在我国倡导并率先开展了高光谱遥感技术和应用研究，在中国科学院形成了一

秦始皇陵遥感图像（2003年，薛永祺提供）

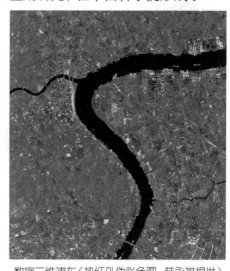

数字三维浦东（热红外伪彩色图，薛永祺提供）

个高光谱研发的综合团队。在将高光谱遥感技术应用于找金矿、地质矿物和岩性分析、湿地生态系统监测、植被和农作物精细分类、水质调查、城市建筑材料识别……都取得了重大进展，在国际上也得到了广泛的认可，还联合进行了国际遥感合作研究，使我国的航空遥感在国际上占有了一席之地。

学术会后的探讨（左二为薛永祺，薛永祺提供）

1988 年至 2002 年，薛永祺团队曾四次在中日双方地区进行了"塔里木盆地油气勘察遥感合作研究""湿地遥感""高光谱精细农业遥感合作研究"；1990 年，曾在苏联库尔斯克和科尔恰托夫核电站地

丰水期　枯水期

鄱阳湖丰水期与枯水期的遥感图像对比（薛永祺提供）

区进行生态遥感试验；1991 年，应澳大利亚航测与制图公司邀请，中国科学院遥感飞机安装上 71 波段成像光谱仪在北领地和西澳省进行了港口、海湾、矿区和城市环境等领域的遥感合作研究；1994 年和 1996 年，意大利 AGIP 和美国 TAXCO 石油公司租用机载成像光谱仪在我国塔里木盆地石油开发投标区获取了 3.5 万平方千米的遥感数据，用于前期地学研究；2002 年应马来西亚国家遥感中心的邀请，超光谱成像仪成像仪在马来西亚获取了热带雨林地区的高光谱图像数据……这一切都充分显示了我国自主开发的遥感器的技术指标已与国外同类仪器相当，具有国际先进水平。

东日本大地震的仙台震前（上图）与震后（下图）遥感图（2011 年，薛永祺提供）

胜利往往是在再坚持一下的努力之中

遥感是支持经济社会可持续发展的重要信息技术，遥感对地观测技术的发展为国家调查资源、监测环境、应对灾害、了解和认识全球环境变化和保障国家安全提供了有力的技术手段。当今遥感技术已形成了覆盖整个空间，包括太空、临近空间、大气层以及近地面的完整系统，有天基系统、近空间系统、航空遥感系统等。遥感技术发展的趋势是：向高分辨率遥感发展，即高空间、高光谱、高频度的全面发展；向全天候遥感的发展，即长波红外和微波遥感的发展；大小卫星相得益彰的发展和航天、航空遥感的同步发展等。其中高空间分辨率遥感卫星影像由于能及时把握重要目标和偶发事件的瞬间而显得尤为重要。

这些年来，作为"千里眼"的研发者，薛永祺与他的同事们不懈地为我国的遥感事业尽心尽力，在每次实验失败时，他们总是抱着

冰川断裂的高分辨率遥感影像（2005 年 8 月 8 日，薛永祺提供）

"风云一号"极轨卫星 14 条轨道合成的全球气象云图（薛永祺提供）

"再坚持一下的努力"之成功信念。当然，他们也欣喜地看到，我国近些年来在遥感技术和应用领域取得的一系列长足进展，已大大提高了我国独立自主技术发展和遥感数据保障能力，并在经济社会的各个领域发挥了越来越重要的作用。我国还将继续发射"神舟"载人飞船、空间站和实施探月工程，遥感科研工作者的脚步必将越跨越大。

但是，我国总体遥感技术与发达国家相比，还是存在一些差距的。同时，以认识和了解地球系统和环境变

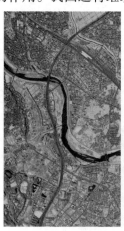

名古屋局部图（合作试验 2001 年，薛永祺提供）

澳大利亚达尔文市热红外图像（1991 年，薛永祺提供）

化、服务于人类社会可持续发展为目标的公益性遥感系统的构建，也对遥感技术研发工作者提出了更高的要求，诸如全球变暖在很大程度上将影响到冰冻圈的变化，南北极的冰盖和冰层会受到很大冲击，从而导致冰雪的融化和海平面的上升。有研究表明，北冰洋冬季的冰面甚至以每年百万平方千米的速度在减少，有的冰区到了"一触即溃"的境地。有人预测，到 2040 年以后，北冰洋的夏天可能就不会有冰了！这就要求"千里眼"及时并精确地通报，与环境学者携手，为保护人类的家园而努力研发新的"千里眼"，任重而道远。

　　"莫道桑榆晚，为霞尚满天。"如今薛永祺已年逾八旬，但依然如年轻人一样不知疲倦地奋战在研发"千里眼"的第一线。体现他家乡当年新四军革命精神的《沙家浜》中有一句很经典的台词（我们暂且搁置对"样板戏"的争论）："胜利，往往是在再坚持一下的努力之中。"薛永祺对此是深有感悟的，他也会在"千里眼"研发中坚持努力。

薛永祺与家人合影（薛永桢提供）

后　记

　　《院士做人与做事》是基于采访笔记和摄影图片整理而成的20位院士的深度报道。

　　多年从事科学传播的实践和探索，我们清晰地感受到：科普创作的视角无非是写人或写事（状物）。当然，事在人为。我们更深刻地意识到：一个人不管有多聪明，多能干，背景条件有多好，如果不懂得如何做人，那么最终的结局很可能就是失败。做人是一门大学问，也是一门大艺术。很多人之所以一辈子都碌碌无为，那是因为活了一辈子都没有弄明白该怎样去做人。至于如何做事与做学问，有了如何做人来垫底，事在人为嘛！

　　看来对每个人来说亟须解答的人生最大的问题也就是"怎样做人"。本书所写的人，是社会各个群体都十分关注的中国科学院院士和中国工程院院士。通过与他们近距离接触，了解了他们不少鲜为人知的故事，略知他们所从事的事业是如何造福于人类的，把这些不加修饰地予以记录，不仅为了传播科学知识，更在于能实现以事写人，以事映人，并力图体现院士做人的细节。诸如在讲述范滇元院士为寻找新能源而钟情"神光"研制的故事中，就简洁地介绍了激光可控核聚变的基础科学原理与知识，同时展现了范院士执著科研的精神风貌与为人之道；在龚岳亭院士对60多年前所从事的结晶牛胰岛素人工合成的科学道路的回顾中，让读者了解为什么要人工合成蛋白，中国科学家当年是带着怎样的做人理念来大协作而获得大成功的……力求叙述的笔触不仅在乎他们的头脑，更在乎他们的心灵；不仅在乎他们所研究的"学"与所从事的"术"，更在乎他们的为人之"情"与人文之"怀"。当然也力求以较强的可读性来阐述科学知识以及在知识背后所蕴含的科学思想、科学精神与科学方法，以突出院士做人、做事、做学问的诚实守信、认真执著、坚忍不拔与实事求是的科学作风，刻画他们各自怀揣的科学梦以及怎样为圆梦而不懈努力的科学脚步。

面对快节奏的生活，为适应读者快阅读的需求，我们尝试选取不同科研领域的多位院士的故事，集成一书，这样每一位院士的特写连图带文也就只占约三四万字的篇幅。在这样有限的容量内，要完整展现一位院士的科学人生，那是笔者力所不能及的，兴许高明的作家也是无能为力的。为此，只能力求以简练的笔法，尽可能从某一摄入角度去抓住每一位院士的特色，诸如吴孟超院士的人生几次重大抉择、钱伟长院士的报国情怀、曾溢滔院士的换位思考心理艺术、李政道院士的艺术与科学的贯通思维……期望达到"窥一斑而见全豹"的效果。能否如愿，只能由读者来评判了。毕竟院士们所从事的科研领域各不相同，而他们为人处事的风格又各有特色。因此，怎样抓住他们各自的"特征不变量"也就成了这两本小册子选材及表述的难点所在。好在还能用院士鲜明个性的照片来帮我们弥补文字叙述的缺陷。再说，以图文相谐的形式来展示他们各位所从事的学科的特色、所走过的科学道路，倒也是与"读图时代"的阅读潮流相适应的。当然，这也更有助于展现院士们的风采。要说明的是，在采访院士时，尽管为他们拍摄了不少照片，但不可能全用。出于叙述的需要，本书也采用了不少由院士提供的资料照片，尤其是那些很有历史价值的写真。对那些连院士自己也已记不清是哪一位拍摄者的情况下，我们只能在此对当初的摄影作者表示诚挚的谢意，毕竟他们当初的努力与我们现今的努力都是为了展现院士的风采、积累人类的科学文化。

应该说，院士怎样做人、怎样做事及他们所走过的人生之路对当今读者（尤其是广大青少年读者）树立科学精神、学习科学方法、培育创新思想，无疑会有些启示作用。特别是鉴于眼下不少青少年有追影星、追歌星、追球星的热情，却唯独不追"科星"的现状，推出《院士做人与做事》，以配合不少学校开展的选修课或从事相关演讲与征文等活动，相信也会有些借鉴作用。当然，我们无意要青少年都去追"科星"。社会期望青少年都能成才，但并不希望（事实上也不可能）人人都成为科学家。院士们大写人的风采，值得整个社会敬重并褒扬，留下他们怎样做人、做事、做学问的心路历程和思想风貌的图文资料，应该是有价值的文化积累，对提高社会培育尊重科学、尊重知识、尊重人才的好风气，无疑也是一种有益的努力。这也让我们想起 80 年前，清华大学校长梅贻琦先生极有见地的表述："凡能领学生做学问的教授，必能指导学生如何做人，因为求学与做人是两相关联的。凡能真诚努力做学问的，他们做人也必不取巧，不偷懒，不作伪，故其学问事业终有所成。"

在成书的过程中，王梓坤、李大潜、李政道、朱能鸿、严东生、吴孟超、谷超豪、林元培、范滇元、龚岳亭、曾溢滔、薛永祺等院士（文章按院士姓氏笔画排序）都给予鼎力支持，接受采访，提供资料，配合摄影，初稿完成后拨冗仔细审改和确认。对文稿成书时已谢世的张香桐、钱伟长、谈家桢和谢希德院士，本书所收入的文章是笔者将多年前曾发表过的文稿予以整理、修改并集成的，当年发表的零星片段也都是经过他们审改和确认的。在此，对他们的劳动表示由衷感谢。还要感谢院士的家属、秘书、同事和上海教育出版社的编辑，尤其是胡和生、严燕来、吴月明、侯艺兵、何勇、徐建飞、王国樑、姚欢远等各位，没有他们的鼎力相助，这本小册子也是难以完成的。

　　本次集成的图与文，是对 2017 年版《院士怎样做人与做事》作了大修订和内容的增补，并被纳入了"十四五"时期国家重点出版物出版专项规划项目的"院士风采录"丛书之中。文稿以院士姓名的汉字笔画排序的。特作说明。

方正怡　方鸿辉

图书在版编目（CIP）数据

院士做人与做事 / 方正怡，方鸿辉著. — 上海：
上海教育出版社，2023.10
（院士风采录丛书）
ISBN 978-7-5720-2292-0

Ⅰ.①院… Ⅱ.①方… ②方… Ⅲ.①中国科学院
－院士－事迹－现代②中国工程院－院士－事迹－
现代 Ⅳ.①K826.1

中国国家版本馆CIP数据核字(2023)第199358号

责任编辑　徐建飞
美术编辑　金一哲
特约编辑　王瑞祥

院士风采录丛书
院士做人与做事
方正怡　方鸿辉　著

出版发行　**上海教育出版社有限公司**
官　　网　www.seph.com.cn
地　　址　上海市闵行区号景路159弄C座
邮　　编　201101
印　　刷　苏州工业园区美柯乐制版印务有限责任公司
开　　本　890×1240　1/32　印张17　插页4
字　　数　410千字
版　　次　2023年10月第1版
印　　次　2023年10月第1次印刷
印　　数　1—3,200 册
书　　号　ISBN 978-7-5720-2292-0/G·2031
定　　价　110.00 元

如发现质量问题，读者可向本社调换　电话：021-64373213